新しい教職教育講座 教職教育編 ❼
原 清治／春日井敏之／篠原正典／森田真樹［監修］

道徳教育

荒木寿友／藤井基貴［編著］

ミネルヴァ書房

新しい教職教育講座

監修のことば

　現在，学校教育は大きな転換点，分岐点に立たされているようにみえます。
　見方・考え方の育成を重視する授業への転換，ICT 教育や特別支援教育の拡充，増加する児童生徒のいじめや不登校への適切な指導支援，チーム学校や社会に開かれた教育課程を実現する新しい学校像の模索など。切れ間なく提起される諸政策を一見すると，学校や教師にとって混迷の時代に突入しているようにも感じられます。
　しかし，それは見方を変えれば，教師や学校が築き上げてきた地道な教育実践を土台にしながら，これまでの取組みやボーダーを超え，新たな教育を生み出す可能性を大いに秘めたイノベーティブな時代の到来ともいえるのではないでしょうか。教師の進むべき方向性を見定める正確なマップやコンパスがあれば，学校や教師の新たな地平を拓くことは十分に可能です。
　『新しい教職教育講座』は，教師を目指す学生や若手教員を意識したテキストシリーズであり，主に小中学校を対象とした「教職教育編」全13巻と，小学校を対象とした「教科教育編」全10巻から構成されています。
　世の中に教育，学校，教師に関する膨大な情報が溢れる時代にあって，学生や若手教員が基礎的知識や最新情報を集め整理することは容易ではありません。そこで，本シリーズでは，2017（平成29）年に告示された新学習指導要領や，今後の教員養成で重要な役割を果たす教職課程コアカリキュラムにも対応した基礎的知識や最新事情を，平易な表現でコンパクトに整理することに心がけました。
　また，各巻は，13章程度の構成とし，大学の授業での活用のしやすさに配慮するとともに，学習者の主体的な学びを促す工夫も加えています。難解で複雑な内容をやさしく解説しながら，教職を学ぶ学習者には格好のシリーズとなっています。同時に，経験豊かな教員にとっても，理論と実践をつなげながら，自身の教育実践を問い直し意味づけていくための視点が多く含まれた読み応えのある内容となっています。
　本シリーズが，教育，学校，教職，そして子どもたちの未来と可能性を信じながら，学校の新たな地平を拓いていこうとする教師にとって，今後の方向性を見定めるマップやコンパスとしての役割を果たしていくことができれば幸いです。

監修　原　　清　治（佛教大学）
　　　春日井敏之（立命館大学）
　　　篠 原 正 典（佛教大学）
　　　森 田 真 樹（立命館大学）

は じ め に

　道徳教育は大きな変化の時代にある。1958年に特設された「道徳の時間」が，小学校は2018年度，中学校は2019年度より「特別の教科 道徳」という名称の「教科」になる。道徳の時間が教科になるという教育課程の変革は，学校現場に少なからず「動揺」を与えた。それは大きく分けると次の2点に集約されるだろう。第一に，従来の道徳の時間において取り組まれていたことと何が異なってくるのかということ，第二に，道徳の評価をどのようにするのかということである。

　第一の点に関しては，とくに「読む道徳」「聞く道徳」から，「考え，議論する道徳」への変換という言葉において端的に示されているといえる。従来の道徳の教育実践は，ややもすれば副読本を読んで教師の説話を聞いて終わるというもの，あるいは道徳に関する映像資料を見るだけで終わるものもあった（そもそも道徳の時間を実施せずに，単なる席替えや他の教育活動に代替されることも多々生じていた）。つまり，道徳の時間は児童生徒にとっては非常に受け身の時間であり，自らが道徳を学ぶ主体者として能動的に道徳の学習に関わるような手立てを児童生徒に提示することが十分ではなかった。そのことへの反省として，「考え，議論する道徳」が提示されたのである。これからの道徳の授業づくりにおいては，望ましい徳目を教えこんでいくような「はじめに答えありき」の授業ではなく，自分たちにとって望ましい徳目とはそもそもどういう意味をもっているのかということを，児童生徒が自らの生活経験や知識を足がかりにして，他者と協同しながら「答え」を探究していく，そのような授業づくりを目指していく必要がある。

　第二の点に関しては，道徳の評価を他の教科における評価と同じ意味合いで用いないことが重要になってくる。つまり，国語や社会といった教科教育では明確な到達点が設定される一方で，道徳科においては教育目標となる「道徳性

の育成」に到達点は設定されていないし、また児童生徒のなかで道徳性が育っていくペースもさまざまである。そういった意味において、到達度を示すような数値化された評価（目標準拠型評価）はふさわしくなく、また他者と比べる評価（相対評価）も必要としない。当該の児童生徒がどのように育ってきたのかを見取ること（個人内評価）が重要になってくるのである。そして何よりも、教育評価は授業者自身の実践を見つめ直す契機とならなければならない。

　本書ではこのような諸課題について、哲学的な視点、歴史的な視点、心理学的な視点、そして教育学の視点といった実に多方面の学問分野からの分析を試みている。またそれだけではなく、実際に道徳の授業を実践するにあたっての授業づくりの視点も包含する内容となっている。

　私たちは、「同じ」であることに安心を感じ、「違う」ということに対して違和感を覚え排他的になる傾向がある。しかしながら、私たちはそもそも多様な文化的背景を有しており、決してそれぞれの個が「同じ」わけではない。「違うこと」に対して排他的にならず、その「違い」を前提としながらよりよく他者と生きていく術を学んでいく必要がある。そしてそれこそが道徳教育に課せられた大きな課題であろう。本書の学習を通じて、道徳教育に対するさまざまな理論的背景を知り、授業実践についての基本的な展開方法を獲得することによって、今後の多文化共生社会を生きていく児童生徒に、よりよい道徳教育を展開していくことが可能になれば編者として幸いである。

　最後に、本書の編集・刊行にあたっては、ミネルヴァ書房の浅井久仁人氏、ならびに秋道さよみ氏に大変細やかな配慮と多大なご支援を頂いた。ここに感謝を申し上げる。

　　　　　　　　　　　　　　　　　　　　　　　編者　荒木寿友
　　　　　　　　　　　　　　　　　　　　　　　　　　藤井基貴

目 次

はじめに

第1章　道徳教育とは何か ……………………………… 1
1 「道徳」とは何か──慣習としての「道徳」から考える ……………… 1
2 「教育」とは何か──「道徳」を身につける／越えゆくために ……… 7
3 「道徳」と「教育」の外側──道徳教育の輪郭を変容させる ……… 14

第2章　道徳教育と心理学 ……………………………… 22
1 道徳心理学研究の始まり ………………………………………… 22
2 道徳性の認知発達理論 …………………………………………… 24
3 社会的領域理論（social domain theory）………………………… 29
4 社会的情報処理モデル …………………………………………… 32
　──私たちの社会的行動はどのように産出されるか
5 社会的直観モデルと道徳基盤理論 ……………………………… 34

第3章　道徳教育の歴史 ………………………………… 39
1 近代学校教育の発足と道徳教育 ………………………………… 39
2 教科書と評価 ……………………………………………………… 43
3 大正期から敗戦まで ……………………………………………… 47
4 戦後の道徳教育の変遷 …………………………………………… 49

第4章　学習指導要領における道徳教育 ……………… 54
1 学習指導要領改訂までの経緯 …………………………………… 54
2 学習指導要領 第1章 総則 に示される道徳教育 ……………… 56
3 学習指導要領 第3章「特別の教科 道徳」に示される道徳教育 … 60
4 「特別の教科 道徳」実施以降の課題 …………………………… 67

第5章　道徳教育の方法 ………………………………………………… 69
　1　「特別の教科　道徳」における学習 ……………………………… 69
　2　モラルジレンマ ……………………………………………………… 72
　3　モラルスキルトレーニング ………………………………………… 75
　4　ＶＬＦ ………………………………………………………………… 76
　5　ワークショップ ……………………………………………………… 80
　6　これからの道徳教育の方法 ………………………………………… 82

第6章　道徳教育における内容項目と教材 …………………………… 85
　1　道徳の内容項目 ……………………………………………………… 85
　2　道徳教育における教材 ……………………………………………… 93
　3　資質・能力と教育内容の関係性 …………………………………… 99

第7章　学習指導案の作成──小学校 ………………………………… 104
　1　学習指導案とは何か ………………………………………………… 104
　2　指導案の作成（低学年） …………………………………………… 107
　3　指導案の作成（中学年） …………………………………………… 113
　4　指導案の作成（高学年） …………………………………………… 117

第8章　学習指導案の作成──中学校 ………………………………… 124
　1　TOKを取り入れた道徳科授業の学習指導案例 ………………… 124
　2　哲学対話を取り入れた道徳科授業の学習指導案例 ……………… 129
　3　定番教材を用いた道徳科授業の学習指導案 ……………………… 136

第9章　道徳科における評価 …………………………………………… 143
　1　道徳科の実施に向けて ……………………………………………… 143
　2　道徳科における評価方法と可能性 ………………………………… 146
　3　通知表・指導要録の課題 …………………………………………… 152
　4　道徳科における評価の意義 ………………………………………… 155

目　次

第10章　道徳教育と子どもの問題 …………………………………… 159
1. 規範意識の醸成論と道徳の教科化……………………………… 159
2. 規範意識と道徳教育……………………………………………… 161
3. 自尊感情と道徳教育……………………………………………… 165
4. 「醸成・向上」を目指す道徳教育から「共有」を目指す道徳教育へ…… 170

第11章　シティズンシップ教育と道徳教育 ……………………… 174
1. 「市民である」とはどういうことか…………………………… 174
2. なぜシティズンシップ教育なのか……………………………… 177
3. シティズンシップ教育はどう実践されているか……………… 181
4. 市民に求められる道徳性とは何か……………………………… 186
5. 道徳的な個人が増えれば，善い社会になるのか……………… 190

第12章　現代的な課題と道徳教育 …………………………………… 195
1. 現代的な課題とは何か…………………………………………… 195
2. 現代的な課題をどのように扱うか……………………………… 197
3. 現代的な課題をめぐる指導方法とカリキュラム・デザイン……… 207

第13章　対話への道徳教育 …………………………………………… 211
1. 考え議論する道徳へ……………………………………………… 211
2. 関係性のもとに成立する対話…………………………………… 213
3. 対話とは何か──対話の基礎理論……………………………… 215
4. 対話理論の再構築………………………………………………… 217
5. 対話への道徳教育………………………………………………… 221

小学校学習指導要領（抄）
中学校学習指導要領（抄）
索　　引

第1章　道徳教育とは何か

この章で学ぶこと

　本章では，道徳教育とは何かという問いを哲学的に考えてみたい。ここで「哲学的に」と強調する意味は2つある。1つは，道徳について思索を深めた哲学者や思想家の知見をいくつか参照しながら，道徳教育の意味について考えることである。もう1つは，本章のもっと根本的なねらいとして，道徳教育とはこういうものだと決めてかかる前に，その前提となる理解や認識を徹底的に考え直してみることである。道徳を教える学校の教師，道徳を学ぶための授業方法やその教材，あるいは学習指導要領に明記された道徳教育の目標が示す「善さ」や「正しさ」だけが道徳を意味づけているわけではない。ここではさしあたり2つの問いに分解し，道徳教育とは何かについて批判的に考えてみよう。1つは「道徳」とは何か，もう1つは「教育」とは何かという問いである。本章では，この2つの問いから改めて道徳を教育するとはどういうことかについてさまざまな疑問とともに理解を深める。たとえ明快なかたちで答えられない問いだとしても，私たちが道徳教育を学ぶにあたってこうした問いにしっかり向き合い，粘り強く考えつづけていくことが大切である。

1　「道徳」とは何か——慣習としての「道徳」から考える

（1）道徳的に生きるということの意味

　私たちは家庭や学校や社会のさまざまな生活の場面のなかで道徳的に生きることを学び，またそうであることを期待され生きている。自分を理解しそのよさを伸ばすこと，思いやりの気持ちをもつこと，相手を信頼し尊敬すること，決まりやルールを守ること，正義を重んじ平等に振る舞うこと，みんなと協力

し合い責任をもって誠実に課題を遂行すること、あるいは生命や自然や生まれ育った土地を大切にしながら暮らすこと。とりわけ道徳的に生きるということに込められる思いや願いは、私たちが学校の教育活動のみならず家庭生活や社会生活を通して善く、正しく、幸福に生きていくということだ。

　道徳的に生きるとは、道徳の規範として善いとか正しいとされる行為や行動をとることができることである。さらにその行為や行動のための判断力や、善を志向し悪を斥けることを快く感じる心情を身につけ育むということである。こうしたことが学校の教育活動によって可能になるのかという問いはともかく、少なくとも悪や不正を求める判断と心情をもって行動することが道徳的に生きることでないのはたしかである。けれども「道徳」とは何かという問いは簡単に答えられる問いではない。道徳的に「善い」とか「正しい」とかいった価値についての感じ方や受けとめ方は時代によっても変化する。何が善いことで何が正しいことなのかをめぐる答えは私たちの社会では一義的には定まらない。「生きる」という様式や態度も人や場所によってそれぞれだろう。

　この問いがなかなか一筋縄にいかないことは、実際の社会状況を考えてみれば納得できる。何かひとつの道徳的な善さや正しさが万人にとっての「真理」であり、場所と時間を超えた普遍性を兼ねそなえる「正解」を指し示すものであったとしたら話は早い。ところが現実はそうではない。善さや正しさについての互いの見解が新たな葛藤を生んだり、種々の争いや対立の火種となったりすることもしばしばである。自己の内面においても価値の捉え方は揺れ動く。もっというと、私たちが身をおく環境や状況が大きく異なれば、「道徳」とみなされるものの意味内容や、「道徳」と「道徳から逸脱したと考えられるもの」との間に引かれる境界線は、主観的にも客観的にも往々にして大きく変わる。

（2）共同体に根ざした慣習としての「道徳」

　このことは「道徳」(moral)という言葉の語源を考えてみると理解しやすい。辞書的な説明を紐解けば、"moral"とは、ある一定の共同体や社会に根ざした「慣習」(custom)、「習慣」(habit)、「礼儀・作法」(manners)などを意味するラ

テン語の"*mōs*","*mōr-*"と結びつけて，哲学者のキケロが『運命について』のなかで「倫理的」(ethical)を意味するギリシャ語の"*ēthikós*"を"*mōrālis*"と造語・翻訳したことがもととなったといわれている（寺澤編，2010，923頁；シップリー，2009，530頁）。"*mōrēs*"は，"*mōs*","*mōr-*"の複数形であるが，これはそのまま英語でも「モーレス」(mores)として，ある共同体や社会のもつ慣習，習慣，慣例，しきたり，習俗といった意味をもつ。一方の"*ēthikós*"という言葉もまた，同じように慣習，慣行，礼儀，風俗，風習あるいはそのなかで育まれる個人の性格や性向などを意味する"*êthos*"に由来する。「エートス」(ethos)という言葉を引けば，ある社会や歴史が有しているその土地や時代に特徴的な精神や態度，価値観，気風を表わしていることがわかるだろう。

　よく知られるようにドイツの哲学者ヘーゲルは，こうした共同体の生活に根づいた道徳に対する私たちの義務を，哲学者カントの「道徳性」(Moralität)と意識的に区別して「人倫」(Sittlichkeit)と呼んでいた。ここでいう「人倫」とは，私たちが共同体や社会で暮らし生活するなかで生まれ育まれてきた諸々の行為に関する「共同体の倫理」としての具体的な規範である（テイラー，2000，159頁）。これに対してカントは，私たちの暮らす共同体や特定の社会集団を超えて，どんな状況においても例外なくそれ自体として「善」であるような，私たちの「個人の倫理」としての「善意志」に道徳性の源泉を求めた。カントは，私たちの「理性」から生じ導きだされ，どんな人にも普遍的に当てはまる道徳法則を行為の格率とすべきと考えた。私たちがどんな場面や状況にいようとも義務に基づき「こうするべきだ」とするような，無条件に従うべき普遍的かつ妥当な必然性をもつ道徳法則が存在する。このような道徳法則をカントは「定言命法」という形式から理解しようと試みている（カント，1976，74頁）。

　「定言命法」とは，どんな場合においても無条件に（条件節をともなわず），それ自体が目的であり善だとされる「～すべし」というかたちをとった行為の規則や命令のことである。それは，「ある行為を直接に命令し，その行為によって達成されうるような何か別の意図を〔行為〕の条件として根底におかないような命法」（カント，1976，74頁）とも言い換えられる。私たち人間の自らの

「意志」に基づき，自らの格率が「～すべし」という命法に合致すること，すなわちいつでもどんなところでも揺れ動くことなく，それが普遍的法則となるように行動することが，カントにとっての道徳的な生き方である（カント，1979，72頁）。これとは対照的に，「もし……ならば，～すべし」という形式をとる行為の規則を，カントは「仮言命法」と呼んだ。カントによれば，いつでも「～すべし」を説く定言命法とは逆に，仮言命法は特定の場面や状況によって使い分けられ，「行為そのものとは別に欲している何か或るもの（あるいはそれを欲することが，とにかく可能な何か或るもの）を得るための手段」となるような「条件つき」の道徳である（カント，1976，69頁）。このような他の何かを獲得する手段としてのみ「善い」とみなされる行為の規則は，いわば本来の道徳とは似て非なるものである（石川，2009；藤井・生澤，2013）。

（3）慣習を超えた道徳法則は存在するのか

「定言命法」としての道徳法則は，このように特定の文脈への依存を前提とする慣習としての「道徳」を超えた普遍的な原理である。しかし，はたして慣習を超えた道徳法則は存在するのか。この問いは「道徳」とは何かを考えるうえでじっくり考えなければならない課題である。

たとえば「隣人を愛せよ」や「みずからの欲することを他人に施せ」のような宗教の教義が求める「～すべし」は，特定の共同体や社会の範囲を超えて通用し当てはまる道徳法則の事例といえるだろうか。しかし，このことをもっとも痛烈に批判したのは，哲学者のニーチェであった。ニーチェは，とりわけキリスト教の道徳を「奴隷道徳」や「平民の道徳」と揶揄し，そこで評価される利他的な道徳規範が所与のものでも事実でもなければ，一切の疑問を免れたものでもないことを暴き出そうとした。ニーチェによれば，非利己的な温情や自制を求め，私たちの世界に浸透し広く勝利を収めたようにみえるキリスト教の道徳も，何ら普遍的な「真理」ではない。それは，高貴な人たちの卓越性を誇るような，あるいは力溢れる肉体を讃え，戦争や狩猟や闘技などの強靭かつ自由で快活な行動をより高く評価するような，貴族的・騎士的な価値判断の様式

に対する弱者と無力者たちのルサンチマンから創造された特殊な価値観に過ぎない（ニーチェ，1964，15，31〜32頁）。

　こうした「道徳」に対するニーチェの激しい嫌悪と非難の妥当性はひとまずおくとしても，生命を尊重すること，公正と公平を重んじること，誠実であることといった，同じようにより広く共同体や社会の範囲を超えて適用されそうな規則と規範もまた，決して慣習を超えたものではない。それどころか「生命を尊重すべし」などといった断定的な命令をどんな状況や事情のもとでも無条件に適用することは，かえって私たちの判断や行動を鈍らせ，よりたくさんの好ましい結果や帰結の実現を妨げてしまうこともあるだろう。たとえばパンデミックのような深刻かつ逼迫した事態のなかでは，医療従事者等にワクチン接種の優先順位がつけられることがあるかもしれない。また大規模災害時等の医療においては，識別救急として患者にトリアージがなされることも考えられる。原則としてすべての人命は等しく価値があり尊重されるべきである。けれども極限的な事態やより切迫した状況においては，ときに即座の判断や決定のもとに行為の帰結や社会的な功利性を最大限考慮に入れることが強く求められる場合がある。むしろ私たちが現実に直面する道徳上の困難や葛藤は，道徳法則の命令を断定的なものとして貫くだけでは解決しない。具体的な条件に応じて判断し行動することをより多く要請しているようにもみえる（藤井・生澤，2013）。

（4）社会的・人間的なものとしての「道徳」

　動物行動学者のフランス・ドゥ・ヴァールもまた，ボノボやチンパンジーといった霊長類研究の諸成果に基づきながら，異なる理由からではあるが，やはり人間の理性や神などの不変の原理・法則から私たちがどう行動すべきかを導きだそうとするトップダウン型の道徳理解の一面性を指摘している。ドゥ・ヴァールの理解によれば，私たちの道徳性は，人間の理性や意志といった特別な本性に独自に由来したものではない。それは理性や意志から生じるよりも，むしろ情動的で本能的な反応によってかたちづくられたものである。自分たちが相互依存する他者との関係を良好にしようとする「向社会的な」価値観は

――そこでいう向社会的な行動の質的な違いはもちろんあるが（ボーム，2014）――霊長類をはじめとする動物たちの他者認知や利他行動とある一定の連続性をもっている。そこから道徳性は，自らをどう組織するかという問題と関わりながら，狩猟採集や農耕文化といったそれぞれの集団のかたちにそってボトムアップ的に進化と変容を遂げてきた（ドゥ・ヴァール，2014；山極，2007）。

　興味深いことにアメリカの哲学者ジョン・デューイは『人間性と行為』のなかで「道徳」とは「人間的なもの」（human）であり「社会的なもの」（social）であると論じている。まず「社会的」だと考えるのは，まさに「道徳」が慣習や習慣として私たちの住まう土地や生きる時代に深く根を下ろした価値の捉え方・感じ方を反映するからである。それのみならず，このことは地理や歴史が異なれば，私たちが慣れ親しむ「善さ」や「正しさ」をめぐる価値観も多分に異なりうることを示唆している。それゆえ「道徳は，生きることの現実と関わるものであって，具体的な現実と無関係な理想や目的や義務と関わるものではない」。しかしながら，具体的な現実に関わるものとしての「道徳」を究極的な善さや絶対的な不動の正しさを示すものだと思い込むとき，別の不幸や悲劇が生じるとデューイはいう（デュウィー，1960，258頁）。さらに「人間的」だと述べるのは，私たち人間が，自ら身をおく集団の中で共有された，現実を生きる知恵としての「道徳」を生み出し育んできたというだけでなく，ときに自らの「知性」と「行動」によってその「道徳」に変化と修正を加えることができると考えられるためである。慣習や習慣として根づいた現状の「道徳」をひたすら拒絶することでもなければ，「道徳」を永遠無窮の確実な真理と決め込み，無思考に追従することでもない。重要なのは，生きるという具体的な現実や事実に応じて，直面する問題を解決するために，私たちが「道徳」そのものをたえず反省的に問いなおし，弛みなく進化・変容させていくということである。

2 「教育」とは何か——「道徳」を身につける／越えゆくために

（1）教育することのジレンマ

　道徳的に生きるとは，前節でみてきたように，一方では私たちの共同体や社会に根ざした慣習としての「道徳」に倣い，それによくなじむことにほかならない。また同時に，他方ではそうした「道徳」を無批判に善いまたは正しいとみるのではなく，状況に照らして自ら批判や反省を加え，私たちの「道徳」をよりよいものに変えていくことがさらに道徳的に生きることを意味づける。

　教育学者の村井 実はこのことを 2 種類の道徳的なあり方をめぐる理解としてまとめている。ここでいう理解の 1 つは私たちが生まれ育った共同体や社会の慣習を身につけ実践するところに人間の道徳的なあり方が実現するという考えである。もう 1 つはそうした慣習をより善いものとするために，私たちが既存の慣習それ自体を批判的に吟味し，もっといえばそれを越えゆくところにこそ人間の道徳的なあり方が実現すると捉えるような考えである。こうした道徳的なあり方をめぐる理解はしばしば拮抗し合う。そればかりか村井の指摘によれば，道徳を「教育する」ということの意味についても，それは重大なジレンマを引き起こす（村井，1987，122〜123頁）。

　慣習としての「道徳」を身につけ，それに倣うことができなければ，私たちはそれを体得・習得させるために「道徳」を教え，伝え，指導するといった手段に訴える。またそうした「道徳」を反省的に問いなおし，より善くより正しく行動できるように，教育を通して働きかけようとも考える。慣習としての「道徳」になじむよう教えたり，伝えたり，指導したりすることは，既にある規範や慣例の教え込みと押しつけと訓練にとかく終始してしまいがちである。既存の「道徳」への批判や反省を促すどころか，「教育」の名のもとに「道徳」についての理解を深めるための営みを骨抜きにし，共同体や社会に対する同調と同化への圧力が巧みに加えられることもある。かたや，極端なかたちで反省を強要したり，根拠もない批判を過剰に煽ったりするような「教育」を無思慮

に徹底すれば，あらゆる道徳的価値を無意味に感じるニヒリズムや，さらには反省と批判の活動それ自体の無意味さを冷笑する屈折したシニシズムに手を貸すことにもなるだろう。

（2）知性を麻痺させてはならない

　だが，こうした2種類の考え方は，より正確にいえば，必ずしもジレンマをきたすものとは考えられない。なぜなら「道徳」を身につけることと越えゆくことは，つねに対立し合うわけではないからである。両者を対立的に捉えるとき，それは「身につける」「倣う」「批判する」「反省する」といった営みの理解を狭く絞り込み過ぎている。私たちがたとえ共同体や社会の「道徳」に倣っているとしても，既存の「道徳」に対して無批判に，ただ慣習や習慣として無意識に，あるいは惰性として他律的に従っているだけだとしたら，それは決して道徳的に生きているとはいえない。しかも道徳的な善さや正しさが絶対的でも普遍的でもないとするなら，そのとき私たちは「道徳」の意味を自ら思考し，その限界を超えていくことができてこそ，「道徳」をよりよく学び実践しているというのではないか。このように捉えると，ここで「道徳」を反省し批判するのは，共同体や社会の「道徳」そのものを破棄したり，無秩序を礼賛したりすることとはまったく異なる。「道徳」を身につけるということもまた，単に従うこと以上の積極的な意味を含んでいる。

　この点で，社会学者のエミール・デュルケムは，興味深いことを述べていた。デュルケムによれば，「道徳」とは個人や社会を秩序づける「規律」であり「命令の体系」にほかならない。私たちが道徳的に生きるとは，いわば「集合的利益のために振る舞うこと」であり，「真に道徳的な生活の領域は，集団生活の始まるところから始まるということ，換言すれば，われわれは社会的存在である範囲においてのみ，道徳的存在でありうる」（デュルケム，2010，127頁）。そのためデュルケムによれば，私たちの道徳性はまずもって「規律の精神」と「社会集団への愛着」という要素によって説明される。ただし，第三の要素としてデュルケムがあわせて強調したのは，「意志の自律性」だった。つまり，

道徳を尊重するということは,「反省」や「批判」が及ばないところにあるものとして「道徳」を教え込み,それを鵜呑みにすることではない。私たちは,むしろ主体的・自律的に「道徳」を理解し,行為の理由を考えなければならない。そのとき「道徳を理解する知性」(l'intelligence de la morale) がいっそう重要な役割を担うだろう。いわく「道徳の命ずるところに従うにしても,各人が自己の行為をはっきり自覚した上でのことでなければならず,道徳に対する尊崇のあまり,己の知性を完全に麻痺させてしまうようなことがあってはならない」(デュルケム,2010,116頁)。

いうまでもなく,共同体や社会に根づく「道徳」は,私たちの行動や判断や心情の重要な基準を提供している。けれどもそれは,歴史や文化によって異なる限定的な約束事に過ぎず,つねに理に適っているわけでもない。ましてそれは完全に善く,正しいものとも限らない。したがって主体的かつ自律的に「道徳」を吟味し,自ら知性をもって理解することは,慣習や文化としての「道徳」に従うということ以上に必要なことだ。共同体や社会の中で広く共有されている慣習や習慣が,狭く凝り固まった集合的利益を反映させたもので,集団内外の他者を不当に排除したり,より多くの誤りを犯す抑圧的な行為の規則を強いたりすることもあるだろう。まさにそのときにこそ,私たちは「道徳」にただ従うよりも,自ら何を考え,どのように振る舞うだろうかということが厳しく問われる。慣習や習慣を問いなおし,自らの「知性」を働かせ,主体的により善くより正しい「行動」をとることができるのか,と。

(3)「道徳」は「教える」ことができるのか

それでは,こうした「知性」や「行動」のために,「教育」はどのくらい有効な働きかけとなりうるだろうか。けれどもこの問いも,なかなか容易に答えられそうにない。なぜなら,慣習としての「道徳」によくなじむにしろ,あるいは批判や反省を加えるにしろ,「道徳」は大人や親や教師に教えられて学ぶという一方向的な教育的関係のなかだけで体得・習得できるわけではないからだ。また「道徳」を身につけたりそれを反省したりすることが大切だとはわかっていても,

その「道徳」を学び実践することが「教えられる」ことによってつねに可能となるわけではない。現に私たちは教室の中で，「いじめはだめだ」「嘘をつくことはよくないことだ」「相手に思いやりの気持ちをもつのがよいことだ」「礼儀正しく元気よく挨拶をしよう」と教わっていても，それを実践できないことがある。まして，「きまりを守ろう」「思いやりをもとう」「出会う人に元気よく挨拶しよう」などといった心情や気持ちの精神的エネルギーを充填しようとする「教育」によって道徳的な行為や行動が単純に導かれるわけでもない（松下，2002）。

そもそも「道徳」を「教える」ことはできるのだろうかという問いは，古くから存在するアポリアのひとつである。なかでも古代ギリシャの哲学者プラトンが『メノン』の中で描くソクラテスは，「徳（アレテー）は教えられるか」という問題からこうした疑問を探究していた。メノンとの対話のなかでソクラテスは次のように語っている。「人間が教わるものといえば，それは知識以外のものではない……そして，もし徳が一種の知識であるとするならば，明らかに，徳は教えられうるものだということになるだろう」（プラトン，1994，73頁）。

「徳は知識である」というソクラテスの有名な命題にしたがえば，「道徳」を本当の意味で学び実践するには「知識」と同様，それを正しく認識し理解することが不可欠となる。教育学者の松下 良平が「知行不一致現象」の問題として詳しく検討しているように，このことは日常生活の中で「わかっている」けれども「できない」ということがどうして起こるかという問いを思い起こしてみればよい（松下，2002）。つまり善いこと，悪いことだと頭では「わかって」はいても，その「道徳」を行為として実践することが「できない」ということがある。たとえば信号の意味がわかっていても，人が見ていなければ車が通っていない赤信号の道路を平気で歩いて渡る。相手を傷つけてしまうことがわかっていても感情に任せて思わずひどい言葉を投げかけてしまう。誰かがいじめられていてそれを悪いことだと非難すれば，今度は自分にその矛先が向かってくる。だから，よくないことだとわかっていても，傍観している周りの雰囲気に同化して自らも見て見ぬふりをする。あるいは真実を語れば大きな損失を招くので組織のために嘘をつく。いったいどうしてこんなことが起こるのだろうか。

（4）どのような「教育」が考えられるかを考える

　よく知られるように，アリストテレスはソクラテスの命題を踏まえてこうした現象を「無抑制」（アクラシア）の問題として吟味していた。そこで課題となったのは「わかっている」とか「知っている」とかいっても，事実それがどのような知り方やわかり方をしているのかがつねに問われてくるということだった。アリストテレスによれば「実際，すぐれた意味において『認識（エピステーメー）』と考えるところのものが現存していながら無抑制といった状態が生ずることはない」し，「このような認識が情念のゆえに引きまわされるというごときこともない」という（アリストテレス，1973，27頁）。こうした「わかっている」と「できない」ということの間に生じるずれは，ひとえに「理解や認識のあり方に起因する」（松下，2002，81頁）と考えられるといってよい。つまり，私たちが「道徳」を実践できていないのは「わかっているけどできない」というよりも，十分に「わかっていないからできない」のだ。とすれば，私たちはその理解の仕方や認識の仕方を深めていくような「教育」がどうしたら可能になるのかということをまずは考えなければならないだろう。

　どのような「教育」が考えられるかに関していえば，先にもあげた村井は，アリストテレスの「実践的三段論法」を分析しながら，「道徳」についての学びと実践が，徳目としての原理や規則の説明に終始するものでもなく，かといって知識についてのさまざまな教科の学習があればすべてが肩代わりされるわけでもないと述べていた。村井によれば「道徳」の「教育」は，むしろある種の「総合的な」理解と認識を求めるものである（村井，1987）。

　ここでいう実践的三段論法とは，たとえば村井があげる次の例のように「大前提―小前提―結論」からなる論理形式を私たちの道徳の実践にも適用しようとする推論である。

〈大前提〉　隣人には挨拶すべきものである。（原則）
〈小前提〉　前方から来るのはまさに隣人である。（状況）
〈結　論〉　したがって彼には挨拶すべきである。

出典：村井（1987）49頁。

上述の論理形式を確認すれば，そこには性質の異なる3つの知識が含まれていることがみてとれる。その3つの知識とは，第1に「～せよ」「～すべき」といった「原則」に関する知識であり，第2にいまどのような場面にいるのかといった「状況」に関する知識であり，第3にこうした「原則」と「状況」についての知識をもとにして，いったいどうすればよいのかを決定し，原則に即した行為を結論として導きだす知識である（村井，1987，49～50頁）。

　「原則」としての規範や規則についていくら指導や説明を受けて理解したとしても，私たちは自らが直面している「状況」の把握が理解として不十分であれば，「道徳」をよりよく実践することはない。また反対に「状況」の認識は適切であっても「原則」の理解に重大な過誤があれば，いうまでもなく「道徳」が実践されることはない。だが，こうした原則と状況の理解から適切な行動が「総合的に」なされたとしても，さらにその「原則」としての規範や規則それ自体が，そもそも他の規範や規則と矛盾をきたすこともある。そうした「原則」の中には，もはや現実の「状況」に当てはまらないものもあるだろう。したがって，そこではその「原則」を結論として導き出した「前提の前提」となっている「大原則」についても積極的に吟味しなおしたり，あるいは，より適切な原理や原則を新たに見出したり，つくり出したりするための「道徳」の学びと実践が必要となる。つまり「実践規則（徳目）というのは，私たちが道徳的に行為するための原理・原則ではあるが，個人としての私にとってみれば，本来私自身によって作られたものではなく，この世に生まれ落ちたときから，いわば外的に押しつけられたもの，あるいは私を取り込める一つの行動の枠にすぎない。……私の真の道徳的主体性は，私自身が私の実践規則の作り主であることによってはじめて保証される」（村井，1987，71頁）のである。

（5）批判と反省に開かれた共同体や社会をつくる

　このような理解や認識を深めるための「教育」は，とりわけ学校における教育だけに委ねられるものではない。むしろそれを学校教育としてのみ思い描くなら，それは道徳教育の営みの重要性を著しく理解しそこなうことにもなりか

ねない。知性と行動のために「道徳」を理解する深い学びと実践は、わかり方や知り方を問うものでなければならないが、教師が教えてくれる授業や学校生活の内側だけでそのことが成し遂げられるわけではない。

　さらに、自らが「道徳」の主体やつくり手になるといっても、実のところその「道徳」は、個人ひとりの手によっていわば「真空」や「無」から独自に生み出されることはない。「道徳」がどこまでも私たちの共同体や社会によって育まれるものという点を踏まえるならば、それが意味あるかたちで学ばれ、実践され、新しく見出されたりつくり出したりできるのは、私たち一人ひとりが共同体や社会から切り離された安全地帯においてそれを眺められるからではない。「道徳」を深く学び実践するための「教育」は、共同体や社会に批判的であれ反省的であれ、むしろ自らそこに関わりながら、そうした新しい規則や規範のつくりなおしに開かれた共同体や社会を生み出していくことによって可能となる。

　松下が指摘するように、それゆえ「道徳についての深い理解へ導くためには、まず何よりもそれにふさわしい共同体実践を生活の中に用意しなければならない」であろう（松下, 2002, 125頁）。そこでは教師の授業や学校生活だけにとどまらず、家庭や学校を含めて広くは共同体や社会の生活の中に「道徳」を身につけそれを越えゆくことを豊かに受けいれるような素地が用意できるかどうかが鍵となる。道徳教育を考えるにあたって試されているのは、規範や規則をどうやって内面化させるかという単なる方法論的課題にとどまらない。そうした規範や規則がなぜ必要なのか、あるいは反対になぜそれが状況を考える際に適切なのか、それらに代わってどのような規範や規則があればさらにより善い生活に結びつくのかといった、こうした私たちの批判や反省の営みを可能にするような家庭や学校を含めた共同体や社会のあり方、ひいては大人や親や教師のありようこそが大きく問われている。

3　「道徳」と「教育」の外側——道徳教育の輪郭を変容させる

（1）ギュゲスの指輪——善き人であることの難しさ

　以上に論じてきたように，私たちの知識としてのある種の理解の仕方や認識の仕方から「道徳」を考え，「教育」のあり方をしっかり問いなおすことが重要である。しかし「道徳」を身につけ越えていくという問題を知り方やわかり方の問題として捉えることはどこまで反論にもちこたえうる議論だろうか。そう考えると，道徳教育をめぐるこれまでの教育学上の議論がいまだカバーし尽くしていない問いはあまりに多いといわざるを得ない。そうした問いの内にはもちろん道徳教育が議論として暗に回避してきた問いも含まれる。最後にここでは従来の「道徳」や「教育」が及ばないようにもみえる事柄にも目を向けながら，道徳教育をめぐる問いの外側を違ったかたちで眺めておこう。

　共同体や社会の中で道徳的に善く正しいことだと考えられていることでも，合理的に考えればやはりおかしいことはたくさんある。だが，そのおかしさに批判や反省を投げかけることが必要だとわかっていても，実際には世間の常識という眼差しや周囲の評判に抵抗し，悪しき慣習や習慣に逆らって自ら声をあげ，より善くより正しく行動しようとすることは，決して簡単なことではない。私たちがもし現実の「道徳」に疑問を投げかけ，反省的に問いなおすことに躊躇しているとしたら，これもまたその理解や認識としてより善くより正しいことを実のところ「わかっていない」というべきだろうか。

　プラトンは『国家』という対話篇の中で「ギュゲスの指輪」という有名な哲学的問題を取り上げている（プラトン，1979, 107〜110頁）。ギュゲスの指輪を指にはめると，その人の姿は透明になり，誰の目からも見えなくなる。不正をはたらいても見つからないし，咎められることもない。さて，何をしようと勝手である。そういう指輪を手にしたとき，私たちは道徳的に善く正しくありつづけることができるだろうか。なるほど，どんなときでも現実に善き人であることが肝心だということはよくわかる。けれども「何びとも自発的に正しい人間

である者はなく，矯正されてやむをえずそうなっている」に過ぎず，「自分が不正をはたらかれるのがこわさに，お互いを欺き合っているだけ」ではないのか（プラトン，1979，110頁）。ここで「ギュゲスの指輪」が投げかけているのは，結局のところ人間は自ら道徳的であろうとするよりも，単に世間や他人から非難されたり，自らの名声や評判を傷つけたくなかったりするために道徳的に振る舞っているに過ぎないのではないか——そうでなければ，お構いなく好き勝手に行動するのではないか——という露骨な疑念についてである。

　社会心理学者のジョナサン・ハイトは，この問いをさらに次のように言い換えている。たとえば一方には「生涯究極の正直者を貫き通すが，あらゆる人々からならず者だと思われる」，他方には「常習的なうそつきなのに，模範的な人物とみなされる」という選択肢があるとする。こうした2つの異なる人生を選ぶとしたら，「さああなたは，どちらの人生を選ぶだろうか」（ハイト，2014，129頁）。ハイトは，いくつかの心理学実験を裏づけとしながら「哲学や科学の世界で見受けられる理性崇拝は，妄想である」（ハイト，2014，159頁）と論難する。そこで結論づけられているのは，私たちが人からどう見られるかに関わりなく，論理的思考や推論を駆使して道徳的であることを貫いているようには見えないという事実である。プラトンやカントなど哲学者たちの多くは「倫理に関するすぐれた思考能力が善き行ないを生むと想定してきた」（ハイト，2014，154頁）。けれども私たちは，自らの合理的な知性と思考に基づき行動し，道徳的に生きているというわけではない。意識的にせよ無意識的にせよ他人の評価を大いに気にかけながら，その評価に合わせるように自らの見解や信念，行為を正当化するための（自らも信じ込むような）理由を後づけ的につくりあげさえもする（ハイト，2014，158頁）。見かけや評判を気にして道徳的に見えるように振る舞うのだとしたら，道徳的に生きるということの意味をどんなに言葉や理屈で教えようとしてもうまくいくとは限らない。むしろハイトの指摘によれば，共同体や社会の「道徳」をうまく機能させるためには「あらゆる人々の評判がつねに皆の目に入るようにし，不正な行動がつねに悪い結果を生むようにすること」のほうが重要である（ハイト，2014，131〜132頁）。

（2）モラル・ラック——思考や意志による統制が及ばないもの

　このことは「教育」を通して相手の知性に働きかけたり道徳的に生きることの意味を探究したりするということの無意味さや無力さをかえって示すことになるのだろうか。監視カメラを設置するなど，アーキテクチャとしての工学的環境を整えることによって「人々の評判」としての他者の眼を内面化させようとする極めて単純な手段を思いつくだけだとしたら，おそらく「教育」の働きは最低限でよいかもしれない。けれども共同体の慣習や社会の習慣に同調することによって不正な行為に手を染めることがあるように，周囲の評価や評判という他者の眼は，必ずしも「不正な行動」を「悪い結果」と結びつける機能を果たすわけではない。そもそもそうした監視を張り巡らせること自体が道徳的な問題ともなりうるだろう。

　けれどもさらに考えてみれば，哲学者のトマス・ネーゲルが「モラル・ラック（道徳上の運）」の問題として考察するように，仮に「不正な行動」に対する他者の眼が機能していても，そうした「不正な行動」にどのような「悪い結果」がやってくるかは正直なところわからない。私たちの結果に対する道徳的評価は，ときに幸運や不運のような「われわれの統制を越えた（意のままにならない）要因」（ネーゲル，1989，45頁）によっても左右されている。ネーゲルの説明に基づけば，現実に生じる事柄によってすべてが決定されるわけではないとはいえ，「われわれが誰かを道徳的に判断する際の根拠となる事象は，一見そう見えるよりも多くの点で，当人の意のままにならないことがらによって決定されている」（ネーゲル，1989，44頁）といえる。

　ネーゲルが論じるように，そのような要因の1つとしてあげられるのは，「行為の結果」に対する「運」である。同じ不正な行いをなしたとしても，しばしば行為者当人の思考や意志による統制が及ばない事柄によってその行為の帰結の道徳的な重大さが変わるということが起こりうる。「たとえば誰かが飲酒運転をして車が歩道に乗り上げてしまったとする。その歩道にたまたま歩行者がいなければ，彼は自分を道徳的に幸運だったとみなすことができよう。もし歩行者がいたとすれば，彼はその歩行者を殺したことで責めを負うべきであ

ろうし、おそらくは故殺罪で告訴されもしよう。しかし彼が誰も傷つけなかったとすれば、彼の無謀さは全く同一であったとしても、法的制裁ははるかに軽く、自他からの責めもまたはるかに軽いはずである」(ネーゲル, 1989, 48頁)。

　問題として難解なのは、私たちが一方をより悪いことだと考え、他方をまだそれよりは悪くないかもしれないと考えるとき、この違いはいったい何に求められるのだろうかということである。このことは哲学上の思考実験というわけではない。たとえば下の参考資料1-1と1-2の記事は、2015年の同日にネットで配信された2つの記事である。

参考資料1-1　イヤホンつけて運転の自転車にはねられ女性死亡

> 　X市A区の道路で77歳の女性が横断歩道をわたっていたところ、19歳の男子大学生が乗った自転車にはねられました。女性は頭を強く打って病院に運ばれましたが、およそ1時間半後に死亡しました。警察によりますと、少年はイヤホンを両耳につけて自転車を運転していたうえ、「下を見て運転していた」と供述しているということです。また、赤信号を無視していたとの目撃情報もあり、警察が事故の状況を詳しく調べています。

出典：TBS系（JNN）2015/6/11（木）17：05 配信分より一部改変。

参考資料1-2　「大学に遅れそうで…」大学生自転車で"ひき逃げ"

> 　今年4月、Y市で歩道を歩いていた女性に自転車でぶつかってけがをさせたうえ、それを認識しながらそのまま逃走したとして、大学生で19歳の少年がひき逃げなどの疑いで10日に書類送検されました。女性は右足を捻挫するなどのけがをしました。現場付近の防犯カメラの映像などから少年が特定されたということです。警察の調べに対し、少年は「大学に遅れそうで急いでいた」と容疑を認めています。

出典：テレビ朝日系（ANN）2015/6/11（木）16：40 配信分より一部改変。

　上記の2人の「19歳」の「少年」の記事から私たちが引き出す教訓は、自動車のみならず自転車もまた走る凶器になるということであろうか。当然ながら自転車も含めて車両等の運転者には「安全運転の義務」が発生する。しかも参考資料1-2の事件のように、そもそもひき逃げはよくないことだ、いや、ひき逃げよりも被害者がけがをしたり、亡くなったりしたということをどう受けとめるかが焦点化されるというべきなのか。とくに前者の事件は、後者と比べ

て取り返しのつかない重大な帰結を招いたと胸を痛めるかもしれない。それでは「死亡」と「右足の捻挫」という帰結の違いを生みだしたものとは何か。ルールや規則を守らなかった道徳性の何が影響するのか。原理や状況に対する理解や認識が質的に異なっていたというのか。あるいはこれは問題を引き起こすに至った心情や気持ちに原因があるというのだろうか。

（3）「道徳」と「教育」の複雑さをしっかり考える

　こうしたさまざまな問いかけは，私たちの「道徳」や「教育」についての見方を大きく揺るがすはずである。理性ではなく他者の眼を気にかける「感情」に委ねられ，道徳的に善いとか正しいとか判断されることが結局のところ「運」によっても左右されかねないという哲学的問題は，道徳教育が議論として避けておきたい問いかもしれない。しかし道徳教育をめぐるこれまでの議論がいまだ検討し尽くしていない問いを考えてみれば，きっと「道徳」や「教育」そのものが現実の場面では極めて複雑な課題を孕むものだということも同時にみえてくるはずである。また逆にそれらの複雑さとじっくり向き合うことができるなら，これまで私たちが道徳教育として考えてきたことの輪郭もかえっていっそう明瞭になり，異なる多様な視点から考えなおすことで，さらにその輪郭をよりよい意味で変容させられるかもしれない。

　たとえば脳神経科学の知見を踏まえれば，「無抑制」の問題はドーパミンなど神経伝達物質の放出量や受容体の活動量の問題として別の角度から眺めることも可能である（信原他，2010）。そこでは身につけるものや越えゆくものとして「道徳」を考えることよりも，スマートドラッグの使用といった「教育」の営みを飛び越えたエンハンスメントによって「道徳」の学びと実践を支え強化する未来も描かれうる。こうした議論に私たちが何か異論を差し挟んだり，何か見落とされ議論されていないことがあるのではないかと感じたりするならば，その疑問をかたちづくるものこそが私たちの道徳教育に輪郭を与えてきたものに違いない。あるいは法律を遵守しさえすれば，道徳的に生きるということになるのかという問いも同じだろう。道徳の規範と法律は似ているが，道徳的な

善さや正しさとかけ離れた無法・悪法というものもある。世の中には法の不備を巧妙にかい潜って不正な行為が正当化されたり，法の手続きに則って困窮を極める人たちがますます苦境に立たされたりすることもある。こうしたことを道徳的に善くない，正しくないことだと感じるとしたら，ただ法律上の規則を守ることだけがそのまま道徳的に生きることと同じであると私たちは考えていない。だとすればそのとき私たちは，単に法律を教え守らせるということ以上に，どのような想像力を働かせて「道徳」を考えなおしていけるだろうか。

「道徳」が絶対的でもなければ普遍的でもないのと同じく「教育」もまた決して万能なものではない。「節度をもって生活すること」「公平・公正な態度で人に接すること」「礼儀正しく振る舞うこと」「みんなのために役立つこと」，これらがどれも大切な価値であることに異論はない。だが，私たちが「道徳」として学んでいることと「現実」に起こっていることとの違いに気がつけば，それらの価値を見習うべき規範として大上段から説こうとする振る舞いや，大きな顔で得意げに垂れる高説もどこか胡散臭く感じてしまう。授業で耳にする説話や教訓や伝記にでてくる善良な物語とは異なって，アメリカの小説家マーク・トウェインが描く物語のような悪事と暴力沙汰が絶えない札付きの悪童が世にはばかるという話や善良な子どもが何をやっても必ず裏目にでてしまうという話を読めば，きっと家庭や学校や社会に流通している「道徳」を一度は徹底的に疑ってみようという気にもなるかもしれない（トウェイン，1977）。

ソクラテスは「徳」であれ何であれ，それが「知識」として「教えられる」ものだとしたら，必ずそれを「教える人」がいるはずだと語っていた。けれども，教えることに携わるソフィストをみても，誰ひとりとして徳という知識を手にしたように見える者はいないというのがそれにつづく議論であった（プラトン，1994，103頁）。しかし教えることのできる人はどこにもいないと言い切るならば，それは私たちの日々行っている「教育」がときにもっと広く複雑なことをやってのけているという事象を見落とすことになるかもしれない。教え手が知識としてわかっているように思えることでも，それは必ずしも意図通りに伝えられるとは限らない。だが，たとえわかっていないことだとしても，結果

として学び手に豊かに伝わるということもある。教えるべきことを教え，学ぶべきものを学ぶという「教育」だけでは，共同体や社会は何も変化を生まないだろう。道徳的に生きるとはどういうことかという問いは，改めて簡単に答えられる問いではない。だとしたら，その答えを前へと進めるために，教育のなかで思考のすれ違いが生まれたり，そうではない考えが生まれたりするということを恐れてはいけない。それを一つひとつ丁寧に考えていくというところから，道徳教育の議論は始められなければならない。

引用・参考文献

アリストテレス著，高田三郎訳（1973）『ニコマコス倫理学（下）』岩波書店．
石川文彦（2009）『カントはこう考えた——人はなぜ「なぜ」と問うのか』筑摩書房．
I. カント著，篠田英雄訳（1976）『道徳形而上学原論』岩波書店．
I. カント著，波多野精一他訳（1979）『実践理性批判』岩波書店．
J. T. シップリー著，梅田 修他訳（2009）『シップリー英語語源辞典』大修館書店．
C. テイラー著，渡辺義雄訳（2000）『ヘーゲルと近代社会』岩波書店．
J. デュウィー著，東宮 隆訳（1960）『人間性と行為——社会心理学入門』春秋社．
É. デュルケム著，麻生 誠・山村 健訳（2010）『道徳教育論』講談社．
寺澤芳雄編（2010）『英語語源辞典』研究社．
M. トウェイン著，坂下 昇訳（1977）『バック・ファンショーの葬式 他十三篇』岩波書店．
F. ドゥ・ヴァール著，柴田裕之訳（2014）『道徳性の起源——ボノボが教えてくれること』紀伊國屋書店．
F. ニーチェ著，木場深定訳（1964）『道徳の系譜』岩波書店．
T. ネーゲル著，永井 均訳（1989）『コウモリであるとはどのようなことか』勁草書房．
信原幸弘・原 塑・山本愛美編（2010）『脳神経科学リテラシー』勁草書房．
J. ハイト著，高橋 洋訳（2014）『社会はなぜ左と右にわかれるのか——対立を超えるための道徳心理学』紀伊國屋書店．
藤井基貴・生澤繁樹（2013）「『防災道徳』の授業開発に関する研究——『道徳教育』と『防災教育』をつなぐ授業理論と実践」『静岡大学教育実践総合センター紀要』第21号，91～101頁．
プラトン著，藤沢令夫訳（1979）『国家（上）』岩波書店．
プラトン著，藤沢令夫訳（1994）『メノン』岩波書店．
C. ボーム著，斉藤隆央訳（2014）『モラルの起源——道徳，良心，利他行動はどのよ

うに進化したのか』白揚社。
松下良平（2002）『知ることの力——心情主義の道徳教育を超えて』勁草書房。
村井 実（1987）『村井実著作集 4 道徳は教えられるか・道徳教育の論理』小学館。
山極寿一（2007）『暴力はどこからきたか——人間性の起源を探る』NHK出版。

―学習の課題―
(1) 洋の東西を問わず過去の哲学者や思想家たちは「道徳」についてどのように考えてきたのだろうか。
(2) 私たちが「道徳」を学び実践するために「教育」はどこまで有効な手段となりうるだろうか。

【さらに学びたい人のための図書】
貝塚茂樹・関根明伸編（2016）『道徳教育を学ぶための重要項目100』教育出版。
　　⇨道徳の教科化も踏まえて道徳教育の課題の深さや射程が一望できるのではないかと思う。本書をひとつの手引きとしながら，さまざまな道徳教育の文献に当たってみることをおすすめする。
松下良平（2011）『道徳教育はホントに道徳的か——「生きづらさ」の背景を探る』日本図書センター。
　　⇨道徳教育ははたして私たちが道徳的により善く生きるということに応答できる道徳的な営みとなっているのだろうか。本書とともに道徳と教育のあり方についてじっくり考え抜いてみよう。
信原幸弘・原 塑編（2008）『脳神経倫理学の展望』勁草書房。
　　⇨本書は，脳神経科学の成果から道徳や教育がこれまで自明と思っていた諸前提を再考する手がかりを与えてくれる。哲学的・思想的考察は科学的研究の諸成果とどのようにして折り合いをつけることができるだろうか。

（生澤繁樹）

第2章 道徳教育と心理学

この章で学ぶこと

　子どもにはいつ頃から道徳性が芽生え，その後，道徳性はどのように発達していくのか。道徳性発達の方向性が仮定されるならば，子どもの道徳性を育てるために周りの大人（教師や親）はどのように関わればよいのか。教職を目指すあなたはこのような疑問をもったことはないだろうか。

　子どもの道徳性発達研究は，長い間，認知発達理論の影響が大きく（Helwig, 2018），理性的判断（道徳的理由づけ）が重視されてきた。一方，近年，研究が進む進化心理学の立場は，道徳判断場面において理性的判断よりも直観が優先することを明らかにしている。よって，子どもへの教育的働きかけをこれまでとは変えていく必要性も示唆されている（林，2016）。

　以上を踏まえて，本章では心理学の観点から道徳性発達について包括的に理解することを目的とする。

1　道徳心理学研究の始まり

(1) 子どもはどのように規則を理解するようになるか

　心理学において子どもの道徳性に関する実証研究はピアジェ（Piaget, 1932）により始まったといえる。ピアジェは道徳判断の研究に先立ち，子どもたちが行うゲームこそが規則の構成について最も適切にいい表していると考え，マーブルゲーム（おはじきのような遊び）を取り上げ，子どもの規則理解の発達について4つの発達段階を示した。

　まず，子どもの規則理解の第1段階は自動的で個人的な（motor and individual）段階である。この段階では規則は社会的な意味をもたず，同じ行為を反復

することであり，これらの行為には道徳的意味合いは含まれない。マーブルゲームでたとえると，マーブルを寄せたり，隅に集めたりという行為を単独で繰り返すような段階である。

第2段階は自己中心性（egocentric）の段階である。子どもは遊んでいるときにほかの子どもとの勝ち負けを意識することも，ほかの遊びとマーブルゲームを統合することもない。言い換えると，ほかの子どもと遊んでいるときでさえもそれぞれが1人で遊んでいるような段階である。

第3段階は協同（cooperation）の段階である。それぞれの子どもが勝ちを意識するようになり，ゲームの中での相互理解に基づいた決まりについて関心をもつようになる。しかし，ゲームの中におけるある種の合意を理解することができる一方，一般的な規則については漠然とした理解をしている状態である。

第4段階は規則集成（codification of rules）の段階である。この段階になると子どもたちはゲームの中での決まりの決定手続きだけではなく，観察される実際の社会における規則律についても同様に考えるようになる。

認知発達理論の立場では，子どもの規則理解は認知発達に伴い，質的に変容していくと考えている。そして，このような子どもの規則理解の発達は子どもの道徳判断の発達と関連するところがあると考えている。

（2）どちらの子がより悪いか，なぜそう思うか

教材2-1を読み，問いを考えてみよう。

ピアジェ（Piaget, 1932）は意図と結果の悪さの重大さが異なる2人が登場するストーリーを子どもたちに提示し，どちらの子のほうが悪いか，それともどちらとも同じくらい悪いかという形式で道徳判断についての個別インタビューを行い，子どもの道徳判断の発達を明らかにした。ピアジェによる一連の研究では加齢に伴い「結果の悪さに注目した判断」から「意図の悪さに注目した判断」へと移行していくことが明らかにされた。具体的には，子どもたちはある行為の善悪について判断をする際に，物質的な結果に基づき判断する〔客観的責任判断（他律的道徳判断）〕発達段階から加齢に伴い，外在的な目に見える結果

> **教材 2-1　ピアジェによる臨床法を用いた道徳判断の調査法**
>
> 【ストーリー】
> A　ジャンという小さな男の子がお部屋の中にいました。この男の子は食事に呼ばれたのでダイニングルームに入っていこうとします。ところが部屋のドアの後ろには椅子があり，その椅子の上にはお盆が置いてありました。お盆にはコップが15個のせてありました。ジャンはドアの後ろにコップが15個もあるとは知りませんでした。彼がドアをあけると，ドアがお盆に当たり，コップは15個ともみんな割れてしまいました。
> B　アンリという小さな男の子がいました。ある日，彼のお母さんが外出しているときに，戸棚の中のジャムを食べようとしました。この男の子は椅子の上にのって腕を伸ばしましたがジャムは戸棚の高いところにあり，手が届きませんでした。ジャムを取ろうとしているうちに，手がコップに当たって，コップが1つ落ちて割れてしまいました。
> 【質　問】
> (1)　2人の子どもは同じくらい罪がありますか。
> (2)　2人のうち，どちらの子のほうが悪いですか。それはなぜですか。
>
> 出典：Piaget（1932）〔大友訳（1957）〕。

よりも行為の意図や動機に注目した判断を行う〔主観的責任判断（自律的道徳判断）〕発達段階へと変化をしていく。つまり，6歳から7歳にかけてストーリー中の意図の悪さよりも結果の悪さに基づいた道徳判断をする発達段階（客観的道徳判断；コップを15個壊したジャンのほうが1個壊したアンリよりも悪い）から，結果の悪さよりも意図の悪さに基づいた道徳判断（主観的道徳判断；盗み食いをしようとしたアンリのほうがジャンよりも悪い）を行う発達段階へと移行する。この研究については日本においても数多くの追試が行われている。

2　道徳性の認知発達理論

（1）認知発達理論とは

　道徳性発達を考えるとき，どのように考えることがより高い道徳的考えであるのか，それはどの文化にも共通しているか，また，道徳性は反復したり，強化したりすることにより獲得されるのか（内面化アプローチ），このような点が

疑問としてあがる。これらの問題を乗り越え，道徳性の認知発達理論を示したのがコールバーグ（Kohlberg, 1971）である。

　認知発達理論はコールバーグにより次の4つの前提から定式化される。1つ目は発達の定義である。発達とは具体的な知識や行動パターンを内面化することではなく，そうした情報を処理し，組織化している認知構造が質的に変化をすることである。2つ目は発達のメカニズムである。認知構造の発達は環境と構造の相互作用の結果として生じるものであり，生物学的成熟や経験的学習の結果ではない。3つ目は行為との関係であり，認知構造はつねに行為の構造であると考えられる。対象についての捉え方が変化すれば行為の意味や可能性も大きく異なるものとなる。4つ目は発達の方向性である。認知構造の発達は環境との間の相互作用がより均衡化する方向に向かうとされる。つまり，それぞれの側からの働きかけのバランスがとれ，より適切に問題解決できる方向へと進む。この考え方を踏まえると，道徳性発達は段階的変容のプロセスとして捉えることが可能になる。

（2）児童期以降，道徳判断はどのように発達するか

　コールバーグは子どもの道徳性発達を研究するにあたり，道徳的理由づけ（理性的判断）に注目した。道徳的理由づけとはある事柄についてのよいあるいは悪いという判断ではなく，なぜよいあるいは悪いと判断するかについての理由づけ（形式）であり，その段階的な違いが道徳性発達であると考えられた。

　コールバーグの道徳性発達段階は道徳判断の形式が変化するプロセスを捉えたものであり，前慣習的水準（第1段階，第2段階），慣習的水準（第3段階，第4段階），脱慣習的水準（第5段階，第6段階）の3水準6段階から構成される。第1段階（他律的道徳）では道徳は外在的なものであり「罰せられること＝悪」であると考える。第2段階（個人主義と道具的意図・交換）ではギブアンドテイクを正しいと考える。第3段階（相互的な対人的期待・対人的同調）では「よい子であること」を志向する。第4段階（社会的システムと良心）では既存の社会システムに従うことを正しいと考える。第5段階（社会契約または効用と個人権）

では価値や規則が集団ごとに相対的であることに気がつくが，公平さをもたらす限り，これらに従うものだと考える。第6段階（普遍的倫理的原理）では自己選択による倫理的原理に従うことを正しいと考える。道徳性はこの発達段階に従って順番に発達すると考えられるが，必ずしもすべての人が第6段階まで発達するということはない。

（3）道徳性はどのように測定されるか

教材2-2を読み，質問に回答してみよう。

教材2-2　モラルジレンマ課題の一例

【ストーリー】

　Aさんの奥さんががんで死にかかっています。お医者さんは，「ある薬を飲めば助かるかもしれないが，それ以外に助かる方法はない」と言いました。その薬は，最近ある薬屋さんが発見したもので，10万円かけて作って，100万円で売っています。Aさんは，できる限りのお金を借りてまわったのですが，50万円しか集まりませんでした。Aさんは薬屋さんにわけを話し，薬を安く売るか，または不足分は後で払うから50万円で売ってくれるように頼みました。でも薬屋さんは，「私がその薬を発見しました。私はそれを売って，お金をもうけようと思っているのです」と言って，頼みを聞きませんでした。Aさんはとても困って，その夜，奥さんを助けるために，薬屋さんの倉庫に入り，薬を盗みました。

【質　問】

・Aさんが薬を盗んだのは悪いことだと思いますか。なぜそう思うのですか。

出典：山岸（1995）。

　教材2-2は道徳判断インタビュー（Moral Judgment Interview：MJI）と呼ばれるテストであり，複数の価値や規範が混在した葛藤を引き起こすいくつかのモラルジレンマストーリーから構成される。当初は対象者一人ひとりにインタビューがなされ，その発話がプロトコル化された。その際に，薬を盗むべきか否かの道徳判断ではなく，なぜそのように判断するかの道徳的理由づけにより道徳性発達の段階評定（6段階）が行われた。この方法はその実施や得られた結果の段階評定に際して熟練したスキルを必要とする方法であった。

第2章 道徳教育と心理学

教材2-3 日本版DIT（ストーリーは教材2-2と同様）

問1：教材2-2のストーリーを読んで，あなたはAさんは薬を盗んだほうがよかったと思いますか，盗まないほうがよかったと思いますか。当てはまるものの番号に○をつけてください。

1．盗んだほうがよい／2．わからない／3．盗まないほうがよい

問2：問1について考えるとき，以下のような問題はどの程度重要だと思いますか。当てはまるものの番号に○をつけてください。

	全く重要でない	あまり重要でない	いくらか重要	かなり重要	非常に重要
1. 私たちの社会の法律が，そのことを是認するかどうか。	1	2	3	4	5
2. 愛する妻のことを思ったら盗むのが自然かどうか。	1	2	3	4	5
3. Aさんは刑務所に行くような危険を冒してまで，奥さんを助ける必要があるかどうか。	1	2	3	4	5
4. Aさんが盗むのは自分のためなのか，それとも純粋に奥さんを助けるためなのか。	1	2	3	4	5
5. 薬を発見した薬屋の権利は尊重されているかどうか。	1	2	3	4	5
6. Aさんは夫として，奥さんの命を救う義務があるかどうか。	1	2	3	4	5
7. 私たちが，他の人に対してどう振る舞うかを決めるとき，根本となる価値は何だろうか。	1	2	3	4	5
8. 金持ちを守るだけの無意味な法の庇護により，薬屋は許されてしまっていいのか。	1	2	3	4	5
9. この場合，法律が社会の構成員の最も基本的な欲求の実現を阻んでいないかどうか。	1	2	3	4	5
10. このように欲が深く，残酷な薬屋は盗まれても当然かどうか。	1	2	3	4	5
11. このような非常事態でも，盗むことが，薬を必要としている社会のほかの人々の権利を侵害することにならないかどうか。	1	2	3	4	5

問3：上の11項目の中で重要だと思ったのはどれですか。（　）内に項目番号を記入してください。

1番重要（　）／2番目に重要（　）／3番目に重要（　）／4番目に重要（　）

出典：山岸（1995）をもとに筆者作成。

その後，レスト（Rest, 1979）により MJI をもとにした質問紙（Defining Issues Test：DIT）が作成され，道徳性を客観的に測定することが可能になった。DIT は毎年数多くの研究者により利用されており（Bayley, 2011），その知見は蓄積されている。日本においても DIT をもとに山岸（1995）が開発した日本版 DIT（教材 2 - 3）を用いた研究が数多く行われる。

（4）道徳判断はどのように発達するか

櫻井（2011）は小学校 5 年生， 6 年生，中学校 1 年生〜 3 年生，高校 2 年生，大学生を対象として DIT を実施した。その結果，加齢に伴い，道徳判断の発達段階が上昇することが明らかにされた。また，過去24年間の道徳判断の経時効果（発達年齢ではなく経年に伴う変化）を検討した結果，時間の経過に伴う変化はみられないことが示唆された。言い換えると，近年に向かって青少年の道徳判断が低下あるいは上昇しているということはなく，道徳判断は加齢によってのみ上昇していた〔道徳判断と関連しそうだと考えられる若者の規範意識も近年になるほど低下するということはなく（Fujisawa, 2016），加齢に伴い発達的に低下する〕。一方，アメリカでは DIT を用いて国家横断的にさまざまな地点の大学生の道徳判断を測定した結果，近年， 2 段階， 3 段階の道徳判断が増加しつつあり， 5 段階， 6 段階の道徳判断が減少していた（Narvaez, 2010）。よって，日本とアメリカでは道徳性発達において異なる傾向があると思われる。

最後に，道徳性発達を促すもののひとつとして道徳授業について述べる。これまで道徳授業は国内外問わず他者の心情の読み取り（役割取得）が中心であったが，近年は発達の多様性にも配慮した道徳授業（Senland & Higgins-D'Alessandro, 2013）へと研究が展開されつつある。道徳判断の発達は役割取得能力の発達との対応があり（内藤，1987），視点取得（他者の視点に立つことのできる能力）や共感といった社会的能力の発達が重要になる。これらの社会的能力は心の理論（他者の心の状態を理解すること）と関連する脳部位との関連も示される（Banissy et al., 2012）。同時に，心の発達には多様性があり，人の心を推論したり，人の心について考えたりすることが難しい（心の理論の発達が弱

い）子ども（例：自閉症）がいること（藤澤・内藤，2015；林，2016），DSM-5（精神疾患の診断と分類の手引）の改訂（2015年）によりその診断がつく子どもが増えると想定されているという現状がある。よって，道徳判断を高めることだけを道徳教育の目標にしたり，それを目的とする道徳授業を全面的に展開したりすることはすべての子どもにとって適切であるとはいえず，今後，検討の余地が残される課題である。

3　社会的領域理論（social domain theory）

（1）人のものを盗んではいけないという決まりがないとき，人のものを盗むことは悪いことか，その理由はなぜか

はじめにまず，上の見出しの問いとその理由を考えよう。

チュリエル（Turiel, 1998）は社会的知識には質的に異なる3領域（道徳領域，慣習領域，個人領域）があり，さまざまな社会的判断や社会的行動は各領域の知識が調整された産物であると考えた（表2-1）。

「道徳領域」の知識とは，正義の概念を土台に構成される領域である。「道徳領域」の行為は，行為自体に善悪の規定を含んでいるものであり，他者の福祉，信頼，公正，責任や権利に関係する。表2-1に示されるように，「道徳領域」の行為は他者の期待や規則，権威者の指示・命令とは無関係な普遍性のある行為である。「慣習領域」の知識とは家族や仲間集団，および学校・会社などの社会組織を成立させている要素の理解のことであり，社会システムの概念に基づいて構成される領域である。「慣習領域」の行為は，社会集団に参加しているメンバー間の関係を調整する行動上の取り決めに関係するものが含まれる。「個人領域」の行為には，行動の影響が自分だけにあり自己の統制下におかれる行為が含まれる。「個人領域」の行為は，社会秩序の維持や行為の善悪の判断には束縛されない個人の自由意志に基づく（Nucci, 2001；首藤，1992）。

一般的に社会的知識の領域認識を求めるには理由づけと5つの判断（規則随伴性判断，普遍性判断，権威依存性判断，規則可変性判断，個人決定判断）のうちの

表 2-1 チュリエルによる領域の定義と基準

	領域		
	道徳	慣習	心理 （個人／自己管理）
知識の 基盤	正義（公正）や福祉や権利といった価値概念	社会システム（社会の成り立ち，機能など）に関する概念	個人の自由や意思に関する概念および自己概念
社会的 文脈	行為に内在する情報（行為が他者の身体，福祉，権利に与える直接的な影響）	社会的関係を調整するための，恣意的ながらも意見の一致による行動上の取り決め	行為が行為者自身に与える影響
典型的な 場面例	盗み，殺人，詐欺，緊急場面での援助，いじめなど	挨拶，呼称，生活習慣，宗教儀式，テーブルマナー，校則など	趣味，遊びの選択，友人の選択
理由づけ カテゴリー	他者の福祉，公平・不公平，絶対に許されない行為，義務感，権利	期待・規則，社会秩序，常識・習慣からの逸脱，無礼行為	自分自身の問題，規則の拒否，許容範囲の行為，規則存在の不公平

出典：首藤（1992）をもとに筆者作成。

いくつかを利用して測定される（Nucci, 2001）。たとえば，「人のものを盗んではいけない」という事柄をどのように認識しているかを知るためには，「人のものを盗んではいけないという決まりがなくても，人のものを盗むことは悪いか（規則随伴性判断）」や「どのようなときでも人のものを盗むことは悪いか（普遍性判断）」といった判断と「どうして悪いか（あるいは悪くないか）」という理由づけをあわせて質問することになる。

さて，あなたは冒頭の問いをどの領域として認識していただろうか。

現実の社会において，社会的知識は「道徳」「慣習」「個人」のいずれかひとつの領域ではなく，複数の領域の要素をもつ場面や出来事である場合がある。そのような判断や行動は人により，また個人においても状況により異なる。チュリエル（1998）はこのような領域混合について3タイプをあげている。3タイプとは，①個人内で2つ以上の領域にまたがって判断される行動，②本来は慣習領域の行為であるが2次的に道徳領域の特徴を所有している行動（second-order phenomena），③人によって分類される領域が異なる多面的な行

動である。たとえば，スメタナ（1983）は具体的事例として，②では「挙手しないで発言することは他者の権利を侵害すること（本来は慣習違反であるが，他者の権利を侵害するという点で，道徳違反と判断されている）」，③では「中絶（子どもの生命をどう解釈するかにより判断は分かれる）」をあげている。

（2）道徳領域，慣習領域，個人領域は加齢に伴い発達するか

　ガイガーとチュリエル（Geiger & Turiel, 1983）はかねてより慣習領域には肯定と否定を繰り返す発達段階が存在すると述べている。具体的には，社会的な一様性としての慣習（第1水準：6～7歳），社会的な一様性としての慣習を否定（第2水準：8～9歳），規則体系を肯定するものとしての慣習（第3水準：10～11歳），規則体系の一部としての慣習の否定（第4水準：12～13歳），社会システムを媒介するものとしての慣習（第5水準：14～16歳），社会の基準としての慣習の否定（第6水準：17～18歳），社会的な相互交渉を調整するものとしての慣習（第7水準：18～25歳）の7水準が想定されている。このことは，日本の同年齢の子どもの慣習（校則）の理解においても加齢に伴う発達的変化があることを示唆している。よって，大人が校則やマナーなどに関して教育的に子どもに関わる際には，子どもの規則理解には加齢に伴う質的変化があることを理解しておく必要がある。

　近年では道徳領域や個人領域にも発達段階の存在が示唆されている。具体的には道徳領域はU字型発達をすること（道徳だと判断されていたことが加齢に伴い道徳だと判断されなくなり，さらに加齢に伴い，再び道徳だと判断されるようになる），また，個人領域は加齢に伴い個人領域が拡大をしていく（自己裁量の領域が加齢に伴い増えていく）という。これらを踏まえて，近年では，個人領域，道徳領域においても慣習領域と同様に発達に応じた教育カリキュラムが考えられている（Nucci & Powers, 2014）。

(3) 日本の子どもの個人領域の発達

　個人領域は加齢に伴い親（などの権威）からの自律，自律の発達という点が重要になり，その観点から研究される。ヤマダ（Yamada, 2008）は日本人の小学生（6～12歳）を対象として，両親が決めてもよいかどうか子どもが葛藤する場面を提示し，社会的判断を求めた。その結果，9～11歳児は7歳児よりも子どもの意思決定を支持すること，個人領域の事柄について多くの子どもが子どもの意思決定を支持すること，個人領域に関すること（例：靴の色を親が決める）について親の決定を否定することが示された。ヌッチら（Nucci, et al., 2013）は日本の高校生を対象として，個人的な事柄（例：友人と出かけるとき，何を着るか），多面的な事柄（例：10代が親の好まない人と過ごす），自己管理に関する事柄（例：10代がタバコを吸う）22項目を提示し，それらについてどの程度親に開示するかについて回答を求めた。その結果，自己管理に関する事柄については最も多く，個人的な事柄については最も少なく親に開示していた。これらの研究は，加齢に伴い，子どもが親や親の判断から自律し，個人領域を確立させていく発達の様相を示唆する。

4　社会的情報処理モデル
　　　——私たちの社会的行動はどのように産出されるか

　クリックとドッジ（Crick & Dodg, 1984, pp.74-101）は人が外的刺激を受けてから社会的行動を産出するまでを6ステップで表し，社会的情報処理モデルとして理論化した。その6ステップは，次のように示される。

　　① 手がかりの符号化（何が起きたのか）
　　② 手がかりの解釈（なぜ起きたのか）
　　③ 目標の明確化（何をしようとするのか）
　　④ 反応検索構成（どのような行動が可能なのか）
　　⑤ 反応決定（行う行動を決定）
　　⑥ 実行（決定した行為の実行）

第 2 章 道徳教育と心理学

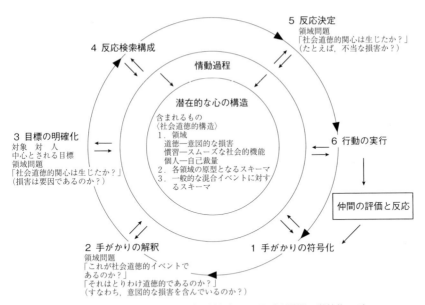

図 2-1 潜在的な心の構造が社会的情報処理へ及ぼす影響の単純化モデル
出典：Arsenio & Lemerise (2004) p. 998 をもとに筆者作成。

6ステップに従い行動を実行した結果（⑥），その行動がその場面において適切ではなかった（周りの仲間から支持を得ない）場合，再度①に戻り，同じ処理経路をたどって問題解決をやり直すことになると考えられる。

アルセーニョとレメライズ（Arsenio & Lemerise, 2004）は，この社会的情報処理モデルのなかに社会的領域理論の考え方を組み込む（図2-1）ことにより，行動産出における個人差（同じ場面に遭遇しても生起する行動が人により異なること）を説明している。具体的には，同じ場面（例：人をたたく場面）において当人がその場面を「道徳領域（例：いけないことだ）」「慣習領域（例：校則に反している）」「個人領域（例：面白そう）」のうちいずれの認識をもつかが分岐点となり，その後の解釈や実際の行動が変化していくと考えられる。6ステップのいずれにおいても個人がもつ領域知識が情報処理過程に影響を及ぼしており，なおかつ仲間（周りの人）の評価を経て，結果として産出行動における個人差になるといえる。

33

5　社会的直観モデルと道徳基盤理論

（1）直観が先に来て，理性的判断が後にくる（社会的直観モデル）

　認知発達理論の立場では道徳判断時における道徳的理由づけが重視されてきており，道徳的情動の役割をあまり重視してはこなかった。一方，ハイト（Haidt, 2012）はこの考え方に対し，下記のような事例を用いて反論している。まずは次のストーリーを読み，最初に自分の心に何が生じたかチェックしてみよう。

> 【ストーリー】
> 　ある家族が飼っていた愛犬が，自宅の前で車にひかれて死んだ。「犬の肉はおいしい」と聞いていたこの家族は，死骸を切り刻んで料理し，こっそり食べてみた。

出典：Haidt（2012）より筆者作成。

　おそらく，このストーリーを読んだ瞬間に気持ちが悪い，いやだ，それは違うなどという感情が生じた人も多いのではないだろうか（直観）。それでは，そのような感情が生じたのはどのような理由によるものだろうか（理性的判断／道徳的理由づけ）。この問いに対して，みなさんは先の問いよりも少し時間をかけて回答を探したり，考えたりしているのではないだろうか。

　ハイト（2012）はこのようなストーリーを複数用いて，私たちが道徳判断を行う際に，コールバーグらが重視をしてきた道徳的理由づけ（理性的判断）ではなく，直観の道徳判断が優先されていることを示そうとした。つまり，先に直観があって，そのあとに道徳的理由づけ（理性的判断）が存在すると考えた。

（2）道徳基盤理論

　コールバーグは道徳性発達とは数ある徳目のなかでも公正さ（justice）の発達であると考え，公正さの発達を道徳性発達段階として6段階で示した。

　一方，ハイト（2012）はコールバーグが危害回避や公正さなどの義務論的な

正義（justice）のみに限定して道徳性を取り上げてきたことを批判し，公正さ以外にも5つの道徳基盤があると述べている。具体的には，「傷つけないこと」(harm reduction/care)，「公平性」(fairness/justice)，「内集団への忠誠」(loyalty to one's in-group)，「権威への敬意」(deference to authority)，「神聖さ・純粋さ」(purity/sanctity) である。「傷つけないこと」とは他者を傷つけてはならず，思いやりをもつということである。「公平性」とは人を公平に取り扱うことや互恵的に取り扱うことである。「内集団への忠誠」とは自分が所属する集団への忠誠心である。「権威への敬意」とは社会的秩序を重視することである。「神聖さ」とは穢れていないことである。このように人は公正さ以外にも異なる複数の道徳基盤をもっており，どの基盤が影響力をもつかは人により異なる。たとえば，政治的にみて，「傷つけないこと」および「公正性」に重きをおく人はリベラルであり，いずれの道徳基盤にも同じように重きをおく人は保守主義者であると考えられている。

　道徳基盤は尺度を用いて測定することが可能である（金井，2013）。その一方で，日本においては道徳基盤理論（moral foundation theory）に関する体系的な実証研究は行われてはいない。よって，道徳基盤の発達（発達の方向性や性差など）についてはまだ十分には明らかにされていない状態である。また，道徳基盤理論は当初，5つの道徳基盤を仮定していたが，その後の研究の進捗によりその数が増えており，理論自体が進化中である。今後，道徳基盤理論がどのような展開をみせるかについてはこの原稿を執筆しているいま，進行中であるとしかいえない。

　以上，本章では道徳心理学研究の流れを大きく5つの理論からみてきた。心理学ではいずれの考え方も，理論―研究―実践のトライアングルを行きつ戻りつしながら，理論を洗練させたり，補強したり，あるいは修正したりして前進してきている。ぜひ，教職を学ぶみなさんにもこのトライアングルの視点をもち，心理学理論を目の前の子ども理解に役立ててもらえることを心より願っている。

引用・参考文献

金井良太（2013）『脳に刻まれたモラルの起源』岩波書店。
櫻井育夫（2011）「Defining Issues Testを用いた道徳的判断の発達分析」『教育心理学研究』59，165～167頁。
首藤敏元（1992）「領域特殊理論——チュリエル」日本道徳性心理学研究会編『道徳性心理学——道徳教育のための心理学』北大路書房，133～144頁。
林　創（2016）『子どもの社会的な心の発達——コミュニケーションのめばえと深まり』金子書房。
藤澤　文編（2013）『教職のための心理学』ナカニシヤ出版。
藤澤　文・内藤俊史（2015）「道徳性と道徳教育」『児童心理学の進歩』第54巻，金子書房，84～108頁。
山岸明子（1995）『道徳性の発達に関する実証的・理論的研究』風間書房。
Arsenio, W. F. & Lemerise, E. A. (2004) Aggression and moral development: integrating social information processing and moral domain models. *Child Development*, 75, 987-1002.
Banissy, M. J., Kanai, R., Walsh, V. & Rees, G. (2012) Inter-individual differences in empathy are reflected in human brain structure. *Neuro Image*, 62, 2034-2039.
Bayley, C. (2011) Does the Defining Issues Test measure ethical judgment ability or political position? *Journal of Social Psychology*, 151, 314-330.
Crick, N. R. & Dodg, K. A. (1994) A review and reformation of social information: Processing mechanisms in child's social adjustment. *Psychological Bulletin*, 115, 74-101.
Fujisawa, A. (2016) Is normative consciousness changing in Japanese adolescents?: Comparison 2003, 2009, and 2015. *The Japanese Journal of Educational Practices on Moral Development*, 10, 98-108.
Geiger, K. M. & Turiel, E. (1983) Disruptive school behavior and concepts of social convention in early adolescence. *Journal of Educational Psychology*, 75, 677-685.
Haidt, J. (2012) *The righteous mind*, Pantheon Books.
Helwig, C. C. (2018) Introduction. In C. C. Helwig (Ed.), *New perspectives on moral development*, Routledge, pp. 1-13.
Kohlberg, L. (1971) From is to ought: How to commit the naturalistic fallacy and get away with it in the study of moral development. In T. Mischel (Ed.), *Cognitive development and epistemology*, Academic Press, pp. 151-235.〔永野重史編（1985）『道徳性の発達と教育』新曜社〕
Narvaez, D. (2010) Children's moral emotions and moral cognition: Developmental and educational perspectives. *New Directions for Child and Adolescent Development*, 129, 77-94.

Nucci, L. P. (2001) *Education in the moral domain.* Cambridge University Press.

Nucci, L. & Powers, D. (2014) Social cognitive domain theory and moral education. In L. Nucci, D. Narvaez, & T. Krettenauer (Eds.), *Handbook of moral and character education,* 2nd edition. Routledge, pp. 121-139.

Nucci, L., Smetana, J., Araki, N., Nakaue, M. & Comer, J. (2013) Japanese adolescents' disclosure and information management with parents. *Child Development,* 85, 901-907.

Piaget, J. (1932) *The moral judgment of the child,* Simons & Schuster.〔日本語訳版：J. ピアジェ著，大友 茂訳（1957）『臨床児童心理学3　児童道徳判断の発達』同文書院〕

Rest, J. (1986) *Development in judging moral issues,* University of Minnesota Press.

Senland, A. & Higgins-D'Alessandro, A. (2013) Moral reasoning and empathy in adolescents with autism spectrum disorder: Implications for moral education. *Journal of Moral Education,* 42, 209-223.

Smetana, J. G. (1983) Social-cognitive development: domain distinctions and coordinations. *Developmental Review,* 3, 131-147.

Turiel, E. (1998) The development of morality. In N. Eisenberg (Ed.), W. Damon (Series Ed.), *Handbook of child psychology. 5th ed. Vol. 3. Social, emotional, and personality development,* Wiley, pp. 863-932.

Yamada, H. (2008) Japanese children's reasoning about conflicts with parents. *Social Development,* 18, 962-977.

学習の課題

(1) コールバーグの道徳性発達段階の6つの特徴をまとめ，道徳性発達を促す働きかけ方（教授法）にはどのようなものが考えられるかまとめてみよう。

(2) ハイトによる直観的判断とコールバーグによる理性的判断の長所と短所を踏まえたうえで，子どもへの道徳的介入を考えてみよう。

(3) チュリエルによる3領域の特徴をまとめ，各領域に関する違背を子どもが行った場合にどのような教育的働きかけができるか考えてみよう。

【さらに学びたい人のための図書】

日本道徳性心理学研究会編（1992）『道徳性心理学――道徳教育のための心理学』北大路書房。
　⇨日本の道徳性心理学研究の礎をつくった研究者らによる世界の道徳心理学研究の最前線を網羅的に紹介した一冊。

有光興起・藤澤 文編（2015）『モラルの心理学――理論・研究・道徳教育の実践』北大路書房．
　⇨若手研究者による道徳心理学研究を紹介した一冊。現在，道徳心理学がさまざまな学問（心理学，哲学，教育学，犯罪学，経営倫理学，教育実践，脳神経科学など）により交差的に研究されていることがわかる。

林　創（2016）『子どもの社会的な心の発達――コミュニケーションのめばえと深まり』金子書房．
　⇨ピアジェから最新の道徳心理学理論までの流れを網羅し，なおかつ，心の理論，認知心理学，社会心理学などの知見を合わせて子どもの社会的な心を理解することができる一冊。

（藤澤　文）

第3章 道徳教育の歴史

この章で学ぶこと

2017年,ある幼稚園での実践を契機に,学校現場での「教育勅語」の使用の是非について問題になり,「憲法・教育基本法の趣旨に反しない形で教材として使用することは可」との国会答弁が閣議決定で追認された。

こうした問題に自分なりに的確な判断を下し道徳教育を行うために,本章では,明治以来現在までの学校における道徳教育について,明治期(第1～2節),大正から敗戦まで(第3節),戦後から現在まで(第4節)と通時的に概観していく。

1 近代学校教育の発足と道徳教育

(1) 修身教育の始動

a. 学制初期

明治維新後,静岡藩,京都府,東京府などの地域で先駆的に「学校」の設置があったが,全国的な制度は1872(明治5)年8月の「学制」公布に始まる。そこでの教育理念は,個人主義的・実利主義的な「智識才芸」路線であった。

あわせて制定された「小学教則」(同年9月)では,教科として,下等小学の第8～第5級(1～2年生)に「修身口授(ぎょうぎのさとし)」が設けられる。時数は週2時間,教材として『小学教諭民家童蒙解』(青木輔清訳),『童蒙をしへ草』(福沢諭吉訳)といった翻訳教科書が例示され,教師が「縷々之ヲ説諭ス(るる)」とされた。

しかし,この文部省(当時)版教則は地域の実態にそぐわず,同省が直轄の師範学校に命じて翌年作成させた教則が全国に影響を及ぼす。そこでは,道徳教育は,理科,地理・歴史,修身などの内容を含む教科「問答」(下等小学全等級に

設置）に統合されることになる。いずれにせよ，学制初期のカリキュラムにあっては，道徳教育＝修身は，ことさら大きな地位を占めていたわけではなかった。

b. 教育令とその改正——修身「筆頭教科」化

学制公布により制度としての公教育が始動したとはいえ，その定着は容易ではなく，地域によっては民衆による学校の打ち壊し，はては教師宅への放火などの強い抵抗もあった（森，1993，66～67頁）。こうしたもとで，文部大輔・田中不二麻呂の主導により，民衆の負担を軽減し，地方に権限を委譲する「教育令」（その内容から「自由教育令」とも通称される）が1879（明治12）年9月に公布される。

しかし，「(自由) 教育令」は学校教育普及を後退させたとして批判にさらされ，翌1880（明治13）年には一転して，就学督励の再強化，学務委員の知事による任命制などを内容とする教育令の改正（「改正教育令」）が行われる。

さらにこの時期には，維新以来の智識才芸路線，教育の欧米化を批判し，儒教道徳による教育を主張する動きが文部省（当時）内で強まる。たとえば，元田永孚(ながざね)が起草し，天皇の名で公布された「教学聖旨」（1879年8月）は，「仁義忠孝」を「智識才芸」の上位においた。さらに，「仁義忠孝」を「脳髄ニ感覚セシメ」ることを主張し，その手法として，「古今ノ忠臣義士，孝子節婦ノ画像写真」を示し，その行状を教師が説諭するという手順まで提案している。

また，1881（明治14）年6月に公布された「小学校教員心得」でも，「人ヲ導キテ善良ナラシムルハ，多識ナラシムルニ比スレハ更ニ緊要ナリ」と，徳育の知育に対する優越性を説いている。

具体的な学校のカリキュラムに目を転じると，「改正教育令」をうけて制定された「小学校教則綱領」（1881年5月）では，「修身」が筆頭教科とされ，配当時数も，初・中等科が週6時間，高等科が週3時間と飛躍的に増加した。

（2）学校令と教育勅語

前述のような法令・制度の変遷過程において，政界・思想界では，徳育の方向性をめぐっては，福沢諭吉による儒教主義批判，加藤弘之による宗教主義的

徳育論，西村茂樹らの儒教主義的徳育論，倫理学を基盤とすべきとの森 有礼らの論など，「徳育の混乱」，「徳育論争」と称される状況があった。こうした状況を収束させ，敗戦までの修身教育の基本的な方向性を定めたのは，1885（明治18）年に初代文部大臣に就任した前出の森のもとで整備された各段階の「学校令」と，井上 毅および前出の元田によって起草され，天皇の名において1890（明治23）年10月に発布された「教育ニ関スル勅語」（教育勅語）であった。

　1886（明治19）年４月に制定された小学校令は，小学校を尋常，高等各４年間に区分し，前者の修了まで子どもを就学させる義務を保護者に課し，義務教育制度の基盤を確立し始めることになる。翌月に公布された「小学校ノ学科及其程度」では，修身の授業時数は週1.5時間とされた。なお授業時数はその後，1900（明治33）年の小学校令施行規則以降，国民学校期まで，各学年週２時間となる（ただし国民学校初等科２年生以下は国語と併せて週10～11時間）。

　内容としては，国内外・古今の偉人の言行についての説話，日常的な行為の指導，教師自身による示範があげられた。

　そして，子どもに範を示すべき存在としての教師については，「師範学校令」第１条で「生徒ヲシテ順良信愛威重ノ気質ヲ備ヘシムルコト」と，国家の方針やその意を受けた上司の命令には服従し，教え子に対しては権威的に振る舞うという，のちに「師範タイプ」と称される教師像を掲げた。

　さて次に，教育勅語についてみてみよう。まず，全文は以下である（漢字は新字体に改め，文としての区切りに「／」を加えた）。

> 朕惟フニ我カ皇祖皇宗国ヲ肇ムルコト宏遠ニ徳ヲ樹ツルコト深厚ナリ／我カ臣民克ク忠ニ克ク孝ニ億兆心ヲ一ニシテ世々厥ノ美ヲ済セルハ此レ我カ国体ノ精華ニシテ教育ノ淵源亦実ニ此ニ存ス／爾臣民父母ニ孝ニ兄弟ニ友ニ夫婦相和シ朋友相信シ恭倹己レヲ持シ博愛衆ニ及ホシ学ヲ修メ業ヲ習ヒ以テ智能ヲ啓発シ徳器ヲ成就シ進テ公益ヲ広メ世務ヲ開キ常ニ国憲ヲ重ジ国法ニ遵ヒ一旦緩急アレハ義勇公ニ奉シ以テ天壌無窮ノ皇運ヲ扶翼スヘシ／是ノ如キハ独リ朕カ忠良ノ臣民タルノミナラス又以テ爾祖先ノ遺風ヲ顕彰スルニ足ラン

> 斯ノ道ハ実ニ我カ皇祖皇宗ノ遺訓ニシテ子孫臣民ノ倶ニ遵守スヘキ所之ヲ古今ニ通シテ謬ラス之ヲ中外ニ施シテ悖ラス／朕爾臣民ト倶ニ拳々服膺シテ咸其徳ヲ一ニセンコトヲ庶幾フ
>
> 明治二十三年十月三十日
>
> 御名御璽
>
> （原文では「睦仁」の署名と印。印刷物ではこの表記）

　教育勅語の基本的な構造は，朕＝明治憲法下での国家元首としての天皇から，臣民＝天皇の臣下としての国民に対し，遵守すべき「徳」を訓示するというものである。ちなみに，教育勅語が今日にも通用する部分がある，と主張する論者の中には，「臣民」を「国民」と，さらに，国家の非常事態の際（一旦緩急アレハ）に守られるべき「天壌無窮ノ皇運（天地の続く限り窮まることのない皇室の繁栄）」を「国の平和と，安全」（国民道徳協会訳）と"誤訳"することでその構造を糊塗する者もいる。

　もっとも，教育勅語擁護論が強調するのは，「父母ニ孝ニ兄弟ニ友ニ」に始まる個別具体的な徳目の部分である。しかし，この部分にも実は古くから批判がある。たとえば小原國芳（1923, 146〜147頁）は，「一体日本では下から上に対する義務道徳ばかり説いて困る。……親の子に，夫の妻に，士官の兵卒に，兄の弟に，国家の個人に，主人の小僧に対する徳は説かない。これが非常にいけない」と，徳目の選択自体が孕むバイアスを端的に批判していた。

　ともあれ，発布以降敗戦までの日本の学校教育においては，教育勅語は絶対的な影響力を発揮する。その契機のひとつとなった象徴的な事件をあげておく。

　発布以降，教育勅語は各学校に配布され，「奉読式」が行われた。1891（明治24）年1月，第一高等中学校での奉読式において，嘱託教員だった内村鑑三は，自身の宗教的信念から勅語に深く頭を下げなかった。このため内村は，「不敬」と非難をうけ職を追われることになった（内村鑑三不敬事件）。

　その後，教育勅語は，第二次小学校令（1890年10月）に伴う「小学校教則大綱」（同11月）第二条で，「修身ハ……勅語ノ旨趣ニ基キ児童ノ良心ヲ啓培シテ其徳性ヲ涵養シ人道実践ノ方法ヲ授クルヲ以テ要旨トス」と，修身教育の根本

方針として位置づけられる。さらに，祝日の学校儀式において校長により奉読されるなど，学校生活のさまざまな面に浸透していった。また，少し遅れて各学校に下賜されることになる「御真影」（天皇・皇后の写真）も，儀式ではそれへの最敬礼を求める（小学校祝日大祭日儀式規程，1891年10月）など，教育勅語の効果を強めていくことになった。

なお，各学校に配布された教育勅語謄本と御真影については，「校内一定ノ場所ヲ撰ヒ最モ尊重ニ奉置セシムヘシ」（「御影並教育ニ関スル勅語謄本ノ件」1891年11月）と，取り扱いには慎重の上にも慎重を期すよう求められた。そのもとで，火事や水害等の際，勅語謄本や御真影を守るため殉職したり，それらの毀損の責任をとって自殺したりする校長・教員がしばしば出ることになる（岩本，1989）。こうしたこともあり，当初は校舎内に保管されていた勅語と御真影は，校庭に設置された「奉安殿」に収納されるようになる。

2　教科書と評価

(1) 教科書制度の変遷――自由発行・採択から国定制へ
a. 翻訳教科書主体の自由発行・採択制

学制初期の教科書発行主体としては文部省のほか，師範学校や民間会社などが加わるが，これら発行主体には特段の資格等は求められず，また作成された教科書が審査を受けるわけでもなかった。また採択は各学校の自由に任されており，「自由発行・自由採択」となっていた。

たとえば，学制にあわせて発布された「小学教則」に例示された『小学教諭民家童蒙解』は，第1巻で「人は万物の霊長としての本分を果すため，学問諸芸や道徳を身につけなければならない」という趣旨の記述に始まり，「養生」（健康），「家族愛」「会話のマナー」「中庸」「正直」といった徳目を説いているが，具体的な事例としては西欧の偉人が数多く登場する。

b. 文部省による標準教科書作成の動き

1880（明治13）年の改正教育令に前後する，教育政策における儒教主義の台頭

に伴い，教科書制度についても変化が生じる。同年5月，文部省内に教科書業務を統括する「編輯局」が新設される。文部省は同年6月，地方学務局に教科書等の調査のための「取調掛」を設置し，第1回の教科書調査を実施した。調査結果に基づき，地方学務局は，当時流通していた教科書のうち，とくに不適切なものには使用禁止の措置を講じた。使用禁止となったのは，当時隆盛しつつあった自由民権論を唱えた政治・法律関係書，解剖生理の教科書（「風紀紊乱」との趣旨），西洋倫理思想に基づく修身教科書であった（平田，1991, 51〜52頁）。

またこれらとは別に，前出の元田が編纂し，「孝行」「忠節」に始まる20の徳目を中国，日本の古典を援用しつつ説く『幼学綱要』が1882（明治15）年に天皇から地方長官を通じて下賜された。

c. 開申制から認可制へ

改正教育令をうけた小学校教則綱領（1881年5月）発布と同月，文部省は，各学校のカリキュラムをこれに基づいて編成するとともに，使用する教科書を同省に届け出る（開申）よう求める通達を発した。

さらにそのわずか2年後の1883（明治16）年，使用教科書について文部省の認可を必要とする「認可制」へと制度が改められる。しかし認可制は，府県からの申請と認可の可否決定との間のタイムラグが大きいなど不評であった。

d. 検定制から国定制へ

さらに教科書制度が変更されたのが，森文相期，第一次小学校令（1886年）においてである。同令13条では，「小学校ノ教科書ハ文部大臣ノ検定シタルモノニ限ルヘシ」と，検定制を打ち出した。修身教科書については，教育勅語の解釈に紙数を費やすものが増加した。

検定制度のもとで，教科書採択の広域化，教科書会社の中央への集中が進行するとともに利権も巨大化し，ついには1902（明治35）年末から翌年にかけ，150名余の検挙者を出す一大汚職事件（教科書疑獄）に発展する。

それ以前から，修身教科書を中心に教科書国定化の主張が帝国議会などで表明されていたことに加え，上記の事件が決定打となり，菊池大麓文相のもと，第三次小学校令の一部改正が1903（明治36）年に行われ，第24条で「小学校ノ

教科用図書ハ文部省ニ於テ著作権ヲ有スルモノタルヘシ」と規定されることになる。いわゆる「国定制」である。

もとより，こうした動向は学校現場からの反発も生んだ。たとえば，長野県のある教師は，「余は国定修身教科書を好まぬ」と明言し，その理由を，国定教科書の編集にあたるであろう官僚や学者に「普通教育に使う教科書を編纂する……十分の能力があるとは思わぬ」（秋野，1900，1頁）からだと述べている。

（2）国定修身教科書

国定教科書は，敗戦までに5期にわたり発行される。各期の使用時期と大まかな特徴を表3-1に示す。もとより，表に示したのは相対的な特徴であり，第1期にも，天皇・皇后への忠誠を求める内容や兵役の義務を説く教材は既に存在する。

ともあれ，国定修身教科書に収録された文章の教材としての特徴をより具体的にみておこう。

第1に，低学年においては，今日の読み物教材にもみられるような，学習者と年齢の近い子どもを主人公にした物語も多用されるが，学年が上がるにつれ，内外の偉人の言行を例にした「人物教材」が増加することである。

表3-1 国定修身教科書の変遷

使用時期	特　徴
第1期（明治37～42年度）	・資本主義興隆期における近代的性格 ・個人，社会の重視 ・人物に西洋人が最も多い
第2期（明治43～大正6年度）	・軍国主義，国家主義の強化 ・家族主義的倫理の強化 ・人物で西洋人が減少，日本人，とくに二宮金次郎を重用
第3期（大正7～昭和7年度）	・大きくは第2期の特徴を継承 ・第一次世界大戦終結をうけ，国際協調に関する教材も
第4期（昭和8～15年度）	・色刷りの採用，低学年での発達段階への配慮などの工夫 ・軍事教材，神話教材などの強化
第5期（昭和16年度～敗戦）	・戦時色の極端な強化

出典：平田（1991）89～114頁をもとに筆者作成。

第2に，現在の「モラルジレンマ教材」などにみられる道徳的価値間の葛藤はほとんどみられず，単一の価値を称揚する内容になっていることである。改正教育令以降の教育政策自体，知徳二元論にたち，しかも「徳」の側を優先させるという構造を一貫してとっており，そのことが教材にも影を落としていたといえるだろう。

　第3に，唯一の教科書として，尋常小学校については建前上すべての子どもを対象としているにもかかわらず，一部あるいは多数の子どもへの配慮を著しく欠いた教材が散見される。たとえば，第1期尋常第三学年用の「ちゅーぎ（忠義）」では，西南戦争時に官軍の密使として活躍した谷村計介が扱われているが，文中「カゴシマのぞく（賊）」という言い回しが登場する。

　第4に，第4期以降，日本の戦果とその関係者を称揚する教材，国策を合理化する教材が顕著に増加した。第5期の『初等科修身』二〜四（国民学校第3〜6学年）の巻末の教材がいずれも，大東亜共栄圏など日本の戦争を合理化する内容を説くものになっていたのは象徴的である。

（3）修身教育の評価

　学制期以降，明治30年代初頭までは，小学校も含め，進級・卒業に際しては試験による合否判定が行われていた（1900年8月，小学校令施行規則で廃止）。しかし，学制初期には，教科としての「修身口授」自体は下等小学の下位4級のみでの設置であり，カリキュラム上も重視されていなかった。

　一方で，1873（明治6）年5月に文部省は，師範学校に編集させ頒布した「小学生徒心得」において，起床から下校に至るまでの行動規範を提示している。さらに学制末期に至ると，子どもの成績を試験の点数のみで評価することが批判され，「日課表」で日々の行動・態度を点数化して成績に加味するという方式が広がっていく。つまり学制期には，学習規律や級友との関係など，学校での立ち居振舞いの点数による評価が先行して実施されたのである。

　さて，改正教育令をうけて制定された小学校教則綱領以降，修身は筆頭教科となった。これとともに，修身についても他教科と同様に試験が実施されるよ

うになるが，道徳教育としての性格上，「素読暗誦」に偏した授業や，試験の点数のみによる成果の評価については批判や疑念が広く表明された。このため，文部省は当時，地方からの照会に対し，試験の点数に平素の行状を加味して評価するよう回答している（天野，1993）。

さらに，第三次小学校令をうけて制定された小学校令施行規則 第89条は，各児童に関する「学籍簿」の作成を校長に義務づけたが，同別表で示された様式には，「学業成績」の筆頭に「修身」の欄が設けられるとともに，末尾に「操行」の欄が設けられた。ここにおいて，修身の成績と日常の操行に関する査定との両面から子どもの道徳性を「評価」する制度が確立する。

3　大正期から敗戦まで

（1）大正自由教育と修身教育

明治末期より，海外の新たな教育思想が続々と日本に紹介され，またそれらを消化した多様な教育論が唱えられるようになる。とくに，19世紀末以降欧米先進国を中心に勃興し，1920年代にピークを迎える世界的な新教育運動は日本でも，社会全体の「大正デモクラシー」の機運とも相まって，師範学校附属校や私立学校に実践の場を得て展開される。

こうした思潮は，修身教育においても一定の反映をみる。たとえば千葉命吉（1921，168〜169頁）は，「道徳上の善は嫌な事から出発して到達するものでない。……だから諸君が子供を訓練して行かうといふならば，好きなことは何でもやつても宜いといふことを許」さねばならないと説いている。

さらにこの時期には，社会改造の立場から修身教育や教科書に対する批判も行われた。たとえば東京市政調査会は，教材文の多くが子どもの生活実態から乖離していること，「忠義」の事例が軍人のそれに偏していること，国際的視野や自治的・公民的内容が欠如していることなどを詳細に批判している（東京都市政調査会，1924，10〜67頁）。

（2）臨時教育会議と川井訓導事件

　一方，1917（大正6）年，内閣直属の諮問機関として設置された「臨時教育会議」の小学教育についての答申（二）（同12月）は，「国民道徳教育ノ徹底ヲ期シ……殊ニ帝国臣民タルノ根基ヲ養フニ一層ノ力ヲ用フルノ必要アリ」と，欧米列強と伍する国家の「臣民」としての子どもの育成を強調している。

　さらに，大正自由教育への権力側からの反動として象徴的な事件が，1924（大正13）年9月，長野県・松本女子師範付属小学校で起こった「川井訓導事件」である。県学務課の視察で，訓導（現在の教諭）・川井清一郎が1学期以降国定教科書を使用していなかったことが発覚し，関係者の処分へと発展した。

（3）総力戦体制の確立〜敗戦

　1929（昭和4）年10月からの世界大恐慌は，日本国内にも波及する。日本政府は海外での植民地獲得に活路を見出そうとして，1931年9月の満州事変以降，1945年8月の敗戦に至る戦争の時代へと突入する。こうした体制に国民を動員すべく，1937年8月からの国民精神総動員運動，1938年4月の国家総動員法など，戦争遂行に向けての挙国一致体制が急速に整備されていく。

　教育面では，1937年12月に内閣直属の諮問機関として「教育審議会」が設置され，総力戦体制に応じた「皇国民の錬成」を教育目的として掲げ，子どもたちは，「少国民」と呼ばれるようになる。さらに，1941（昭和16）年3月には，「国民学校令」が公布された。その教育目的は，「皇国ノ道ニ則リテ初等普通教育ヲ施シ国民ノ基礎的錬成ヲ為スヲ以テ目的トス」（第1条）というものであった。教科も大幅に再編され，国民科，理数科，体錬科，芸能科，実業科（高等科のみ）となり，修身は，国語，国史，地理とともに国民科を構成した。

　こうした教育は，"建前"の世界では，みごとに「皇国民」をつくりだしていく。たとえば，名張国民学校5年は組（女子クラス）において，終戦の詔書のラジオ放送（1945年8月15日）をうけて夏休みの宿題として課された作文では，「いちばんだいじな，たいわんや，しなや，まうしゅう（満州）などお（を）とられてたが，こんどはとりかやさう（取り返そう）と思っています」「こんどは，

爆弾を作つてあのにくいにくい米に落とさなければなりません」（日経大阪企画PR部，1995，25〜46頁）といった「勇ましい」記述が多くみられる。

一方，こうした風潮を陰では馬鹿馬鹿しく思う大人も少なからず存在した。たとえば山中恒(ひさし)（1931〜）（1989，103〜104頁）は小学校時代，下校途中に地域の農夫が「チン思ウニ屁ヲタレタ爾臣民クサカロウ国家ノタメダガマンシロ鼻ヲツマンデ御名御璽」と教育勅語を茶化すのを聞いて驚愕したという。

さらに，敗戦を境とした政治家，文化人，教師といった人々の掌返しによる，大人一般，さらには社会，教育への強烈な不信感は，修身教育の深刻な「副作用」であった。たとえば敗戦時に旧制中学生だった小松左京（1931〜2011）（1992，102頁）は，戦時中は戦争協力にむけて生徒を煽り立て，体罰を振るっていた教師が敗戦後すぐ，「『私はもともと民主主義者で……』などといい出したのだから，私たちの戦後の『大人不信』は深くなってしまった」と述べている。

4　戦後の道徳教育の変遷

(1) 戦後教育改革と道徳教育

敗戦をうけ，文部省（当時）は1945（昭和20）年9月15日に「新日本建設ノ教育方針」を公示する。しかしそこには，「益々国体ノ護持ニ努ムル」との句もあり，不徹底さが残るものであった。

そこで連合国軍総司令部（GHQ）は，同年10月から12月にかけて「4大教育指令」を発した。修身教育に関わって重要なのは，最後に発令された「修身，日本歴史及ビ地理停止ニ関スル件」である。これは，日本の戦争の正当化，戦意高揚に最も直接的に関与した3教科の授業を，「司令部ノ許可アル迄」は一切禁止するというものであった。

その後，1946（昭和21）年11月の日本国憲法制定，1947年3月の教育基本法，学校教育法の制定をうけ，同年4月から新学制が発足する。

1947年3月に，学校でのカリキュラム編成のよりどころとして，まず『学習指導要領一般編（試案)』が示され，以後，各教科編が順次公表された。そこ

では，設置すべき教科や配当時数は定められていたものの，「試案」との語が示すように，具体的な内容は各学校・教師が工夫してつくることが求められた。

一方，教育勅語および関連の諸装置については，1946年に入り，奉安殿の撤去，儀式での勅語奉読の禁止などの措置が行われていた。さらに，1948 (昭和23) 年6月19日，衆議院では「教育勅語等排除に関する決議」，参議院では「教育勅語等の失効確認に関する決議」が可決された。

学習指導要領に話を戻すと，道徳教育との関係での最大の特徴は，道徳教育を中心的に担う特定の教科が設置されていないことである。一方，新教科として「社会科」が，「社会生活についての良識と性格とを養う」ため，「これまでの修身・公民・地理・歴史などの教科の内容を融合して，一体として学ぶもの」（『学習指導要領一般編（試案）』）として設置された。こうした方向性は，初の全面的な改訂となる1951（昭和26）年版まで継続することになる。ちなみに51年版『学習指導要領一般編（試案）』では，道徳教育について，「その性質上，……教育の全面において計画的に実施される必要がある」としていた。

(2)「特設道徳」への動き

1951（昭和26）年9月，サンフランシスコ講和条約と日米安全保障条約（旧安保条約）が締結され，沖縄などが米国統治下に置かれる不完全さはあったが，日本が独立を回復する。一方で，1949（昭和24）年10月の中華人民共和国建国，1950年6月の朝鮮戦争勃発などをうけ，極東での東西対立が激しさを増す。

こうした状況をうけ，敗戦直後の諸制度や方針の見直しが日本国内で進行する。並行して，保守政党，文部省を中心に，道徳教育に関する独自の綱領や教科の設置が主張されるようになる。

とくに，天野貞祐文相が1950（昭和25）年10月17日に「文化の日には日の丸掲揚・君が代斉唱を行うべきである。加えて，修身に代わるもの，教育勅語に代わるものはやはり必要である」との趣旨の談話を発表し，11月26日付『朝日新聞』紙上に「私はこう考える――新しい道徳教育の問題」と題する一文を寄せたことは，大きな波紋をもたらした。

これに対しては，もちろん教育関係者を中心に激しい反論がなされ，また道徳の特設についての反対運動もあったが，最終的に，1958年版学習指導要領において，小学校および中学校に「道徳の時間」が新設されることとなった。

(3)「道徳の時間」から「特別の教科 道徳」へ

　上記以降，各期の学習指導要領については，国立教育政策研究所「学習指導要領データベース」などで容易に参照可能なので，ここでは詳述は避け，現在の「特別の教科 道徳」設置までの道徳教育に関わる主な動きを述べる。

　1966（昭和41）年10月，中央教育審議会答申「後期中等教育の拡充整備について」の「別記」として，「期待される人間像」なる文書が公表された。とくにその第2部においては，「個人として」「家庭人として」「社会人として」「国民として」の日本人に期待される徳目が提示されている。このうち「国民として」の徳目は，「正しい愛国心をもつこと」「象徴に敬愛の念をもつこと」「すぐれた国民性を伸ばすこと」であるが，戦争責任問題が決着していない象徴＝昭和天皇への敬愛を国民に要求する，「明治以降の日本人が，近代史上において重要な役割を演ずることができた」要因として，日本の「国民性」を無批判に称揚するなど，問題を孕むものであった。

　その後，かなり時代が下ることになるが，1997（平成9）年2月から5月にかけて小学生2人を殺害，3人に重傷を負わせた「神戸連続児童殺傷事件」の犯人が中学2年生だったことが社会に大きな衝撃を与えた。さらに翌年2月，学校内で中学1年生が教師を刺殺するという事件もあり，1998（平成10）年6月，中央教育審議会答申「『新しい時代を拓く心を育てるために』――次世代を育てる心を失う危機」が公表され，「心の教育」が強調されるようになる。

　道徳教育への直接的な影響としては，文部科学省が2002（平成14）年度から道徳教材『心のノート』を発行し，すべての児童生徒に配布したことが第1にあげられる。これには，児童生徒，保護者の記入欄を設けるなどの工夫が施されていたが，一方で，心理主義・操作主義的傾向，内面への干渉などが批判された（三宅，2003など）。

第2に，現在はキャリア教育の文脈で実施されている中学校（多くは2年生）の「職場体験」の先駆けとなった「トライやる・ウィーク」（兵庫県）が，1998（平成10）年度から「心の教育」の一環としてスタートした。

　さらに，こうした少年事件や，1990年代半ば頃から小学校で頻発した「学級崩壊」などの事象を理由に，2000年代に入り，道徳「教科化」論が再浮上することになる。2000（平成12）年12月，内閣直属の諮問機関「教育改革国民会議」は「教育改革国民会議報告──教育を変える17の提案」を公表した。その冒頭には「人間性豊かな日本人を育成する」との柱立てで，小学校から高校それぞれへの道徳教科設置，奉仕活動の義務づけ，問題児への「出席停止」の適用などの「提案」がおかれていた。

　「国民会議」の提言について，直後に実現したのは学校教育法改正による出席停止要件の明確化だけであったが，その後，第二次安倍晋三内閣のもとで設置された「道徳教育の充実に関する懇談会」が2013（平成25）年12月，「今後の道徳教育の改善・充実方策について（報告）～新しい時代を，人としてより良く生きる力を育てるために～」において，「教科化」の方向性を定める。

　具体的には，小・中学校の「道徳の時間」を「特別の教科　道徳」（道徳科）へと改編すること，教材について，当面は『心のノート』の全面改訂（『私たちの道徳』として実現）で対処し，将来的には検定教科書を導入すること，評価は数値でなく記述式で行い，入試では使用しないことなどが提言された。

　この提言をうけて中教審に諮問が行われ，2014（平成26）年10月，「道徳に係る教育課程の改善等について（答申）」が上記「報告」の提言をほぼそのまま追認する。さらにその後，学習指導要領全体の改訂に先駆けて，翌年3月，小学校，中学校学習指導要領の一部改正が行われた。

　以上，近代学校制度の発足から現在まで，制度面を中心に道徳教育の歴史を概観してきた。ここでは詳述できなかったが，現在の「道徳科」設置については，政治主導との感は否めず，教育的に説得的な根拠は示されていない（山崎，2015，159～163頁）。本章で示してきた歴史的経緯と他の章の内容を踏まえ，いかなる道徳授業・道徳教育を実践していくかは，読者諸氏にかかっている。

引用・参考文献

秋野太郎（1900）「国定修身書につきて同僚諸君に御願いあり」『信濃教育會雑誌』160，1〜2頁。

天野正輝（1993）『教育評価史研究』東信堂。

岩本努（1989）『「御真影」に殉じた教師たち』大月書店。

小原國芳（1923）『修身教授革新論（改訂）』集成社。

小松左京（1992）『やぶれかぶれ青春記』勁文社文庫。

千葉命吉（1921=1976）「一切衝動皆満足論」小原国芳他編『八大教育主張』玉川大学出版会，167〜213頁。

東京市政調査会（1924）『自治及修身教育批判』教育研究会。

日経大阪企画PR部編（1995）『「神國日本は敗けました。」名張国民学校5年は組作文集』東方出版。

平田宗史（1991）『教科書でつづる近代日本教育制度史』北大路書房。

三宅晶子（2003）『「心のノート」を考える』岩波ブックレット。

森重雄（1993）『モダンのアンスタンス』ハーベスト社。

山崎雄介（2015）「『教科化』は道徳教育を改善するか」『群馬大学教育学部紀要人文・社会科学編』(64)。

山中恒（1989）『ボクラ少国民』講談社文庫。

学習の課題

(1) たとえば，石川啄木「雲は天才である」，伊藤整「若い詩人の肖像」，三浦綾子「銃口」など，明治〜敗戦までの学校や教師の姿が描かれた文学作品を通して，それぞれの時代のイメージをより具体的にしよう。

(2) 学習指導要領「道徳」の内容項目について，時代ごとの変化を比べてみよう。

【さらに学びたい人のための図書】

中村紀久二（1992）『教科書の社会史』岩波新書。
　　⇨本章では詳述できなかった各時期の教科書の具体的な内容，教科書教材の時代ごとの変化などが興味深くまとめられている。

宮坂宥洪監（2000）『「修身」全資料集成』四季社。
　　⇨国定修身教科書の教材がほぼ網羅されている。

（山崎雄介）

第4章 学習指導要領における道徳教育

この章で学ぶこと

　公教育としての学校教育は，教育関連法規や学習指導要領などに規定されながら営まれている。もちろん，このことは道徳教育においても同じであり，本章は学習指導要領に示される道徳教育のあり方について検討する。まず，第1節において，学習指導要領を改訂し，道徳の時間を「特別の教科」として教科化するに至った経緯を確認する。第2節では，学習指導要領の構成に沿って，まずその第1章をみていくことで道徳教育全体のあり方について，続けて第3節では，学習指導要領の第3章をみていくことで「特別の教科　道徳」のあり方について，それぞれ検討を進める。本章から，後述する「考える道徳」「議論する道徳」のイメージをつかんでほしい。

1　学習指導要領改訂までの経緯

　第二次世界大戦後，文部省および文部科学省（以降，文科省と言う）は，学校における道徳教育を改善・充実する意図で，『道徳教育のための手引書要綱』（1951年）や道徳の時間特設後における各種指導資料の発行，そして『心のノート』の無償配布など，さまざまな取り組みを展開してきた。そのなかでも，2015（平成27）年に行われた学習指導要領の一部改訂は，1958（昭和33）年の道徳の時間の特設に匹敵するインパクトを与えるだろう。この改訂によって，半世紀以上続いた道徳の時間は「特別の教科　道徳」（以降，道徳科と言う）に姿を変え，そこでの学習指導のありようも質的に大きく変わることが予想される。「特別の教科」として教科化することに賛否両論あることは見過ごすべきではないが，読者にはまず，制度変更のかたちと中身の両方を丁寧にみていってほしい。そのはじめに，本節では学習指導要領の一部改訂に至った経緯を簡潔に

整理する。

　『心のノート』が作成された要因のひとつに1990年代後半に相次いだ少年犯罪への危惧があったように，道徳教育に関わる学習指導要領の一部改訂にもそれに至るきっかけがある。それは，いじめが原因とみられる子どもの自死である。第二次安倍晋三内閣において発足した教育再生実行会議は，2013（平成25）年2月にその最初の提言「いじめの問題等への対応について」を出し，いじめを苦に中学生が自ら命を絶ってしまった現実に対して「子どもを『加害者にも，被害者にも，傍観者にもしない』教育を実現する」ための手段として，道徳教育の教科化を提言した。もちろん，教科化によっていじめの問題がすべて解決するわけではないし，提言の内容は教科化だけではなく，部活動での体罰が原因とみられる自死に対する提言も含まれていた。とはいえ，この提言が出されてから，教科化への動きは急速に進むことになる。

　上記の提言を受けて文科省内に設置された「道徳教育の充実に関する懇談会」は，道徳教育の充実方策について検討し，2013（平成25）年12月に報告をとりまとめた。そこでは，教科化だけではなく，道徳教育の目標をより明確にすることや，指導方法に地域や学校ごとのばらつきがあることから多様な指導方法をバランスよく取り入れることなども，改善の方向として示された。

　結果として，ここで報告された内容の多くは，続く中央教育審議会（以降，中教審と言う）の答申，そして答申に基づき改訂された学習指導要領へと引き継がれていくのだが，この報告がいじめ問題も含め，社会全体の変化を見据えた道徳教育の改善・充実を志向したことを強調しておきたい。報告は，「与えられた正解のない社会状況に対応しながら，一人一人が自らの価値観を形成し，人生を充実させるとともに，国家・社会の持続可能な発展を実現していくこと」を求め，そのために「絶え間なく生じる新たな課題に向き合い，自分の頭でしっかりと考え，また他者と協働しながら，より良い解決策を生み出していく力」が必要であるとした。こうした現代的文脈のなかに道徳教育を位置づけた点は，とりわけ新たに始まる「特別の教科　道徳」の基本的性格を理解するうえで極めて重要である。

上記の報告が出された後，文部科学大臣からの諮問を受けた中教審は，2014（平成26）年10月に「道徳に係る教育課程の改善等について」を答申した。そして，この答申に基づき，文科省は2015（平成27）年3月に学習指導要領を一部改訂し，道徳の時間が道徳科へと変わることが決定した。学習指導要領の解説で説明されているように，この改訂は，「多様な価値観の，時に対立がある場合を含めて，誠実にそれらの価値に向き合い，道徳としての問題を考え続ける姿勢こそ道徳教育で養うべき基本的資質である」との答申を踏まえ，「答えが一つではない道徳的な課題を一人一人の児童（生徒）が自分自身の問題と捉え，向き合う」（文部科学省，2017a）道徳教育への転換を目指すものである。「考え，議論する道徳」と称されるこれからの道徳教育はどのようなものなのか。次節からは，その新しい部分と従来から続いている部分をあわせてみていく。
　なお，幼稚園教育要領と小・中学校の学習指導要領は2017（平成29）年3月に全面改訂された。道徳教育に関しては，全面改訂による内容上の変更はなかったものの形式的な変更はなされた。本章では以下，2017年告示の新学習指導要領と解説を参照しながら論を進める。

２　学習指導要領 第1章 総則 に示される道徳教育

　2015（平成27）年の一部改訂では，「考える道徳」「議論する道徳」への転換が方向づけられるとともに，道徳教育全体に関する規定を第1章 総則に，道徳科に関する規定を第3章 特別の教科 道徳にそれぞれ位置づける整理がなされた。本節では第1章 総則の規定を取り上げ，"全面主義"とも呼ばれる学校の教育活動全体を通じて行う道徳教育がどのようなものかを明らかにしていく。

（1）「生きる力」を育むための道徳教育
　第1章 総則の第1の2では，道徳教育について次のように規定されている（括弧書きは小学校と中学校との間の違いを表す，以下同）。

> 　学校の教育活動を進めるに当たっては，各学校において，第3の1に示す主体的・対話的で深い学びの実現に向けた授業改善を通して，創意工夫を生かした特色ある教育活動を展開する中で，次の(1)から(3)までに掲げる事項の実現を図り，児童（生徒）に生きる力を育むことを目指すものとする。
> 　　（中略）
> (2)　道徳教育や体験活動，多様な表現や鑑賞の活動等を通して，豊かな心や創造性の涵養を目指した教育の充実に努めること。
> 　学校における道徳教育は，特別の教科である道徳（以下「道徳科」という。）を要として学校の教育活動全体を通じて行うものであり，道徳科はもとより，各教科，総合的な学習の時間及び特別活動のそれぞれの特質に応じて，児童（生徒）の発達の段階を考慮して，適切な指導を行うこと。
> 　道徳教育は，教育基本法及び学校教育法に定められた教育の根本精神に基づき，自己の生き方を考え，主体的な判断の下に行動し，自立した人間として他者と共によりよく生きるための基盤となる道徳性を養うことを目標とすること。
> 　（以下略）

　冒頭では，「アクティブ・ラーニング」とも呼ばれる「主体的・対話的で深い学び」を通して，児童生徒の「生きる力」を育成すべきことが確認されている。「生きる力」は，一般に知・徳・体の調和した状態を表し，道徳教育はそのなかでも徳，すなわち豊かな心を育む活動に位置づけられる。そして，この道徳教育が何であるかは，続く(2)に示されている。ひとつは，道徳科を「要として学校の教育活動を通じて行うもの」であること，もうひとつは「道徳性を養うこと」を目標とすることである。

　先に「道徳性を養うこと」からみていこう。学習指導要領 解説は，道徳性を「人間としての本来的な在り方やよりよい生き方を目指して行われる道徳的行為を可能にする人格的特性であり，人格の基盤をなすもの」（文部科学省，2017a，28頁）と定義している。定義は以前から変わりないが，この意味での道徳性が「自己の生き方を考え，主体的な判断の下に行動し，自立した人間として他者と共によりよく生きるための基盤」であるとした点が新しい。「……よりよく生きる」ことは，前述した懇談会報告の文言とも重なるように，本質的

には道徳教育に限らず学校教育全体で目標とすべきことである。また，「知識及び技能」「思考力，判断力，表現力等」「学びに向かう力，人間性等」という，この度の全面改訂によって育成を目指すべきとされた資質・能力の三つの柱とも関連していることが窺える。だからこそ，道徳性を養う道徳教育は道徳科のみで独立して行うのではなく，教育活動全体を通じて行うものなのである。

それでは，道徳科を「要として」道徳教育を行うとはどういうことか。後述するように，各教科等での学習活動や特別活動等における多様な体験活動では道徳性も養われるよう指導する。しかし，道徳性「も」と述べたように，これらの活動の主たるねらいは道徳性を養うことではない。たとえば，理科の授業では，動植物の生命に触れ，その重さを感じ取ることができる。しかし，理科の授業は専らそのためにあるわけではない。そこで道徳科は，各教科等における道徳教育を補ったり深めたり，あるいは全体的に関連づけ発展させたりしていく役割を担うのである。この「要」としての役割は道徳の時間の特設時から続くものであるが，「……よりよく生きるための基盤となる道徳性を養う」うえで，個々の道徳の授業と他の教育活動とを関連づける視座は今後いっそう重要になると思われる。

なお，「よりよく生きる」という表現を不明瞭だと感じる読者もいるだろう。何をよりよい生き方と，つまり善とみなすのかは個人によって異なる。それゆえ，特定の善をおしつけることは思想・良心の自由を侵しかねないが，かといってあらゆる生き方を善として認めることもできない。学校における道徳教育は，個々人にとっての善が独善に陥らないよう他者との対話（第13章を参照）を求める一方，特定の善の押しつけにもならないよう，教育基本法等の法律に基づいて行うという条件を課されている。こうした緊張関係のなかにあって，具体を示さない「よりよく生きる」という表現は，何を善とみなすかを基本的には個々人に委ねる点でよいあんばいであるともいえるだろう。

(2) 学校の教育活動全体を通じて行う道徳教育に関する配慮事項

　第1章 総則の第6は，道徳教育を進める際の配慮事項をあげている。その

うち，全体計画の作成や学校としての道徳教育の重点目標の設定，指導内容の重点化等は，前述した道徳科と他の教育活動とを関連づけるうえで重要な意味をもつ。すべての学校において一定の教育水準と教育課程の統一性を確保するために学習指導要領が存在する一方，各学校や児童生徒の実態は多様であり，その実態に即して創意工夫をもって教育活動を展開する必要がある。道徳教育も同じで，たとえば遅刻や居眠りの多い学校なので基本的生活習慣の形成に重点をおこうというように，その学校の実態に応じた目標と内容の重点化を図ることが大切である。こうした重点化に加えて，各教育活動における道徳教育との関わり等について記されたものが，学校の道徳教育の全体計画である。校長の方針の下，各学校における道徳教育の推進を主に担う道徳教育推進教師が中心となって全体計画を綿密に作成することで，各教育活動間の道徳教育としての関連を容易に確認することができ，教員間の意思統一が図られ，学校として一貫した道徳教育を実践することができるのである。

なお，第1章 総則の第6の3において，次のように体験あるいは体験活動について規定されている点には注意が必要である。

> 学校や学級内の人間関係や環境を整えるとともに，集団宿泊活動（職場体験活動）やボランティア活動，自然体験活動，地域の行事への参加などの豊かな体験を充実すること。また，道徳教育の指導内容が，児童（生徒）の日常生活に生かされるようにすること。その際，いじめの防止や安全の確保等にも資することとなるよう留意すること。

上記で例示される体験活動が，直接経験を伴うことから道徳教育として極めて意義深いこと，またそれらを含む道徳教育全体が教科化の背景にあるいじめの問題に取り組む実践性をもつべきことに異論はない。ただし，週1時間の道徳科の中で体験活動を行うことが不適切であることは，まずここで確認しておく。詳細は次節に譲るが，体験活動は主に総合的な学習の時間あるいは特別活動の中で実施すべきである。

3　学習指導要領 第3章「特別の教科 道徳」に示される道徳教育

　第3章 特別の教科 道徳は，第1 目標，第2 内容，および第3 指導計画の作成と内容の取扱いで構成される。第2についての検討は第6章に譲り，本節では第1と第3の中で「考える道徳」「議論する道徳」に大きく関わる部分に焦点づけて検討する。

（1）道徳科の目標にみられる道徳的判断力の重視
　第1 目標は，道徳科の目標を次のように規定している。

> 　第1章総則の第1の2の(2)に示す道徳教育の目標に基づき，よりよく生きるための基盤となる道徳性を養うため，道徳的諸価値についての理解を基に，自己を見つめ，物事を（広い視野から）多面的・多角的に考え，自己の生き方（人間としての生き方）についての考えを深める学習を通して，道徳的な判断力，心情，実践意欲と態度を育てる。

　道徳科も道徳教育の一部である以上，道徳性を養う点は同じであるが，それに加えて「道徳的な判断力，心情，実践意欲と態度を育てる」という規定を入れていることがわかる。改訂以前において，この箇所は長らく「道徳的実践力を育成する」と表現されてきた。そして，この「道徳的実践力」という語句こそ，前節の最後で確認した体験活動に関する制約をたくみに可能にしていたといえる。「道徳的実践力」自体は，現行の「道徳的な判断力，心情，実践意欲と態度」にほぼ等しい意味内容であった。それにもかかわらず「道徳的実践力」と表現してきたのは，「道徳の時間は道徳的実践力を育成する場であり，その力を発揮して道徳的実践を行う場は特別活動である」という分業を明確にするためであった。この点を明確にしないと，道徳の時間において道徳的実践を行ってよい，つまり道徳の時間を特別活動のように道徳的実践がなされる体

験活動の場として使ってよいことになる。そのような使い方は，"全面主義"のなかで道徳の時間に期待される役割ではなかったのである。

　教育課程上の縄張り自体は，教育活動の質の向上には関係しない。しかし，道徳の時間が低迷していた当時の状況を踏まえるなら，優れた授業実践が育つその芽を守るための次善の策であったともいえるだろう。同様に，道徳科においてこれから質の高い指導方法を開発していくうえでも，体験活動を道徳科の中で行うことは引き続き避けなければならない。

　以上は改訂前から続いている部分であるが，より重要なのは，目標において道徳的判断力が重視されるようになった点である。道徳的判断力，道徳的心情，および道徳的実践意欲と態度という道徳性の諸様相の各定義は読者自身で確認してもらうとして，これらの記載順序は，1989（平成元）年の学習指導要領改訂以来，心情，判断力，実践意欲と態度の順であった。順序が変わっても文意は変わらないためか，文科省は一部改訂時に順序を入れ替えた理由について説明していない。しかし，まったく意味が変わらないなら，あえて順序を入れ替える必要はないだろう。

　一部改訂に至る経緯や「考える道徳」という標語にみられるように，順序の入れ替えには考える力や判断力を強調する意図が込められているとみてよい。道徳性の諸様相の間に優先順位がなければ，それらはおおよそ均等に取り扱われるはずだが，道徳の授業のねらいに「心情」の語が頻出することや，発問における心情を問うことへの偏りが指摘されている（東風，2013；荒木，2016）。心情に偏る原因は複数考えられるものの，前述した中教審答申でも「読み物の登場人物の心情理解のみに偏った形式的な指導が行われる例がある」と課題視される状況が続いてきた以上，順序の入れ替えはこれからの道徳教育のあり方を象徴するものと理解すべきだろう。ただし，後述するように，「登場人物の心情理解」がまったく不要になるわけではないことには留意してほしい。

（2）「考える道徳」「議論する道徳」に向けた配慮事項

　第3 指導計画の作成と内容の取扱いには，道徳科の指導計画や学習指導に

関する規定が並んでいる。本項では改訂前後で大きく変化がみられない事項を主に取り上げ，新たな事項については次項で検討する。

　児童生徒が自らの生き方について考えを深められる質の高い授業を実現するうえで，誰が授業を行うのかは重要な論点のひとつである。指導体制に関しては，改訂までの過程で道徳専科の教員を置くことも議論されたが，結果は従来通り，「(学級担任の教師が行うことを原則とするが，) 校長や教頭などの参加，他の教師との協力的な指導などについて工夫」すると，小・中学校ともに学級担任が授業を行う原則に変更はなかった。ただし，「原則とするが」とあるように，常にその学級の担任が授業をするとは限らない。とりわけ中学校の場合，第12章で取り上げられる現代的な課題をはじめ，高度な内容が増えるため，個々の教師が取り扱う教材を固定し，学年内で輪番（ローテーション）を組んで授業を実施する輪番制が普及し始めている。教師は，自身の専門性や関心に応じた教材・ねらいを選択でき，同じ教材で複数回授業を行うことで指導力の向上や授業改善をより図ることができる。児童生徒にとっては，学級担任以外の教師が授業を行うので新鮮味があり，学級担任のみが授業を行うよりも多様な見方や考えに触れることができる。"全面主義"との兼ね合いで，輪番制の実施は年度初めや終わりを除く一部に限られるものの，答えが1つではない道徳的な課題について考え，議論する時間を十分に確保するためにも，教師が余裕をもって授業に臨める指導体制の工夫は歓迎すべきことである。

　とはいえ，このような指導体制の整備は，考え，議論する活動の質を高めるための間接的条件にすぎない。児童生徒が自らの生き方について考えを深めるためには，「児童（生徒）が自ら道徳性を養う中で，自らを振り返って成長を実感したり，これからの課題や目標を見つけたりすることができるように工夫すること」や，「児童（生徒）が多様な感じ方や考え方に接する中で……言語活動を充実すること」が求められる。前者は，単に授業ごとに教材を通して考え，議論するだけではなく，個々の授業，学期，あるいは年度単位で，児童生徒が自らの学習目標・課題を設定したり，その目標・課題に基づき学習を自己評価したりすることの大切さを強調している。これらの活動を通して学ぶ意義

を自覚でき，考え，議論することへの能動性，そしてよりよく生きることへの意欲が高まると考えられる。

　後者については，よく考え，議論するために，聞くこと・話すこと・読むこと・書くことのすべてが重要であることを確認しておきたい。読むことと書くこと，とくに自分自身について書き，それを読み返すことは，生活綴方にもみられるように，自己を客観的に捉え，自分自身について考えるのに有効な方法である。それゆえ，前述した学習目標・課題の設定とその振り返りにおいても，読むことと書くことは必須の活動である。

　一方，聞くことと話すことは，児童生徒が独話的で閉じた学びに陥ることなく，他者とともによりよい生き方を創造していくために極めて重要である。友人関係や公共の場での振舞いなど，道徳的な課題の多くでは他者との一定の（暫定的な）合意を導く必要がある。それゆえ，その合意を形成したり状況に応じて修正したりできるコミュニケーション能力が，私たち一人ひとりに求められる。しかし，道徳教育が自分一人で自分だけの生き方を考える個別学習や，あるいは中教審答申のいう「主体性をもたず言われるままに行動するよう指導」するものであるとき，この能力は決して育まれることはない。

　ここで，道徳科において合意形成を図るためのコミュニケーション能力を育む方法のひとつとして，ハーバマス（Habermas, J.）の討議倫理学に基づき渡邉(2016)が提唱する話し合い活動を例示したい。ハーバマスの討議倫理学は，道徳的な正しさや規範それ自体ではなく，すべての人の間で合意可能な正しさや規範を導く討議のあり方を探究するものである。渡邉はこの討議倫理学を援用し，道徳科や学級活動において他者とともに価値を創造できる話し合いのルールを次の6点にまとめている。

　① 誰も自分の意見を言うことをじゃまされてはならない
　② 自分の意見は必ず理由をつけて発言する
　③ 他の人の意見にははっきり賛成か反対かの態度表明をする。その際，理由をはっきり言う
　④ 理由が納得できたらその意見は正しいと認める

⑤　意見を変えることができる。ただし，その理由を言わなければならない
　⑥　みんなが納得できる理由を持つ意見は，みんなそれに従わなければならない

　④や⑥などは大人でもときに難しいことからもわかるように，「考える道徳」「議論する道徳」では，そこで取り扱うテーマに加えて，よく考え，議論すること自体にも道徳教育としての意義があるというべきである。道徳科等での話し合い活動を通して，コミュニケーション能力とはただ話がうまいとか空気を読めるといったことではなく，一人ひとりが尊重されたなかで共生を目指すために他者と関わる力であることを体験的に理解してほしい。ただし，上記のルールは合意を確約するものではない。合意を至上命題とすることが，共生ではなく強制を導くことになることには注意すべきである（上地，2016）。

（3）考え，議論する道徳科における多様で質の高い指導方法

　第3　指導計画の作成と内容の取扱いの2の(5)は，道徳科の指導方法について次のように規定している。

> 　児童（生徒）の発達の段階や特性等を考慮し，指導のねらいに即して，問題解決的な学習，道徳的行為に関する体験的な学習等を適切に取り入れるなど，指導方法を工夫すること。その際，それらの活動を通じて学んだ内容の意義などについて考えることができるようにすること。また，特別活動等における多様な実践活動や体験活動も道徳科の授業に生かすようにすること。

　「また」以降は前述した体験活動と道徳科との間の関係に言及したもので，新たな規定ではない。新たな部分は，指導方法の工夫として問題解決的な学習と道徳的行為に関する体験的な学習を例示した点である。とくに体験的な学習は，ボランティア活動などの体験活動とは明確に異なる学習活動であり，従来から模擬体験や追体験的な表現活動を取り入れてもよいとされてはいたが，このように体験的な学習を強調することで，道徳的実践と道徳的実践力とを分けて捉えてきたこれまでの枠組みが弱まることも考えられる。ここには，「心情

理解のみに偏った形式的な指導」から脱却し，多様な指導方法を活用して道徳性を養おうとする強い意図が窺われる。

「道徳教育に係る評価等の在り方に関する専門家会議」は2016（平成28）年7月に出した報告「『特別の教科 道徳』の指導方法・評価等について」において，質の高い多様な指導方法として上記に「読み物教材の登場人物への自我関与が中心の学習」（以降，「自我関与中心の学習」と言う）を加えた3つの指導方法をあげ，それらの特徴を次のように整理している。

自我関与中心の学習はこれまで多く採られてきた指導方法で，登場人物に児童生徒自身を投影すること（＝自我関与）を学習活動の中心に据える。「登場人物に託して自らの考えや気持ちを素直に語る中で，道徳的価値の理解を図る指導方法として効果的」とされるが，明確な主題設定や指導観に基づいた発問をしないと心情理解に偏した指導になるおそれがある。

問題解決的な学習は，ある道徳的な問題の解決方法を考える点に特徴がある。「道徳的な問題に対処しようとする資質・能力を養う指導方法として有効」で，対話するなかで新たな価値や問いがつくり出されるとされるが，深い思考を促す問いが設定されたりその問いを可能にする教材が選択されたりしていないと，取るに足らない話し合いに終始するおそれがある。

道徳的行為に関する体験的な学習は，道徳的な問題場面を実際に体験してみることや，役割演技等の疑似体験的な表現活動を行う。実際に行ってみることで行為の意識化が促され，道徳的行為の意義が理解されやすい反面，内面と行為との間の葛藤について多面的・多角的な思考を促す問題場面を設定できないと，ねらいが不明確な生徒指導のようになってしまうとされる。

これらの指導方法をどのように活用するかは，教材のあり方に強く影響を受けるだろう。教科化によって検定教科書を使用することになるが，各教科書会社は短期間での教科書開発を余儀なくされた。そのため，初めての道徳科の教科書は，読み物教材を多数掲載してきたこれまでの副読本から大きく様変わりはしない。とすると，上述の指導方法のうち，従来から普及していた自我関与中心の学習は，これからも相対的に多めに活用される可能性が高いといえる。

しかし，上述の報告も警鐘を鳴らすように，教師の指導力や授業準備が不十分であると，自我関与中心の学習は教科化に際して批判された心情理解に偏った指導になりかねない。また，生命倫理や社会の持続可能な発展などの現代的な課題を取り扱う授業でも，自我関与中心の学習のみでは主体的・対話的で深い学びを実現することは難しい。なぜなら，教材中の人物に自我関与するだけではそれらの課題に取り組んだことにならないし，自我関与を通して引き出される素直な考えや気持ちに従うことのみでそれらの課題が解決されるなら，それらははじめから現代的な課題にはなっていないからである。現代的な課題は，個人間および個人内にさまざまな葛藤を生じさせ，容易に解決を図れないからこそ課題となっているのである。

　自我関与によって道徳的な課題の存在に気づき，自分自身の問題として捉えることは不可欠なプロセスである。そのうえでさらに学びを深めていくには，問題解決的な学習や体験的な学習をねらいに応じて取り入れ，考え，議論する活動を充実することが求められる。

（4）道徳科における学習状況や道徳性に係る成長の様子の評価

　道徳教育および道徳科における評価に関する検討は第8章に譲るが，ここでいう評価，とりわけ道徳科における評価がいわゆる成績評価ではなく，入試の合否判定に用いられることも決してないことは確認しておく。評価に関する変更点は，道徳科における児童生徒の学習状況も継続的に把握するよう新たに求めている点に限られる。ということは，児童生徒の道徳性に係る成長の様子を把握して指導に生かすことは，教科化以前から基本的に変わりないということである。なお，数値を用いない個人内評価としての道徳科における評価を，指導要録にどのように文章表記するかという点は，教科化が全面実施されてからも継続的な課題となるだろう。

4　「特別の教科 道徳」実施以降の課題

　これからの道徳教育がどのようなものなのか，学習指導要領を参照しながらここまで検討してきた。本章の執筆時点では道徳科がまだ全面実施前であるため，以下は予想にすぎないが，主に教科書を用いて毎週授業を行う状況では，これまで以上に教材と指導の質が問われることになるだろう。教材に関しては，児童生徒の関心や学ぶ意欲を喚起するものを，読み物に限らず多様に供給できることが重要である。そのためには，学習指導要領の求める自主的な教材開発も視野に入れていくべきだろう。指導に関しては，どのような指導方法を活用するとしても，児童生徒にとって考え，議論する意義と甲斐がある問い（発問）を投げかけられる教師の指導力が問われる。発問の仕方は，一定程度はテクニックとして習得可能であるものの，究極的には道徳に関する教師自身の見識や思索によるところが大きい。読者には，教職課程で学ぶ今から，答えが1つではない道徳的な問いをめぐって他者とともに考え，議論することで，指導力の根幹を鍛えていってほしい。この根幹を鍛えることこそ，社会の変化や学習指導要領の改訂に適切に対応しつつも翻弄されはしない，優秀な教師になるための近道ではないだろうか。

引用・参考文献
荒木紀幸（2016）「道徳の『読み物教材・資料』に関する研究」『道徳性発達研究』第10巻(1)，118～129頁。
上地完治（2016）「討議倫理学における『合意』の意義」渡邉 満他編『「特別の教科 道徳」が担うグローバル化時代の道徳教育』（シリーズ「特別の教科 道徳」を考える）1，北大路書房，19～32頁。
教育再生実行会議（2013）「いじめの問題等への対応について」（第一次提言）。
東風安生（2013）「道徳授業における心情育成への偏りの背景」『道徳教育方法研究』18，11～20頁。
中央教育審議会（2014）「道徳に係る教育課程の改善等について」。
道徳教育に係る評価等の在り方に関する専門家会議（2016）「『特別の教科 道徳』の指導方法・評価等について（報告）」。

道徳教育の充実に関する懇談会（2013）「今後の道徳教育の改善・充実方策について（報告）〜新しい時代を，人としてより良く生きる力を育てるために〜」．
文部科学省（2017a）『小学校学習指導要領 解説 総則編』．
文部科学省（2017b）『小学校学習指導要領 解説 特別の教科 道徳編』．
文部科学省（2017c）『中学校学習指導要領 解説 総則編』．
文部科学省（2017d）『中学校学習指導要領 解説 特別の教科 道徳編』．
渡邉 満（2016）「学校教育の基盤に位置づく道徳教育の課題――グローバル化する現代社会において教育と道徳教育をどのように考えるか」渡邉 満他編『「特別の教科 道徳」が担うグローバル化時代の道徳教育』シリーズ「特別の教科 道徳」を考える 1，北大路書房，1〜15頁．

学習の課題

(1) 読者にとっての「よりよく生きる」とはどういうことか，マインドマップやKJ法を使って考えてみよう．
(2) 読者の母校等の小学校・中学校における道徳教育の全体計画をインターネットで調べ，その学校における道徳教育の特徴について考えてみよう．
(3) 渡邉 満が提唱する話し合いのルールに従って，道徳科で学ぶ意義について話し合いをしてみよう．

【さらに学びたい人のための図書】
文部科学省（2017）『小学校学習指導要領 解説 総則編』．
文部科学省（2017）『小学校学習指導要領 解説 特別の教科 道徳編』．
文部科学省（2017）『中学校学習指導要領 解説 総則編』．
文部科学省（2017）『中学校学習指導要領 解説 特別の教科 道徳編』．
　⇨改訂された学習指導要領における道徳教育について，詳しく解説されている．解説はあくまで参考であり，金科玉条のように捉えるべきではないが，基礎知識としておさえたい事項は網羅されている．

（小林将太）

第5章 道徳教育の方法

この章で学ぶこと

　本章では「特別の教科 道徳」において実践が期待されている指導方法の理論的基盤を含め，授業の流れをいくつかみていく。従来の「道徳の時間」において用いられてきた，主にひとつの道徳的価値を主題とした読み物資料を教材とし，主人公に役割取得や共感するなどして道徳的価値を学ぶ方法ではなく，「考え，議論する道徳」を標榜して行われる道徳の授業のあり方を理解する。いずれも授業時間で完結するものではなく，道徳性をめぐる理論を基盤としており，授業前からの綿密な計画が求められる。その後の生活経験においては学習したことを実践につなげられるかが問われる。各理論にもとづく計画と道徳的価値をめぐる学習活動，その後の道徳的実践による評価を理解する。

1　「特別の教科 道徳」における学習

　2016（平成28）年に「道徳教育に係る評価等の在り方に関する専門家会議」が出した「『特別の教科 道徳』の指導方法・評価等について（報告）」（以降，「報告」と言う）には，「質の高い多様な指導方法」として次の3つがあげられている。

（1）自我関与が中心の学習

　自我関与とは心理学の術語で，ある事柄を，自分にとって重要または関わりのあることとみなす態度，またその態度を生じさせるような事態や関係を意味する。「報告」では「教材の登場人物に自分を投影して，その判断や心情を考えることにより，道徳的価値の理解を深めることができる」方法とされている。
　この指導方法は，従来一般的に用いられてきた，いわゆる「読み物資料」を

利用し、もし自分が主人公だったらと問うて、そこにみられる価値についての理解を深める方法である。三浦（2017）は、「報告の別紙1 道徳科における質の高い指導方法について（イメージ）」（以降、「報告の別紙1」と言う）において「読み物教材の登場人物への自我関与が中心の学習」が「登場人物の心情理解のみの指導」にとどまらないものであることを確認し、青木（1979）の整理した道徳資料の活用類型4つの中の1つである「共感資料として活用する類型」の指導過程と重なること、この指導過程には「指導の形式化、固定化を招いている」との西野（2016）による指摘があることも紹介している。そのうえで、三浦（2017）は「登場人物の心情理解」をやめるのではなく、「登場人物への自我関与が中心の学習」とは、「『登場人物の心情理解』を通して明らかになった価値観から、道徳的価値について自分との関わりで深く考える授業」だとしている。

具体的な授業の流れは、「報告の別紙1」に次のように示されている。はじめに、「導入」では「道徳的価値に関する内容の提示」として、「教師の話や発問を通して、本時に扱う道徳的価値へ方向づける」。「展開」では「登場人物への自我関与」として、「教材を読んで、登場人物の判断や心情を類推することを通して、道徳的価値を自分との関わりで考え」、「振り返り」として、その授業で扱われた「道徳的価値を自分との関係で捉えたり、それらを交流して自分の考えを深め」たりして、「終末（まとめ）」につなげる。

（2）問題解決的な学習

「報告」では、「問題場面について児童生徒自身の考えの根拠を問う発問や、問題場面を実際の自分に当てはめて考えてみることを促す発問、問題場面における道徳的価値の意味を考えさせる発問などによって、道徳的価値を実現するための資質・能力を養うことができる」方法とされている。

具体的な発問として、杉中（2017）によれば次のものがあげられる。

① ここでは、何が問題になっていますか
② 何と何で迷っていますか

③ なぜ，○○（道徳的価値）は大切なのでしょう
④ どうすれば，○○（道徳的価値）は実現できるでしょう
⑤ 同じ場面に出会ったら，あなたならどう行動するでしょう
⑥ なぜ，あなたはそのように行動するのでしょう
⑦ よりよい解決方法には，どのようなものが考えられるでしょう

　従来，読み物資料を用いて一般的に行われてきた，主人公の心情を問う発問はここにはみられない。

　授業の流れの一例として，「報告の別紙1」には次のように示されている。「導入」では，「問題の発見や道徳的価値の想起など」として，道徳的問題を見つけ，これまでの道徳的価値の捉え方に対して問いをもつ。次に「問題の探究（道徳的な問題状況の分析・解決策の構想など）」を，主にグループでの話し合いによって進める。そして，「探究のまとめ」において，「解決策の選択や決定・諸価値理解の深化・課題発見」としてグループ等での話し合いを通して考え，自分の考えを再考し，新たな問いや自分の課題を導き出す。

　ここでいう問題は単なる日常生活の諸事象がもたらすものではなく，先の杉中の7つの発問により，道徳的価値に根ざした問題の「解決を求める探究の先に新たな『問い』が生まれるという，問題解決的なプロセスにこそ価値がある」ものであり，「問題解決学習」とは異なるものであることに留意したい。ただし柳沼（2016）は，問題解決的な学習による道徳授業では，話し合われた解決策を実際の生活経験のなかで適用し，その解決策の根拠となる道徳的な考え方と実践を結びつけ，道徳的な人格形成につなげることを意図しているとする。

（3）体験的な学習

　「報告」では，「問題場面を実際に体験してみること，また，それに対して自分ならどういう行動を取るかという問題解決のための役割演技を通して，道徳的価値を実現するための資質・能力を養うことができる」方法とされている。諸富（2015）は，体験的な学習として役割演技だけでなく，各自の価値や感情に気づかせる「エンカウンター」や「価値の明確化」をあげている。また諸富

(2015) は，道徳的な行動の仕方を習得させる「モラル・スキル・トレーニング」をあげており，同様に柳沼（2016）も，「セルフアサーション（自己主張）」のスキル学習や，礼儀作法・マナー等に関しての所作や動作の学習を取り上げている。

　授業の流れの一例として，「報告の別紙1」では，「導入」において「道徳的価値を実現する行為に関する問題場面の提示など」を行い，子どもに葛藤や問題を把握させる。次に「道徳的な問題場面の把握や考察など」として，道徳的行為を実践するにあたって障害となっているものは何かを考えさせる。そうして「問題場面の役割演技や道徳的行為に関する体験的な活動の実施など」を，ペアやグループになって行う。それらを通して，「登場人物の葛藤などを理解」したり，「道徳的行為をすることの難しさなどを理解」したりする。これらの活動を踏まえ，「展開」の最後に「道徳的価値の意味や考察など」として，「多面的・多角的な視点から問題場面や取り得る行動について考え，道徳的価値の意味や実現するために大切なことを考え」，類似した場面を提示し「取りうる行動を再現し，道徳的価値を実現するために大切なことを体感することを通して実生活における問題の解決に見通しを持たせる」としている。

　「報告の別紙1」では上述の（1）自我関与が中心の学習，（2）問題解決的な学習，（3）体験的な学習，のいずれにおいても，授業の終末段階にはまとめとして，教師による説話や，子どもが自分の生活の中で本時学習したことをどのように生かせるかを考えること，道徳的諸価値に関する根本的な問いを自分なりに考えまとめること，また気づきや学んだことを振り返るために，感想を聞き合ったりワークシートにまとめたりすることなどがあげられている。

2　モラルジレンマ

　モラルジレンマの授業方法は，発達心理学者コールバーグ（Kohlberg, L.）の道徳性発達段階論に基づき，荒木ら（1988）が開発した，複数の道徳的価値が対立する葛藤（モラルジレンマ）を含む教材を用いるものである。

コールバーグは，世界各国における同じモラルジレンマの物語を用いた調査結果から，次のような正義 (justice) の道徳的原理を志向する道徳性発達段階論をまとめた (内藤，1992；荒木，2017)。

> 〈前慣習的水準〉
> 　第1段階　他律的な道徳性
> 　第2段階　個人主義，道具主義的な道徳性
> 〈慣習的水準〉
> 　第3段階　対人間の規範による道徳性　「よい子」への志向
> 　第4段階　社会組織の道徳性　一般化された他者志向
> 〈脱慣習的水準〉
> 　第5段階　人間としての権利と公益の道徳性　社会契約的志向
> 　第6段階　普遍的な倫理的原則の道徳性　普遍的原理志向

この理論から荒木 (2017) は次のことを学びうるとしている。第1に，この発達段階の順番通りに人は発達し，飛び越えることはないため，それぞれの段階を確実に身につけることで次の段階への発達が可能になる。第2に，道徳性の発達は他律から自律への過程であり，他者の道徳的判断に基づく段階から自己が判断主体となる過程である。第3に，役割取得の観点からすれば「自己自身→身近な他者→社会→普遍的な人間一般へと，より普遍的，抽象的な役割取得ができるようになる」。第4に，道徳性発達の要因は多様であり，発達のメカニズムは単純でない。第5に，道徳性の発達促進には，現段階の見方や考え方では解決できないモラルジレンマに触れさせ，より高い段階の解決方法に出合わせる。

上述の第5の点に基づき，授業で用いられる教材は，モラルジレンマの状況を含むものとされている。荒木 (2017) によれば，教材で用いられる「モラルジレンマ物語」は，2つのタイプに分けられる。タイプⅠは，低学年対象の授業で用いられる教材の多くが当てはまるもので，1つの価値について当為をめぐって生じる葛藤を含んでいる。タイプⅡは，2つ以上の価値の間で生じる当為をめぐる葛藤が問題にされる。

このモラルジレンマ物語を用いた授業の流れの基本型は次の4段階である。

第1段階は，モラルジレンマの提示である。場合によっては，導入として教師はその授業で扱われる教材そのものに関する発問，教材と子どもの生活をつなげる発問，問題を明確にする発問を行う。そして，主に低学年の授業では，子どもたちは教材を「立ち止まり読み」することで，教材の主人公が直面しているモラルジレンマを理解する。また中学年の授業では，場面絵を提示するなどして理解を促すこともある。いずれにしても，子どもの思い込みや読み取りの誤りを修正し，主人公に役割取得し，主人公の直面しているモラルジレンマを明確に理解し，主人公はどうすべきか（当為）を判断し，その理由をカードに書く（第1次判断）。なお，「立ち止まり読み」とは，「教材を適切な箇所で切り，発問と児童の応答を挟みながら読み進めることで，葛藤状況を共通理解する」ことである。

第1次判断を終えたら，教師はカードに書かれた判断・理由づけを整理し，書き込みカードの「理由」部分と，このあとの段階で用いる書き込みカードを黒板掲示用に拡大したものを作成する。また第1次判断（理由含む）から，論点になりそうな部分を予想し，発問を準備する。

第2段階では，教材に含まれるモラルジレンマに対して，子どもは自分の考えを明確にする。ここでは，教師は自己の考えを明確にする発問，また他者の考えを検討させる発問を行う。

第3段階では，子どもにディスカッションをさせる。教師は，判断をめぐる子どものディスカッションがかみ合うように，新たなジレンマ〔荒木は認知的不均衡（価値葛藤）としており，ここではジレンマとする〕が子どもの発言から出てくるようにする。ジレンマをもたらす発問には，役割取得を促すもの，結果を類推するもの，ジレンマを促すものがある。

第4段階では，子どもは第3段階のディスカッションを踏まえ，主人公はどうすべきか（当為）をその理由と共にカードに書く（第2次判断）。モラルジレンマの授業は，主人公が何をするべきか最終的な答えを出さず，未決定で終わる，オープンエンドを特徴としている。

1つの教材に対して，1時間目終わりに第1次判断，2時間目終わりに第2次判断をさせる2時間授業が基本であるが，1時間で第2次判断まで進めるパターン，また前もって宿題や自習により第1次判断までを済ませて1時間ディスカッションする1.5時間のパターンもある。

③ モラルスキルトレーニング

モラルスキルトレーニングとは，リバーマン（Liberman, R. P.）が考案した，対人関係の技能を訓練によって習得または改善しようとするソーシャルスキルトレーニングに着想を得て，林ら（2013）が「道徳的行動をスキルとして教える」方法として考案したものである。その要件は2つあり，第1に，モラルスキルトレーニングは，従来の道徳の授業では重視されてこなかった，具体的な行動のスキルを前提としていることである。第2には，道徳的価値の再構成を目指す指導方法であるということである（林，2017）。

モラルスキルトレーニングは，ソーシャルスキルトレーニングのプログラムと同様に，次のような流れになっている（林，2013：2017）。

① インストラクション（教示）：教師が言葉によって説明する
② モデリング：教師が具体的なモデルを示す
③ ロールプレイング：子供たちが実際にやってみる
④ フィードバックと強化：よかった点を褒めることで強化する。また，悪かった点を修正する
⑤ 一般化：ほかの場面でも使えるように，たとえば課題を出すなどする

ただし，ソーシャルスキルとモラルスキルは，後者がそのスキルが使用される状況についての道徳的判断を含んだものである点に違いがある。そこで，道徳の授業として，次のような流れが提案されている。

① 資料の提示：道徳資料を提示する
② ペアインタビュー：2人1組で，資料の登場人物になりきってインタビューし合う

③ ロールプレイング（ロールリハーサル）1：ある場面を取り出して，演じてみる。この際，シナリオ通りに演じるのではなくて，状況設定だけにして，あとは本人の自由な役割の想像にまかせる
④ シェアリング：ロールプレイングの感想を言い合って，よい行動方法を強化し，悪い部分を修正する
⑤ メンタルリハーサル：別な場面をイメージさせ，その場で自分の行動を考えさせる
⑥ ロールプレイング（ロールリハーサル）2：イメージしたものを再度演じてみる。③で身につけたスキルを一般化するための作業である
⑦ シェアリング：④に同じ
⑧ 課題の提示：身につけたことを日常場面でできるように，課題を出す

林はこれを考案者の名前を冠して縣方式と呼んでいるが，45分や50分では時間が不足することもあるため，①から④のあと，または①から⑤のあと，教師が学習のまとめを行う簡略版を提示している（林，2013）。

4　VLF

渡辺（2001）によれば，VLFとは，セルマン（Selman, R. L.）が開発し，1995年からボストンの幼稚園・小学校などで実施され始めた「愛と自由の声」（Voices of Love and Freedom）という人格形成のプログラムである。セルマンは，相手の気持ちを推測し理解する能力（① 自分と他者の違いを認識すること，② 他者の感情や思考などを推測すること，③ それに基づいて自分の役割行動を決定すること）を「役割取得能力」と定義した。この能力が，対人間に生じた葛藤の解決や，高いレベルの道徳性判断を行う前提となると考え，セルマンは次のように幼児期から青年期までの5段階の発達段階（年齢はあくまで目安）を示した（荒木，1992；渡辺，2001）。

- 3〜5歳　〈レベル0〉…自己中心的役割取得の段階であり，自分と他者の視点を区別することが難しく，同時に，他者の身体的特性を心理面

と区別することが難しい。ゆえに，自分が好きなものは他人も好きといった思考をもつ。

- 6〜7歳 〈レベル1〉…主観的役割取得の段階であり，自分と他者の視点を区別することはできるが，関連づけることは困難である。他方で，他者の意図と行動を区別して考えられるようになり，行動が故意であったかどうかを考慮するようになる。ただし，表面的な行動から感情を予測しがちであり，その奥にある気持ちを推測することは困難である。
- 8〜11歳 〈レベル2〉…二人称相応的役割取得の段階である。他者の視点から自分の思考や行動について内省できる。また他者もそうできることを理解する。他者から見た自分と自分から見た自分の2つの存在があることを理解するようになる。したがって，人と人とが関わるときに他者の内省を正しく理解することの限界を認識できるようになる。笑っていても実は悲しいといった状況を理解するようになる。
- 12〜14歳 〈レベル3〉…三人称的役割取得の段階である。自分と他者以外に，第三者の視点から考慮できるようになる。自分と他者の視点や相互作用を第三者の立場から互いに調整し考慮できるようになる。たとえばいじめについて加害・被害両側の立場をおさえて，第三者的な立場で意見を述べることができる。
- 15〜18歳 〈レベル4〉…一般化された他者としての役割取得の段階である。多様な視点が存在する状況で，自分自身の視点を理解する。経験していない立場でも，イメージして推論できるようになる。社会または集団全体を見る視点と関連づけることができる。

以上の役割取得の発達段階を踏まえ，VLFプログラムでは視点の発達を理論的基盤とし，視点を広げるための働きかけや活動をプログラムに据えている。アメリカで行われているVLFプログラムの目標は，次の①〜③である。

① 子どもの読み書き能力を向上させること
② 子どもの人格とソーシャルスキルを発達させること
③ 暴力，酒，その他のドラッグの使用を予防すること

これを渡辺 (2001) は日本の現状を踏まえ, 次の①〜⑥のように示す.
① 自己の視点を表現すること
② 他者の視点に立って考えること
③ 自己と他者の違いを認識すること
④ 自己の感情をコントロールすること
⑤ 自己と他者の葛藤を解決すること
⑥ 適切な問題解決行動を遂行すること

こうした6つの目標を掲げ, 日本では次のような授業の流れが組まれている (渡辺, 2001). 第1に, 授業で取り上げられる教材となる物語は, 登場人物が複数であり, 対人葛藤を内容として含んでおり, さまざまな視点に立つことが問題解決に意味のある状況のものとされている. 物語でなくとも, 問題状況の理解に時間がかかるものでなければビデオでもよいとしている.

第2に, 授業の流れは以下の4つのステップを基にしている.

- ステップ1「結びつき」…子どもとの間に信頼関係を築くため, 教師が子どもにとっても身近な対人関係の葛藤に関わる個人的体験を語る. このとき, 教師は「私は……と思った」「彼は……と感じたかもしれない」など, 視点の違いに気づかせるよう表現する. 教師の語りのほかに, 緊張感をほぐしたり, 次に用いる教材に関わる体験ができるようなゲームをとり入れる場合もある.

- ステップ2「話し合い」…教材に含まれている対人関係の葛藤状況で立ち止まり, その状況での登場人物の気持ちや行動などを考えさせる. 子どもは2人組になって, 互いに考えたことをインタビュー形式で問い, 答える. 最初に教師や子どもによりモデルを示すと円滑に進められる. このとき, 2人組の組み合わせに工夫が求められる. この「ペア活動」がVLFでは基本である.

- ステップ3「実践」…対人葛藤の問題を解決するため, 問題が何かを考え (Ask the Problem), できるだけたくさんの解決策を考え (Brainstorm Solutions), そして最善の解決策を選ばせる (Choose the best Solution) と

いう問題解決のステップ（「問題解決のABC」）を利用し，上記のペアでロールプレイを行う。あるいは，トラブルや対人葛藤が悪化するプロセス，または収まっていくプロセスを考えさせ，状況を把握する「葛藤のエスカレーター」を利用するロールプレイもある。子どもは，葛藤を解決するための行動を考え，登場人物になりきり，実際に動いて演じる。子どもは，演じる役割を交代することなどによって，立場が異なると考え方や気持ちも異なることに気づく。演じるのが難しい場合は，登場人物の足跡を教室の床に描き，その上に立って，その視点をもつ（立場になる）という方法でも有効である。また，ソーシャルスキルトレーニングを用いる場合もある。

- ステップ4「表現」…日記や手紙，物語の続きを書いたり，描いたりする活動を通して自分の思いや考えを表現させる。ときにはその後，ホームワークとして，家庭での実践を試みるようにする。その際，保護者の協力を求めることは保護者にも影響を与える効果がある。

渡辺（2001）によれば，セルマンは役割取得の能力の高低によって，対人交渉方略は変容するとしている。対人交渉方略は，自己変容指向と他者変容指向の2つに分けられ，前者は葛藤やトラブルの際，自分の行動を変える傾向が強いタイプであり，後者は相手を変えようとするタイプである。葛藤やトラブルの際，自己変容指向は，役割取得の発達段階が高まるにつれ，逃避，従属，妥協，調整へ，他者変容指向は，同様に暴力，命令，説得，調整といった高いレベルへ方向づけられていく。渡辺（2001）は役割取得能力を「思いやり」と位置づけているが，役割取得の発達段階に基づくVLFプログラムは，他人に優しくするといった狭義の「思いやり」ではなく，社会的，歴史的，文化的に自らの視点を相対化し，そこから葛藤やトラブルを調整する学習活動につながるものと期待される。

5　ワークショップ

　中野（2001）のワークショップ概念を参照し，道徳教育への導入を提唱する中島（2009，173〜182頁）によれば，「ワークショップは，完結した知識や技能を，指導者から参加者へ一方的に伝授するのではなく，共通する課題に向き合い，参加者同士の話し合いやアクティビティを通して，その解決に向けての認識を共有することを意図している。参加者は，地位，立場，価値観，経験の違いにかかわりなく，体験を対等に共有化できる」活動だとしている。
　中島（2009）は，道徳教育の目標を「わたしたちが所属する社会集団に存在する多様な価値を認め合うことを前提に，他者との関係において生じる状況を主体的に判断する智恵と技法を身に付けること」とし，教師の役割をワークショップにおける「ファシリテーター」に位置づける。ファシリテーターの役割は，参加者に提案して引き込む「そそのかし役」，参加者の経験に基づく本音や智恵，意欲を引き出す「引き出し役」，参加者どうしの相互作用を促す「触媒」，参加者に新たな考え方や見方を生み出させる「助産師」など，多面的である。
　こうしたワークショップ概念や教師の役割などを，道徳における「問題解決ワークショップ」として授業の流れを確立させたものがある（木野，2016）。木野（2016）は，「特別の教科　道徳」における問題解決ワークショップを，「『特別の教科　道徳』においてテーマとして取り上げた社会的・科学的事象に対して，子どもたち自らが自主的・主体的なかかわりをもち，その事象に含まれるさまざまな課題の解決を，本書に示す問題解決ワークショップや内省深化アクティビティ，道徳的認知深化法，実生活ブレイクダウンなどを通して多面的・多角的な視点から総合的に図っていくことによって，子どもたちの道徳性の三側面（認知的側面，情意的側面，行動的側面）を深化していこうとする活動」だとしている。
　道徳の時間の流れとして，木野（2016）は「道徳の時間」の位置づけを踏ま

え,「補充」に1時間,「深化」に2時間,「統合」に1時間をあてる小単元構成モデルを掲げる。一例として,社会科におけるアメリカの人種・民族問題の学習を踏まえた4時間の道徳の授業の流れを次のように提示する。

　1時間目の「補充」においては,登場人物の心情理解を目標として,視覚的教材(ここではNHKの歴史教養番組「その時,歴史が動いた」)を用い,役割取得のワークショップを行う。子どもたちは,役割取得のワークショップにおいて,登場人物の気持ちや,登場人物の行動,またそれらの背景にある根拠や理由をワークシートに書く。

　2時間目「深化」では,小集団の中で個々の知を出し合うブレーンストーミングを,クラス全体に拡大した「ビッグ・ブレスト」というワークショップを行う。具体的には,授業始めの10分で暴力的・非暴力的解決法の長所短所について小集団で討論し,討論の過程も含めてクラス全体に発表する。

　3時間目でも「深化」のために「ビッグ・カルタ」というワークショップを行う(カルタはフィンランド・メソッドで用いられる思考整理法)。小集団は異なる資料から,そこに含まれている非暴力的解決方法の短所を補う知恵を読み取り,その資料を読んでいない小集団に向けて発表する。

　最後に「統合」の4時間目には,2,3時間目に子どもたちが深化させた道徳的価値を現実の生活に引き寄せる効果を見込み,「実生活ブレイクダウン」ワークショップを行う。ここでは前の3時間で学習した問題の解決方法等を「ヒント・カード」として提示し,実生活で起こりうる問題の解決方法をグループで討論する。その後,グループからクラス全体に解決方法のアイデアを発表させ,実現可能性の高さや,その解決方法がもたらす人々の思いを考慮し,優先順位をつける。その際,木野(2016)は問題解決の3ステップを提示し,どれだけステップ3の視点から解決を図ろうとしているかをみる。ステップ1は,他者に変容を求めて解決しようとする段階(「あなた目線」の解決策),ステップ2は,自分自身が変容して解決しようとする段階(「わたし目線」の解決策),ステップ3は全体の利益を考慮して解決しようとする段階である(「チーム(全体)目線」の解決策)。

なお木野（2016）は，この3ステップをコールバーグの前慣習的，慣習的，脱慣習的水準と比しているが，ギリガン（Gilligan, C.）のケア（care）を志向する道徳性発達段階論（Gilligan, 1982＝1986）に近いと筆者はみている。第1段階では自己中心的な思考，第2段階では自己犠牲的な思考，第3段階では自己も他者も犠牲にならない思考から解決を図ろうとしているためである。

　また，各時間には，上述のワークショップを通して「グループで導き出した道徳的価値を，自分なりに振り返り，内省して，自分の言葉として整理し直す言語活動」である「内省深化アクティビティ」が行われる。

6　これからの道徳教育の方法

　「考え，議論する道徳」は，「主体的・対話的で深い学び」を前面に押し出した新学習指導要領に後押しされるかたちで，その方法は多様化しつつある。しかしその一方で，諸富（2014）が指摘するように，たとえば「エンカウンター（構成的グループエンカウンター）」で行われるエクササイズが「形だけ」真似されるような事態も生じている。

　諸富によればエンカウンターは，読み物資料による「価値の方向づけ」の後のエンカウンターによる「実感的な学習」をするもの，エンカウンターによる「個性的で多様な体験」を読み物資料で「共通のねらいとする価値」へ収束するもの，資料の内容そのものをエクササイズとして展開するものの3つのパターンがある。しかし，資料とエクササイズの内容がかみ合わず，連続した学習になっていないと諸富は指摘する。

　授業において，児童生徒が表面的にワークやエクササイズを行い，議論しているだけでは，道徳的価値に関する「深い学び」にはたどり着けない。これからの道徳の授業は，児童生徒の生活から実態を捉え授業のねらいを設定し，扱われる道徳的価値を適切に含んだ教材や活動を通して，児童生徒が自らの道徳的行為を多面的多角的に振り返り，よりよい道徳的解決を図ろうとする姿勢を育成したか，を評価するものを原則として，さらに豊かなものとなるだろう。

第5章 道徳教育の方法

引用・参考文献

荒木紀幸編著（1988）『道徳教育はこうすればおもしろい——コールバーグ理論とその実践』北大路書房。

荒木紀幸（1992）「役割取得理論——セルマン」日本道徳性心理学研究会編著『道徳性心理学——道徳教育のための心理学』北大路書房，173～190頁。

荒木紀幸編著（2017）『考える道徳を創る 小学校 新モラルジレンマ教材と授業展開』明治図書。

木野正一郎（2016）『新発想！道徳のアクティブ・ラーニング型授業はこれだ 問題解決ワークショップで道徳性を深化する』みくに出版。

杉中康平（2017）「『教科』時代の道徳授業に関する考察——自己の生き方についての考えを深める『道徳科』を目指して」『四天王寺大学紀要』第63号。

道徳教育に係る評価等の在り方に関する専門家会議（2016）『「特別の教科 道徳」の指導方法・評価等について（報告）』。

内藤俊史（1992）「認知的発達理論——コールバーグ1」日本道徳性心理学研究会編著『道徳性心理学——道徳教育のための心理学』北大路書房。

中島 純（2009）「ワークショップ・ファシリテーションによる道徳教育方法の革新——規範化から多元化へ」『新潟経営大学紀要』15，173～182頁。

中野民夫（2001）『ワークショップ』岩波書店。

西野真由美（2016）「『特別の教科 道徳』の指導法」『教育展望』62(5)。

林 泰成（2013）『モラルスキルトレーニングスタートブック——子どもの行動が変わる「道徳授業」をさぁ！はじめよう』明治図書。

林 泰成（2017）「モラルスキルトレーニングの理論」諸富祥彦編著『考え，議論する道徳科授業の新しいアプローチ 10』明治図書。

三浦研一（2017）「『特別の教科 道徳』を見据えた実践の研究——質の高い話合いを生み出す指導法を中心に」『福岡教育大学紀要』第66号第6分冊。

諸富祥彦編著（2014）『ほんもののエンカウンターで道徳授業 小学校編』明治図書。

諸富祥彦（2015）『「問題解決学習」と心理学的「体験学習」による新しい道徳授業』図書文化。

柳沼良太（2016）『問題解決的な学習で創る道徳授業 超入門——「読む道徳」から「考え，議論する道徳」へ』明治図書。

渡辺弥生編著（2001）『VLFによる思いやり育成プログラム』図書文化社。

Gilligan, C.（1982）*In a Different Voice : Psychological Theory and Women's Development*, Harvard University Press.〔日本語訳版：C. ギリガン著，岩男寿美子監訳，(1986)『もう一つの声』川島書店〕

> **学習の課題**
>
> (1) 本章で紹介された道徳の方法の指導案を探し，自分の受けた道徳の時間の授業の流れとの違いを話し合ってみましょう。
> (2) 児童生徒の直面する道徳的問題にはどのようなものが考えられ，それはどのような道徳的価値をめぐるものか，その解決策を問題に関わる複数の人の視点から考えてみましょう。
> (3) セルマン，コールバーグ，ギリガンらの道徳性に関する発達理論を調べ，児童生徒の道徳性の発達段階を踏まえた授業の方法を考えてみましょう。

【さらに学びたい人のための図書】

日本道徳性心理学研究会編著（1992）『道徳性心理学——道徳教育のための心理学』北大路書房。
　⇨本章で取り上げた3名だけでなく，フロイトやエリクソン，ピアジェ，マズローなど，多様な道徳性をめぐる発達論を取り上げている。

諸富祥彦編著（2017）『考え，議論する道徳科授業の新しいアプローチ 10』明治図書出版。
　⇨読み物資料の主人公の立場から考えるような従来の方法とは異なる10の授業方法について，理論と実践について紹介されている。

N. ノディングズ著，立山善康・林 泰成・清水重樹・宮崎宏志・新 茂之訳（1997）『ケアリング　倫理と道徳の教育——女性の観点から』晃洋書房。
　⇨原著は1984年。ギリガンのケアの道徳性発達段階論と同様，女性の経験から教育を捉え直し，道徳教育の方法を示した著作。

（伊藤博美）

第6章 道徳教育における内容項目と教材

この章で学ぶこと

道徳教育を実施していくにあたり，そこでは必ず教育内容として道徳的価値を扱う必要がある。本章では道徳の教育内容として提示されている内容項目が学習指導要領の中でどのように変遷してきたのかについて概観する。次いで，そういった内容項目を具体的なかたちにした教材について考察を加える。「教材を教える」という立場では，道徳的価値の注入につながりやすいため，「教材で（道徳的価値を）教える」という立場を明確にする。そして，最終的に道徳の教育内容を扱う際に，児童生徒はある程度道徳的価値について知っていることを前提とした授業づくりが求められることを示す。

1　道徳の内容項目

　私たちが「道徳を教える」ということを考える際，そこには「何を，どうやって教えていくのか」という意味が込められている。「どうやって教えていくのか」という教育方法については，すでに第5章において論じられた。本章では道徳教育において「何を教えていくのか」という教育内容について考えていきたい。

　道徳教育における教育内容は，学習指導要領では「内容項目」と呼ばれるものであり，それらは具体的にいえば「正直，誠実」や「節度，節制」といった道徳的価値を表している。このような内容項目（道徳的価値項目）は，学習指導要領の改訂とともに変化してきている。以下において，1958年に「道徳の時間」が特設されて以降，内容項目がいかに学習指導要領に組み込まれてきたのか概観する。

（1）1958年の道徳の時間の設置

　この時期の特徴として，道徳の時間の目標と指導する道徳の教育内容との間には関連をもたせようとする意図が見出される。道徳の時間そのものの大きな目標は，次のように示されていた。「人間尊重の精神を一貫して失わず，この精神を，家庭，学校その他各自がその一員であるそれぞれの社会の具体的な生活の中に生かし，個性豊かな文化の創造と民主的な国家および社会の発展に努め，進んで平和的な国際社会に貢献できる日本人を育成することを目標とする」（文部省，1958a）。これを受けて，小学校の道徳の時間の指導目標は，以下のように示されている。

> (1) 日常生活の基本的な行動様式を理解し，これを身につけるように導く
> (2) 道徳的心情を高め，正邪善悪を判断する能力を養うように導く
> (3) 個性の伸長を助け，創造的な生活態度を確立するように導く
> (4) 民主的な国家・社会の成員として必要な道徳的態度と実践意欲を高めるように導く

　そして，これらのそれぞれの目標に関連するようなかたちで，内容が提示されている。たとえば，(1)の「主として『日常生活の基本的行動様式』に関する内容」では，「1　生命を尊び，健康を増進し，安全の保持に努める。2　自分のことは自分でし，他人にたよらない。3　服装・言語・動作など，時と場に応じて適切にし，礼儀作法を正しくする」といった文章標記で合計6項目が列挙されている。

　同様に，(2)の「道徳的心情，道徳的判断」に関する内容では，11項目，(3)の「個性の伸長，創造的な生活態度」については6項目，(4)の「国家・社会の成員としての道徳的態度と実践的意欲」については13項目あげられており，合計36の内容項目が提示されている。中学校の場合は，3つの指導目標と，21の内容項目があげられている。

　では，こういった内容項目はどのように選ばれたのであろうか。道徳の時間の特設に大きく関わった勝部真長（かつべみたけ）（1958）は，道徳的価値の根拠として，私案

第6章　道徳教育における内容項目と教材

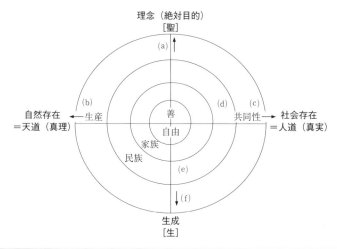

(a)	上へ	聖・理念に向かう徳	信（仰），希望，謙虚（畏敬，良心）
(b)	横へ	自然（物）に向かう徳	智慧，探究心（真理愛），勤労，計画性，責任
(c)	横へ	社会に向かう徳	智慧，正義節度，探究心，平和，自由，人権，勇気，連帯性，人間愛
(d)	横へ	他人に向かう徳	友愛，隣人愛，寛容，独立自尊，信頼
(e)	横へ	家族に向かう徳	信頼，隣人愛（家族愛），連帯性（協力）
(f)	下へ	自己（生）に向かう徳	健康（厚生），純潔，節度，自由，善（誠実），正直（真実）

図6-1　道徳価値表

出典：勝部（1958）。

ながら「道徳価値表」を提示している（図6-1）。「人格の完成を目指す」という教育基本法に則り，人格の中心を「善と自由」に設定した勝部は，縦軸と横軸の広がりによって人格の完成を捉えようとし，それぞれに道徳的価値を位置づけた。縦軸は「永遠なるもの，理念というものを求めて上へ上へ向上していくという，向上心あるいは何か絶対な世界に憧れて行くところの高まって行くもの」であり，もう1つが，「深く自己の根源へ下へ下へと自己の生命力をきたえて行く」というような自己自身に向かっていくものと描かれている。一方，横軸は，人間の関係性が同心円的に広がり，「社会」に向かう軸と「自然」に向かう軸に分けられている。人間尊重という縦の軸と，共同体という横の軸に

依拠して勝部は道徳的価値を位置づけた。1958年の道徳の内容項目が，必ずしも勝部の私案に基づいて位置づけられているわけではないが，道徳的価値を選択する際の根拠としては一定の説得力をもっているだろう。

（2） 1968年と1977年の学習指導要領改訂における内容項目

1968年の学習指導要領では，道徳教育の目標に，「基盤としての道徳性を養う」という文言が付け加えられ，道徳の時間の目標においては「道徳的判断力を高め，道徳的心情を豊かにし，道徳的態度と実践意欲の向上を図るもの」と規定された。さらに1977年版では，道徳的判断力，道徳的心情，道徳的態度と実践意欲の向上により「道徳的実践力」を育成すると加筆されている。

内容項目においては，これまでは四つの柱から分類されていたが，1968年と1977年ではそのような区分はなくなり，とくに関連をもたせず文章標記で列挙されたのが大きな特徴であろう。1968年の小学校では32項目，中学校は13項目，1977年の小学校では28項目，中学校は16項目で編成された。たとえば，1968年度版小学校学習指導要領では，以下のように表記されている。

> (6) 自分の正しいと信ずるところに従って行動し，みだりに他人に動かされない
> (7) 自他の自由を尊重し，自分の行動に責任をもつ
> (8) 常に真心をもって正直に行動する
> (9) 正を愛し不正を憎み，勇気をもって正しい行動をする

学習指導要領では，それぞれの内容項目の説明の後に，「低学年においては……，中学年においては……」というかたちでそれぞれの学年階梯・発達に応じた指導の留意点を加えている。

1968年の改訂において，前回は設定されていた四つの柱をやめた理由として，当時の文部省教科調査官の青木孝頼は，前回(2)に設定されていた道徳的心情や道徳的判断力はすべての道徳的価値に絡んでいるという点や，(1)における「基本的な行動様式」が道徳的行為の直接的な訓練や練習に陥りがちであったということをあげている（木下，1968，28～39頁）。

（3）1989年，1998年，2008年の学習指導要領改訂における内容項目

　1989年の改訂では大きな変化があった。道徳の時間の目標では，「道徳的心情を豊かにし，道徳的判断力を高め，道徳的実践意欲と態度の向上を図ることを通して，道徳的実践力を育成する」と表記され，従来の道徳的判断力，心情という並びに変更が加えられた。1998年には「道徳的な心情，判断力，実践意欲と態度などの道徳性を養うこと」と示され，道徳性の規定がなされた。

　では内容項目においてはどのような変更がなされたのであろうか。1968年，1977年では列挙されていた内容項目が，以下の1～4の視点に基づいて分類がなされたのが大きな特徴としてあげられよう。

---
(1) 主として自分自身に関すること
(2) 主として他の人とのかかわりに関すること
(3) 主として自然や崇高なものとのかかわりに関すること
(4) 主として集団や社会とのかかわりに関すること

　この4つの視点は，自分から他者へ，そして集団や社会へという横の広がりを表す一方で，自分から自然や崇高なものという縦の広がりを表すものとしてみることができる。また小学校低学年と中学年，高学年に分けることによって，それぞれの発達段階に応じた道徳的価値の取扱いが可能なように記されている。この4つの視点に基づいた内容項目の分類は，以後2008年の学習指導要領改訂まで継続して行われた（表6-1）。

　より具体的に発達段階に応じた道徳的価値の表記のされ方をみてみよう。たとえば，(1)の視点における「節度や節制」に関わる内容項目は，小学校低学年では「健康や安全に気を付け，物や金銭を大切にし，身の回りを整え，わがままをしないで，規則正しい生活をする」，小学校中学年では「自分で出来ることは自分でやり，節度のある生活をする」，高学年では「生活を振り返り，節度を守り節制に心掛ける」，そして中学校では「望ましい生活習慣を身につけ，心身の健康の増進を図り，節度と調和のある生活をするようにする」と記載されている。

表6-1 1989年～2008年までの内容項目数の移り変わり

4つの視点	1989年 小学校			中学校	1998年 小学校			中学校	2008年 小学校			中学校
	低学年	中学年	高学年		低学年	中学年	高学年		低学年	中学年	高学年	
主として自分自身に関すること	4	5	6	5	4	5	6	5	4	5	6	5
主として他の人とのかかわりに関すること	4	4	5	5	4	4	5	5	4	4	5	6
主として自然や崇高なものとのかかわりに関すること	3	3	3	3	3	3	3	3	3	3	3	3
主として集団や社会とのかかわりに関すること	3	6	8	9	4	6	8	10	5	6	8	10
合計	14	18	22	22	15	18	22	23	16	18	22	24

(4) 2015年の学習指導要領改訂における内容項目

　すでに第4章で論じられているが，2013年2月の教育再生実行会議に提出された「いじめ問題等への対応について（第一次提言）」において，道徳教育の教科化が提案されたことを受け，2013年末には「今後の道徳教育の改善・充実方策について（報告）」において「特別の教科 道徳」が誕生することになった。そして2014年の中教審答申を経て2015年3月に一部改正学習指導要領「特別の教科 道徳」が告示された。

　次期学習指導要領改訂に向けて先行的な改訂となった「特別の教科 道徳」は，コンピテンス（資質・能力）や思考力を重視する国の教育政策の流れもあり，「読む道徳」から「考え，議論する道徳」へと方向性が変わった。これは道徳科の目標においても，「道徳的判断力，心情，実践意欲と態度」と道徳性を表す3つの諸様相の並びに変更が加えられたことからもみてとれよう。

　また，1989年以降続いていた(1)～(4)の視点は，以下のA～Dの視点に再編された。

> A　主として自分自身に関すること
> B　主として人との関わりに関すること

> C 主として集団や社会との関わりに関すること
> D 主として生命や自然,崇高なものとの関わりに関すること

　従来の(3)の視点に,新たに「生命」という文言がつけ加えられてDに位置づけられ,また(4)の視点がCとなっていることがわかる。これは児童生徒の「対象の広がりに即して,整理」(文部科学省,2015)したということ,ならびに道徳の教科化が「いじめ問題」を受けて成立した背景を受けて,「生命尊重の指導を一層重視することが求められること」(江島,2016,337頁)による変更であるといえよう。

　内容項目にも一部変更が加えられた。これまで内容項目は文章で記載されていたが,それぞれの内容項目を表すキーワード(道徳的価値)が示されるようになった(表6-2)。ここには中教審答申において「小学校から中学校までの内容の体系性を高めるとともに,構成やねらいを分かりやすく示して指導の効果を上げるなどの観点から,内容項目ごとにその内容を端的に示すキーワード(例:「正直,誠実」「公正,公平,正義」など)も併せて明示すること」(中央教育審議会,2014,10頁)が提案されたことが関連しているといえよう。また,道徳科の目標において,かつては「道徳的価値の自覚」と表現されていたものが,「道徳的諸価値の理解に基づき」という,道徳的価値理解によりいっそう焦点が当てられるようになったことも関連しているかもしれない。

　より内容項目を詳しくみてみると,小学校低学年に「個性の伸長」「国際理解,国際貢献」,中学年には「相互理解,寛容」,低学年と中学年それぞれに,「公正,公平,社会正義」,小学校高学年には「よりよく生きる喜び」が追加された。

　すでに述べたように,道徳の教科化は昨今のいじめ問題に対する喫緊の取り組みとして成立したものであるため,「いじめ」という不正を許さないという意図から,内容項目においても低学年に「公正,公平,社会正義」が組み込まれ,中学年において「相互理解,寛容」が組み込まれたと解釈することができる。

表6-2 特別の教科道徳 内容項目一覧

小学校キーワード	低学年	中学年	高学年	中学校キーワード	中学生
A 主として自分自身に関すること					
善悪の判断，自律，自由と責任	1	1	1	自主，自律，自由と責任	1
正直，誠実	2	2	2		
節度，節制	3	3	3	節度，節制	2
個性の伸長	4	4	4	向上心，個性の伸長	3
希望と勇気，努力と強い意志	5	5	5	希望と勇気，克己と強い意志	4
真理の探究			6	真理の探究，創造	5
B 主として人との関わりに関すること					
親切，思いやり	6	6	7	思いやり，感謝	6
感謝	7	7	8		
礼儀	8	8	9	礼儀	7
友情，信頼	9	9	10	友情，信頼	8
相互理解，寛容		10	11	相互理解，寛容	9
C 主として集団や社会との関わりに関すること					
規則の尊重	10	11	12	遵法精神，公徳心	10
公正，公平，社会正義	11	12	13	公正，公平，社会正義	11
勤労，公共の精神	12	13	14	社会参画，公共の精神	12
				勤労	13
家族愛，家庭生活の充実	13	14	15	家族愛，家庭生活の充実	14
よりよい学校生活，集団生活の充実	14	15	16	よりよい学校生活，集団生活の充実	15
伝統と文化の尊重，国や郷土を愛する態度	15	16	17	郷土の伝統と文化の尊重，郷土を愛する態度	16
				我が国の伝統と文化の尊重，国を愛する態度	17
国際理解，国際親善	16	17	18	国際理解，国際貢献	18
D 主として生命や自然，崇高なものとの関わりに関すること					
生命の尊さ	17	18	19	生命の尊さ	19
自然愛護	18	19	20	自然愛護	20
感動，畏敬の念	19	20	21	感動，畏敬の念	21
よりよく生きる喜び			22	よりよく生きる喜び	22
合　計	19	20	22		22

出典：文部科学省（2017）および永田（2017）をもとに筆者作成。

また内容項目には含まれていないものの，これらの内容と関連を図りながら，情報モラルや社会の持続可能な発展などの現代的な課題（食育，健康教育，消費者教育，防災教育，国際理解教育など）について扱うことも明記されている（第12章参照）。

2　道徳教育における教材

（1）道徳における教材の展開

　道徳が教科化を迎える以前（1958～2017年）は，広く副読本（あるいは補助教材）と呼ばれる教材が用いられていた。道徳の時間が設置された1958年当初は，道徳の授業のために特化した教材はそれほど準備されておらず，話し合い，教師の説話，読み物資料の利用，視聴覚教材の利用といった多様な教育方法が示唆されていた（文部省，1958a）。つまり，学習指導要領においては，道徳の時間に扱うべき教育内容と指導方法は提示されていたものの，実際には何をどう指導すればいいのか具体的な教材（資料）は示されていなかったので，現場では混乱が生じ，道徳の時間のための教材を準備する必要性が出てきたのである。たとえば，1963年の教育課程審議会「学校における道徳教育の充実方策について（答申）」では，道徳の時間は「一般的には必ずしもじゅうぶんにその成果をあげているとは言えない」と指摘され，「教師用の資料を豊富に提供すること」，ならびに「児童生徒に読み物資料の使用」などが求められた。これが契機となり，文部省（当時）は1964年から1966年にかけて『道徳の指導資料』（全3集）と『読み物資料の効果的利用』（1965年）を発行した。結果的に，これ以降道徳の授業では「読み物資料」が一般的な道徳の教材として認識されるようになった[1]。

　読み物資料とは，一般的には道徳的価値を含んだ物語形式で書かれた文章で，その多くは結末が描かれたクローズエンドになっている。なかには何十年もの間定番となっている有名な読み物教材も存在し，たとえば「はしのうえのおおかみ」「ないた赤おに」「手品師」「ロレンゾの友達」「花さき山」などがあげら

れよう。⁽²⁾

　読み物資料が準備されたことによって，道徳の授業で何をすればいいか悩んでいた教師にとっては，授業が実施しやすくなったことは明らかである。しかし，一方において，道徳の時間は読み物資料を読んでおけばそれでよいとする風潮や，国語の授業と同じように道徳の資料の読解を行ったりする流れが出てきたことも否定できない。たとえば永田（2016，1頁）は「授業作りにおける開発的思考が弱まり，主人公の心情を順次追う安全運転型の授業への傾斜が強まっていったとも言えなくもない」と指摘している。道徳が教科化されるにあたり，「読む道徳」から「考え，議論する道徳」へというフレーズが出されたのも，読み物資料を読むだけで終わっていた授業に対する批判的なニュアンスが込められている。

　このように，道徳教育で用いられる教材は読み物資料が中心であったが，2002年に文部科学省が道徳教育の補助教材として全国の小・中学校に無償配布を行った『心（こころ）のノート』は，読み物教材とは趣を異にするものであった。⁽³⁾この補助教材は，小学校低学年，中学年，高学年，中学生用に用意された。学習指導要領の4つの視点の内容項目に基づいて作成されており，読み物資料ではなく，道徳的なメッセージや写真，イラスト，偉人の言葉などが用いられ，児童生徒が問いかけに対して書き込みできる，つまり「ノート」としての役割があることが大きな特徴となっている。

　『心のノート』は学校現場では最も用いられる道徳教材となり，2008年の調査「道徳教育実施状況調査」では，実に小学校の99.3％，中学校の95.8％が使用していることが明らかになり，「民間の教材会社で開発・刊行した読み物資料」が小学校で84.3％，中学校で74.4％の使用よりも上回った（複数回答有の調査）（文部科学省，2008）。調査結果において，ここまでの高い割合で使用していることが明らかになった背景には，2002年4月に文部科学省初等中等教育局長の名で全国の教育委員会教育長宛に「『心のノート』について（依頼）」を送付し，「有効かつ適切な活用がされるよう，所管の学校に対する指導をお願い」したことが考えられる。

このように高い使用率を示す一方で，『心のノート』は厳しい批判に晒されたのも事実である。たとえば，教科書のような「検定」や採択を受けることなく，一方的に全国の小中学生に配布されたことを問題視した三宅や長谷川，自分の心の弱さにすべての問題を収斂してしまう手法（心理主義）を問題視した小沢らなどがあげられよう。[(4)]

　その後，2013年に『心のノート』の全面改訂が行われ，『私(わたし)たちの道徳』が完成した。これは教育再生実行会議第一次提言「いじめ問題等への対応について」を受け，道徳教育の抜本的改善・充実のなかで執り行われたものである。『私たちの道徳』は『心のノート』と同様に，小学校低学年，中学年，高学年，中学生用が準備され，学習指導要領の4つの視点からなる内容項目に基づいて構成されているという点では類似しているが，『心のノート』にはなかった読み物資料が多く加えられ，いじめ問題や情報モラルといった内容が加えられている。文部科学省は2014年に『「私たちの道徳」活用のための指導資料』を公開し，『私たちの道徳』が学校現場でより活用されることをねらった。

　さて，2018年度以降は，教育課程編成上，「領域」のひとつとして位置づけられていた道徳に，道徳科という「特別の教科」が加わったことはすでに本書においても明らかであるが，教科になるということはこれまで用いられていた副読本や補助教材（『私たちの道徳』）に変わって，道徳の教科書（教科用図書）が教科書検定を経て使用されることを意味する。教科書の使用に関して，小学校学習指導要領 解説では次のように述べられている。「主たる教材として教科用図書を使用しなければならないことは言うまでもないが，道徳教育の特性に鑑みれば，各地域に根ざした地域教材など，多様な教材を併せて活用することが重要となる」（文部科学省，2017，101頁）。

　このように，教科書の使用が強く求められる一方で，道徳科において特定の価値を教え込んだりするのではなく，多面的・多角的な道徳的価値の捉え方，いわば道徳的価値観の形成ができるように児童生徒を促していくことに留意するのであれば，多様な教材を用いることも同時に認められていることに注意しなければならない。教科書そのものは特定の地域の子どもやある学級を想定し

て作成されるものではなく，発達段階を考慮しながら一般的な子どもの姿を想定しつくられている。つまり，教科書に掲載されているからといって，その教材が児童生徒が生活している地域や学級の実態に必ずしも合うわけではないことを教師は常に自覚しなければならない。たとえば，郷土への愛着などを扱う際には，地域で開発された教材のほうが児童生徒にとっては具体性に富んでいるかもしれない。

　教科書はあくまで道徳的価値について考えるためのきっかけとなる教材であり，教科書そのものを児童生徒に教え伝えることが目的ではない。つまり，教科書という教材の扱い方を考慮しなければならないのである。

（2）「教科書で教える」のか「教科書を教える」のか

　道徳の授業に教科書が登場することは，何を意味するのであろうか。先にも述べたように，教科書は「主たる教材」として使用義務が発生するが，私たちはいま一度，「教育内容」と「教材」や「資料」の関係を見返してみる必要がある（柴田，1992, 32〜34頁）。つまり，「教科書で教える」のか，「教科書を教える」のかというどちらの立場をとるのかという問題である。

　道徳授業の歴史を紐解いてみると，日本においてもこれまでに両者の関係に言及した論者は存在する。先にも取り上げた勝部真長は，戦後新教育の流れにおいて「生活から入って，内面化をくぐり，生活に再び戻る」という生活と結びついた道徳授業を重要視したために，「資料を教える」授業を批判した（勝部，1967）。また1960年頃から道徳の教科調査官（中学校）を務めた井上治郎は，道徳で扱われる資料そのものが道徳的価値ありきで提示されていることを批判し，教材そのものを児童生徒の生活に根ざしたものに変えた「資料即生活論」を提唱し，「児童生徒の生活経験と密接に結びついた資料で教える」という立場を明確にした（井上，1991）。両者は「資料を教える」か「資料で教えるか」という立場の違いこそあるものの，道徳的価値ありきでそれさえ伝えればよしとする立場では決してない。児童生徒の生活現実を踏まえた道徳の授業をつくるという点では大きく異なっているわけではない。

さて、道徳教育における教育内容は、内容項目として学習指導要領に表されている。一方、教材のひとつとしての教科書は、これらの教育内容を児童生徒が理解しやすいように具体化したものであり、教科書を用いることによって、教育内容（内容項目）について考え、それによって道徳性の育成を目指すのである。つまり、内容項目の獲得ではなく、内容項目を通じて道徳性を伸ばしていくことから、「教科書で（内容項目について）教える」という立場が明確になる。

たとえば、「親切、思いやり」という内容項目について学ぶ際に、教科書に載っている読み物教材が「電車の中で困っている人に席を譲る」という物語だったとしよう。この教材を用いた授業のねらいは、「親切、思いやり」について児童が考えを巡らせることであり、その過程のなかで道徳的判断力などの道徳性の育成がねらわれることになる。考えを巡らせるきっかけを与えるものとして「席を譲る」という具体的な場面が教科書で設定されているといえよう。「こうすることが親切なのではないか」「いやそれはありがた迷惑なのでは」と教材を通じて道徳的価値を考えていくことが重要なのである。

ところが、「教科書を教える」という立場に立つのであれば、「電車の中で席を譲る」というひとつの行為に焦点が当てられ、児童にそのような行為を促す、あるいは席を譲る行為こそが道徳的価値であることを教え込む、いわば「きれいごと」の授業になる可能性が非常に高くなる。「親切とは何か」について考えることなく、教科書に書いてある行為がよい行為であり、道徳的価値の押しつけという注入主義的な道徳授業になってしまうのである。

このように考えると、「教科書を教える」という立場は、教育内容と教材を混同していることになり、教科書を絶対視する傾向が生まれやすくなる。教科書はあくまで教育内容を児童生徒の発達段階に合わせて具体化したものにすぎず、教育内容のすべてではないことを改めて確認する必要がある。

（3）教材解釈・教材開発の視点

このように、「教科書で（内容項目を）教える」という立場が明確になると、

教師に必要になってくるのは，「教材解釈」と「教材開発」の視点である。「教科書を教える」ことが目的なのであれば，児童生徒の実態を無視して，教科書に書いてあることをそのまま伝えれば事足りるかもしれない。しかしながら，「教科書で教える」立場からは，教材の本質を見抜き，それと内容項目を結びつけ，教材を通じて何を学ばせたいのか，どういう力を身につけさせたいのか，児童生徒の実態を踏まえて明確にする作業，つまり教材解釈が授業づくりにおける重要なプロセスになる。教材解釈をすることによって，よりよい授業が可能になるのである。

 一方，教材開発について『小学校学習指導要領 解説』では次のように述べられている。「教材の開発に当たっては，日常から多様なメディアや書籍，身近な出来事等に強い関心をもつとともに，柔軟な発想をもち，教材を広く求める姿勢が大切である」（文部科学省，2017，100頁）。

 かつて藤岡信勝（1991）は，教材開発を「上からの道」（教育内容が決定された後に教材を選択する方法）と「下からの道」（先に素材を手に入れておいて，それを教育内容と結びつける方法）という2つの概念によって説明した。とくに，教師が日常生活で手に入れる「素材」，たとえば絵本やニュース，歌，CMなどが道徳の教育内容と結びつき，教材へとかたちを変える「素材の教材化」は多くの教師が経験しているのではないだろうか。先の「解説」の中で述べられていることは「素材の教材化」の視点の重要性であり，素材の発見と蓄えによって魅力的な道徳教材をつくり出していくことを推奨している。

 たとえば，金森俊朗（2009）は道徳と総合的な学習の時間の横断的な実践において，ある児童の命の危機の体験からクラス全員，そして親や祖父母の命の調べ学習を展開し，「自分たちは奇跡的な存在である」という実感に結びつく「命のリレー」の授業を実践した。また柴田（2014）はJ-POPを用いた道徳の授業を考案・実践しており，児童生徒が関心をもちやすい歌を教材化することで，彼らが日常生活を道徳的視点をもって考えることができるような道徳授業を展開している。また筆者は「僕のお父さんは桃太郎というやつに殺されました」というキャッチコピーと鬼の子どもの絵が描かれた「めでたし，めでた

し？」というポスターを用い，児童生徒に「正しいこと」について考えさせる道徳授業を考案している(5)。

　教育内容について児童生徒が考えを深めていくためには，教科書を主たる教材としながらも，多様な教材を用いてさまざまな観点から道徳的価値について捉えていく必要がある。教材開発は「多面的・多角的」に道徳的価値を理解していくための視点を，児童生徒のみならず，教師にも与えてくれるのである。

3　資質・能力と教育内容の関係性

（1）道徳教育における「活用する力」をどう捉えるか

　周知の通り，小学校では2020年，中学校では2021年の完全実施に向けて学習指導要領が改訂された。そこでは「何を知っているか」（知識，技能）だけでなく，「知っていることをどう使うか」（思考力，判断力，表現力等），「どのように社会と関わりよりよい人生を送るか」（学びに向かう力，人間性等）が今後育成していく「資質・能力」の三つの柱として提示され，これらの資質・能力を育んでいくために「主体的，対話的で深い学び」の視点から授業改善が目指されている。

　当然道徳教育においても，これらの資質・能力を伸ばしていく必要がある。2016年7月「道徳教育に係る評価等の在り方に関する専門家会議」（以下，専門家会議）は，「『特別の教科 道徳』の指導方法・評価等について（報告）」において，資質・能力と道徳科の学習活動との関連について「資質・能力の三つの柱に分節することはできない」と但し書きをしたうえで，以下のような議論を提示している（同報告4頁）。

　1つ目の柱「知識・技能」については，道徳科の目標における「道徳的諸価値についての理解」，2つ目の柱「思考力，判断力，表現力等」については，「物事を（広い視野から）多面的・多角的に考え，自己（人間として）の生き方についての考えを深める」，3つ目の柱「学びに向かう力，人間性等」については，「よりよく生きるための基盤」「自己を見つめ」「自己（人間として）の生き

方についての考えを深める」をそれぞれ対応する箇所として取り上げている。

同年8月に出された「考える道徳への転換に向けたワーキンググループにおける審議の取りまとめ（報告）」は「専門家会議」の報告に依拠しながら，「道徳科の学習の中で，これらが相互に関わり合い，深め合うことによって，道徳教育・道徳科で育成することを目指す資質・能力である『道徳性』を養うことにつながっていく」と述べられている。

しかしながら，ここにはやや混乱が見受けられる。資質・能力がなぜ道徳科の学習活動と結びつけられたのであろうか。むしろ学習活動と結びつけられるべきは，「主体的・対話的で深い学び」という指導方法における授業改善の視点であり，資質・能力は道徳性の定義と結びつけて検討される必要があろう。道徳科の目標を分節化して，それぞれの学習活動と資質・能力との関連を捉えるという発想ではなく，以下の点からの再検討が必要になってくるはずである。

- 道徳性がそれぞれの資質・能力にいかに関わるのか
- 資質・能力の観点から道徳性の再定義は考えられるのか
- 資質・能力において「活用する力」とされる「思考力・判断力・表現力等」は道徳教育においても同様のカテゴリーで捉えられるのか。すなわち，道徳教育でも道徳的知識を活用する力は「考え判断する」という頭の中の「思考実験」にとどまっていいのか。それとも「表現する」という道徳的行為を射程に入れるのか

以上について，今後より精細な議論が求められる。ただし，現時点で少なくともいえることは，道徳的行為を「道徳的知識を活用する力」の範疇に入れてしまうと，道徳の授業が道徳的行為に焦点を当てた「しつけや訓練」になる可能性もあり，思考力・判断力と表現力との関係性も併せて精査していかねばならない。

（2）道徳的価値を扱うことについての留意点

本章を終えるにあたり，道徳教育における教育内容を授業で扱う際に，改めて留意しておくべき点を指摘しておきたい。それは道徳教育を実践するにあ

たって，多くの子どもが，これまでの生活経験から教育内容（道徳的価値）について「ある程度」知っているという前提に立たなければならないということである。たとえば，ハーツホーンとメイの古典的な研究では，多くの子どもは小学校に入学する前に社会の基本的な道徳的規則や慣習を知っていたことを明らかにしている（Hartshorne & May, 1930）。国語や社会といった他の教科学習であれば，児童生徒は通常「知らないこと」について学校で学ぶことが前提であるが，道徳教育の場合は児童生徒が「すでにある程度知っている」ことについて，道徳の授業で扱わなければならないのである。

このような前提に立つと，教科書に記載されていることをそのまま授業で扱うならば，児童生徒はすでに知っていることを改めて授業で伝えられることになり，そこには新しい発見や気づきが生まれることもないであろう。これまでの道徳の授業が「児童生徒に望ましいと思われる分かりきったことを言わせたり書かせたりする授業」（「道徳教育の抜本的改善・充実」2015年）に陥っていた原因もこの点にある。

そうなると，児童生徒が道徳の教育内容についてまだ知らないことは何かということについて，私たち教育実践者は知る必要がある。それはより具体的にいえば，次のように示されるだろう。

- 道徳的価値には多様な解釈が成立すること
- そうすることがよいと考えているにもかかわらず，そうすることができないのはなぜかということ
- 道徳的価値がなぜよいとされているのかということ
- そもそも道徳的価値は何を意味しているのかということ

今後はこういった道徳的価値に関する本質的な問いを，児童生徒と教師がともに深く考えていく道徳の授業が求められる。このような授業を通じて児童生徒が自分自身の道徳的価値についての捉え方やより普遍性のある道徳的価値の解釈を知り，それが児童生徒の道徳的価値観となる。そして，自分と他者のよりよい生き方について思考を巡らせ，よりよい生き方を実現していくことができるのである。

注
(1) 読み物資料と読み物教材の違いについては，荒木寿友（2015）「道徳科の教材――資料が教材に変わってどうなるか？」『道徳教育』12月号，明治図書，16～17頁を参照。
(2) 定番，著名資料については『道徳教育』7月号（2015）において「超有名資料＝板書モデルと新展開」という特集が組まれている。
(3) 通常，教科用図書（教科書）は民間の教科書会社から提出された教科書が文部科学省の検定を経て，各都道府県や市町村が使用する教科書を採択するという手続きを踏み，副読本は各学校に採択権がある。それに対して『心のノート』は，文部科学省が作成した教材であり，都道府県や学校に採択権がなく全国に無償配布された点で教科書や副読本とは位置づけが異なるといえよう。
(4) 小沢牧子・長谷川 孝（2003）『「心のノート」を読み解く』かもがわ出版。三宅晶子（2003）『「心のノート」を考える』岩波書店。そのほかにも，岩川直樹・船橋一男（2004）『「心のノート」の方へは行かない』子どもの未来社，柿沼昌芳・永野恒雄編著（2003）『「心のノート」研究』批評社があげられる。
(5) ポスターは山﨑博司氏と小畑茜氏によって制作され，2013年度「新聞広告クリエーティブコンテスト」最優秀賞を受賞した。授業案については，荒木寿友（2018）「思考の前提や枠組みに気づいていく道徳へ――『メタの力』を育む道徳授業」『道徳教育』1月号，明治図書，68～70頁を参照。

引用・参考文献

井上治郎（1991）『道徳授業から道徳学習へ』明治図書。
江島賢一（2016）『日本道徳教育の歴史――近代から現代まで』ミネルヴァ書房，337頁。
勝部真長（1958）『特設「道徳」の考え方――特設時間の問題点』大阪教育図書。
勝部真長（1967）『道徳指導の基礎理論』日本教図。
金森俊朗（2009）『金森俊朗の子ども・授業・教師・教育論』子どもの未来社。
木下一雄監（1968）『小学校学習指導要領改定の要点――研究の要点』三晃書房，28～39頁。
柴田 克（2014）『J-POPで創る中学道徳授業』明治図書。
柴田義松編著（1992）『教育の方法』学文社，32～34頁。
中央教育審議会（2014）「道徳に係る教育課程の改善等について（答申）」10頁。
永田繁雄（2016）「『昭和道徳』の歩みの上に『平成道徳』を創る」『道徳と教育』334，1頁。
永田繁雄編著（2017）『「道徳科」評価の考え方・進め方』教育開発研究所。
藤岡信勝（1991）『教材づくりの発想』日本標準。
文部科学省（2008）「道徳教育実施状況調査結果」2008年10月～11月。

文部科学省（2017）『小学校学習指導要領 解説 特別の教科 道徳編』4, 25〜26頁。
文部省（1958a）『小学校学習指導要領』。
文部省（1958b）『小学校道徳指導書』。
Hartshorne, H. & May, M. A. (1928-30) *Studies in the nature of character.* (Columbia University, Teachers College) Vol. 1 : *Studies in deceit,* Vol. 2 : *Studies in service and self-control.* Vol. 3 : *Studies in the Organization of Character,* Macmillan.

学習の課題

(1) 『学習指導要領』において示されている内容項目を1つ選び，それに対応して作成されている『私たちの道徳』の内容を比べたうえで，どういう教育内容について児童生徒と考えていくかポイントをまとめてみよう。

(2) 『学習指導要領 解説』の内容項目の記述を参考にしながら，道徳の授業で用いることができる独自教材を開発してみよう。

【さらに学びたい人のための図書】

近藤 卓（2009）『死んだ金魚をトイレに流すな――「いのちの体験」の共有』集英社新書。
　⇨欧米の道徳教育にはそれほどなく，日本では必ず含まれている教育内容に生命尊重がある。本書のタイトルは強烈だが，いのちについていかに考えていくのか自尊感情の観点から語られている。

M. W. バーコビッツ著，中山理監訳（2014）『学校が変わるスーパーテクニック――アメリカ人格教育からのアプローチ』麗澤大学出版会。
　⇨人格教育の視点から学校教育全体を見渡し，さまざまな観点から学校そのものを変えていくためのアドバイスがつづられているエッセイ的な書籍。

C. ボーム著，齊藤隆史訳（2014）『モラルの起源』白陽社。
　⇨人間の良心や道徳はどのように生まれてきたのかについて文化人類学等の知見から洞察を行っている。

（荒木寿友）

| 第7章 | 学習指導案の作成——小学校 |

この章で学ぶこと

学習指導案とは，年間指導計画や全体計画に基づいて作成される，1つの単元あるいは1つの授業の計画を示したものである。何事も計画なくしては，具体的な実行は難しく，また計画に立ち返ってこそ，実行の振り返りや改善も可能となる。学習指導案は学校教育の根幹を支える仕組みのひとつであり，学習指導案を書くことを通して教師の力量形成も図られてきた。本章では「考え，議論する道徳」授業の実現に向けて，学習指導案の基本的内容と役割について説明し，実際の学習指導案を紹介する。

1 学習指導案とは何か

(1) 学習指導案の役割

2017（平成29）年告示の『小学校学習指導要領 解説 特別の教科 道徳』は，道徳科における学習指導案を次のように説明している。

> 道徳科の学習指導案は，教師が年間指導計画に位置付けられた主題を指導するに当たって，児童や学級の実態に即して，教師自身の創意工夫を生かして作成する指導計画である。具体的には，ねらいを達成するために，道徳科の特質を生かして，何を，どのような順序，方法で指導し，評価し，さらに主題に関連する本時以外の指導にどのように生かすのかなど，学習指導の構想を一定の形式に表現したものである。

学習指導案は学校における教育活動の最小単位を担うものであるが，1時間という最小時間の計画であっても，ねらいとの対応関係が示されなければならない。さらに，学習指導案は年間指導計画や全体計画の一部分を構成するもの

として，日常的な洞察に基づく児童生徒に対する教師の思いや願い，道徳教育に関する専門知識や理解に基づく指導方法の工夫，ねらいに迫るための創意工夫に基づく具体的な計画といった諸要素から構成される必要がある。

（2）学習指導案の内容

学習指導案の内容は基準といったものが定められているわけではない。一般的には，「主題名」，「ねらいと教材」，「主題設定の理由」，「学習指導過程」，「その他」から構成される。

「主題名」では，年間指導計画に基づいて，学習するテーマや扱う内容項目について記す。

「ねらいと教材」では，指導のねらいと取り上げる教材を記す。自作資料の場合は，そのことも併記しておく。学習指導案は「主題名」から始まり，「ねらいと教材」へと続くことが多いが，実際に書く際には「ねらいと教材」を定めてから，「主題名」を書くほうが効率的であるともいわれている。たしかに，主題を考えてから教材を探すことよりも，魅力ある教材をみつけ，教材活用の可能性を吟味した後に，よりよく主題が見通せることはあるだろう。

「主題設定の理由」では，一般的には「ねらいとする内容」「児童生徒の実態」「教材」について記す。「ねらいとする内容」では，扱う内容項目について学習指導要領の解説をもとに，授業者の理解を簡潔に記す。「児童生徒の実態」では，教育活動全体を通じて行ってきた道徳教育とクラス状況を関連づけ，道徳科のなかで目指す方向に即して，児童生徒に期待される成長や指導上の課題について記す。「教材」では，教材や資料の特徴を概説するとともに，「ねらいとする内容」や「児童生徒の実態」との関わりについて記す。

「学習指導過程」では，基本的には学習の展開を「導入」「展開」「終末」に区分し，流れと時間配分を併記する。「展開」については，「展開前段」と「展開後段」の2つに分けることが増えている。「展開前段」部では教材の理解に重点がおかれ，「展開後段」では教材の内容と自己との関わりに重点がおかれることが多い。

「その他」では，評価の観点，教材分析，板書計画，個別指導に関する事柄が書き込まれる。評価の観点は児童生徒の「学習状況」や「成長の様子」を主眼とし，可能であれば評価方法・評価ツールについても記すとよいだろう。

また，学習指導案には「細案」と「略案」と呼ばれる形式がある。一般的に，「細案」では各事項が細かく説明され，とくに「主題設定の理由」の記述内容の充実に重点がおかれる。「略案」では，それが簡略化されることもある。

以上は道徳科の学習指導案に関する基本形式について記したものであるが，授業内容が一読して理解できるものであれば，扱う教材および指導上の工夫に即して，柔軟に枠組や記載内容が変更されても差し支えない。

（3）学習指導案の構造

授業には通常「導入」,「展開」(前段・後段),「終末」の三段階の縦軸がある。それぞれの段階には「学習内容・活動」「発問及び予想される学習者の反応」「指導上の留意点」といった横軸があり，この縦軸と横軸とによって学習指導の全体構造が織り成されている。

「導入」部では，授業の主題および教材に対する興味や関心を引き出す工夫について記す。

「展開」(前段・後段) 部では，児童生徒の学習活動や体験活動の内容に即して，授業者の発問や手立ての工夫について記す。発問については教材理解を促す発問，焦点を当てる場面に関する発問，児童生徒の発言の根拠を深める発問，板書等を活用してお互いの理解を図るための発問などがある。加えて，読み物教材を使用する場合には，教材の登場人物と自己との関わりについて考えさせるための発問も記入しておく必要がある。あらかじめ想定した議論の流れや発問の順番や優先順位（中心発問・補助発問等）についても記しておくと，授業検討の際の焦点が明確となる。

「終末」部では，学習活動や体験活動について児童生徒が振り返るための作業内容や計画について記す。

これらは基本的には一授業時間を想定しており，それぞれの必要時間については「導入」部が全体の10％程度，「展開」部は80％程度，「終末」部は10％程度が適当であろう。板書を用いる場合には板書のための時間を，話し合い活動を導入する場合には，座席の移動やワークシートの記入のための時間も考慮に入れておかなければならない。

（4）学習指導案を活用した改善サイクル

　学習指導案は一度作成して終わりというものではなく，クラスごとや年ごとに加筆修正されながら活用される。その目的は授業実践の改善に向けられている。過去から現在に至るまでの学習指導案の綴りは，教師の学びの履歴を記した財産であり，自らの実践を振り返るための学習ポートフォリオそのものである。また，学習指導案の綴りを同僚などと共同活用することによって，教師間での相互評価活動も可能となる（ピアレビュー）。

　授業実践を振り返るにあたって気をつけなければならないのは，「指導と評価の一体化」の観点である。学習指導案の計画通りに授業が進んだからといって，その授業が児童生徒に学びと成長をもたらす，実り多きものであったということはできない。むしろ，計画通りにいかなかったことや計画とのズレに着目することによってこそ，次の授業改善に向けたヒントは得られるはずである。とりわけ，「考え，議論する道徳」授業の実践にあたっては，授業が想定通りに進むことばかりではないだろう。完全に型にはまった「線路型」の授業ではなく，また自由奔放な「無柵放養型」の授業でもなく，主題から大きくそれることのない「ガードレール型」の授業を展望しながら，授業者の洗練された「教育的タクト」に根ざした，すなわち高度な感性と理性とに支えられた授業の実現を目指したい。

２　指導案の作成（低学年）

　第1節を踏まえて，まずは低学年の学習指導案を次頁に示す。

道徳科指導案（低学年）

〇〇市立〇〇小学校
指導者　〇〇　〇〇

1．日　時　平成〇年〇月〇日（〇）　第〇校時
2．場　所　第1学年〇組　〇名（男子〇名・女子〇名）
3．主題名　親切ってあったかい　「B-(6)　親切・思いやり」
　　作品名　「はしの　うえの　おおかみ」（出典：「わたしたちの道徳」）
4．主題設定の理由
　　変化が激しく厳しい世の中になると予想される未来において，自ら道を切り拓き生き抜いていくためには，仲間と協働する力が大切であるといわれている。その協働に向けて基礎となるのが，よりよい人間関係を築く力であり，今回の主題である「親切・思いやり」の心であると考える。
　　人間関係を築くためには，お互いが相手に対して思いやりの心をもって接することが不可欠であるが，一番大切なのは，相手に親切にしたことによって，自分の心が温かくなったことに気づくことだと思う。相手の喜びを自分の喜びとして受け入れられるようになることを，小学校低学年の段階で大切に育んでいきたい。また，その心をもっていることによって，中学年や高学年での「進んで親切にする」ことや「相手の立場に立って親切にすること」へとつながり，中学校での「人間愛の精神」へと成長すると考える。

〈小学校から中学校への学びのつながり〉

1・2年	B　親切・思いやり	(6)	身近にいる人に温かい心で接し，親切にすること
3・4年	B　親切・思いやり	(6)	相手のことを思いやり，進んで親切にすること
5・6年	B　思いやり・感謝	(7)	誰に対しても思いやりの心をもち，相手の立場に立って親切にすること
		(8)	日々の生活が家族や過去からの多くの人々の支え合いや助け合いで成り立っていることに感謝し，それに応えること
中学校	B　思いやり・感謝	(6)	思いやりの心をもって人と接するとともに，家族などの支えや多くの人々の善意により日々の生活や現在の自分があることに感謝し，進んでそれに応え，人間愛の精神を深めること

5．児童の実態

　小学校に入学し半年が経過した子どもたちは，同級生だけでなく6年生とのペア活動や縦割り活動などを通して多くの人との関わりを経験してきた。とくにペアの6年生との活動は，慣れない小学校生活での不安を取り除き，安心して生活できる基盤となった。そのようななか，次第にクラスの仲間に目を向けて困っている友達がいれば手を差しのべたり，優しく声をかけたりできる子も増えた。しかし発達的特質から，わかっていても自己中心の考えから抜け出せない子どもが多く，トラブルが絶えないのが現状である。

　そこで，本学習を通して，相手のことを考え優しく接することは自分の喜びにもつながることに気づかせ，実際の生活の中でも温かな気持ちで友達に接してみようと思う心情を育むため，「親切ってあったかい」という主題を設定した。

6．資料について

　本資料は，主人公のおおかみを中心に，うさぎ・きつね・たぬき，そしてくまという，1年生が親しみやすい登場人物構成になっている。また絵を中心に物語が展開されるため，動物たちの顔の表情から心情の変化を感じ取ったり，教師によるペープサートや挿絵を使った読み聞かせで感情移入したりしながら学習でき，物語を介して道徳的心情を育むには適した資料である。

　指導にあたっては，物語の山場で意地悪をしてきたおおかみがくまの優しさに触れたときの心情を補助発問としておさえる。その後，おおかみが自分の行動を振り返り，くまの優しさを真似して行動に移したことへの気持ちの変化を中心発問でつなげ，気持ちを比較させることで子どもたちの素直な意見を引き出していきたい。その際，意地悪なおおかみ役や，くまに抱き上げてもらうおおかみの役を子どもたちに役割演技で体験させることによって，体で気持ちを感じ取らせ，その体験をもとに対話をしたりワークシートで言語化したりすることで，自分の心の変化を感じ取らせていく。

　この資料は，児童の実態である「自己中心的な考えによってわかっていてもできなかった」体験があるからこそ，くまとの出会いによって自分を変えたおおかみの姿に子どもたちの気持ちが揺さぶられる効果が期待できる。

　「親切にすることは，相手だけでなく，自分の気持ちも温かくなる」道徳的価値は，人間の弱さの「わかっていてもできなかった」体験を認め合うことによって，価値をより深く，温かく理解させていくことができると考える。

7．本時のねらい

　　くまにしてもらった親切や優しさを，次の日から実践したおおかみの姿を通して，実際に身近にいる人に自分も温かい気持ちで接し，親切にしようとする道徳的心情を育む。

8．指導のながれ

（◆ 発問，○ 補助発問，◎ 中心発問，☆ 評価）

段階	学習活動	発問と予想される児童の反応	指導上の留意点
導入	6年生とのふれあい給食の写真を見ながら，その時の出来事を振り返り，優しくしてもらったときの気持ちを思い出す	◆この写真を見ると，どんなことを思い出しますか ・Aくんの顔がとっても嬉しそう ・Bさんも6年生と楽しくお話しているね ・6年生も笑っているね。また，一緒に給食を食べたいな ◆親切にすることの大切さについて考えよう	・嬉しかった気持ちを共有するために，子どもたちの表情を確認しながら，同じ体験がある子どものつぶやきを教師が拾い，子どもたちの気持ちをつなげていく ・親切について考えていくことを意識づけさせるために，黒板に言葉を提示する
展開①	「はしのうえのおおかみ」の話①を聞き，登場人物の関係と場面の状況について理解する	◆どんな場所でのお話ですか ・谷川の上の一本橋 ・橋は狭い ・1人しか渡れない ◆登場人物は誰ですか ・おおかみ（主人公） ・うさぎ，たぬき，きつね ◆橋を渡るときに，みんなどんな様子ですか ・おおかみはいばっているね「こらこら，もどれ，もどれ。」 ・うさぎは，おおかみに橋の真ん中で出会ってびっくりしている	・おおかみの行動がどのような気持ちによって変化したのかを考えさせるために，物語を①（くまと出会う前）と②（くまと出会ってから）に分けて教師が読み聞かせる ・相手の気持ちを考えることに視点をもたせるために，おおかみだけでなく，うさぎやきつね，たぬきの表情や行動にも着目させる
	役割演技を行う おおかみとそのほかの動物たちの気持ちをワークシートに書く ワークシートに書いたことをもとに，クラス全体で意見や	◆動物たちは，どんな気持ちになったでしょう ・おおかみはいばっていて楽しそう ・おおかみは，自分が偉いんだって思っているから「え	・お互いに認め合うことで自分の意見も深まっていくことに気づかせるために，友達の意見は否定せず，温か

	考えを交流する	へん，えへん」って言ってると思う ・うさぎやたぬきやきつねは，おおかみを怖がっているよ ・みんなおおかみに，追い返されていて，橋を渡るのが嫌になるんじゃないかな	く受け入れる雰囲気を大切にする
展開②	「はしのうえのおおかみ」の話②を聞く くま（教師）とおおかみ（子ども）の役割演技を行い，その場で気持ちを発表して意見を交流させる 中心発問に対する自分の考えをワークシートにまとめる 意見を交流させて考えを深めていく 話し合った後に，今日の学習で学んだことをワークシートにまとめる	○くまに抱き上げられて，おおかみはどんなことを考えたでしょう （感動） ・くまさんって優しいな ・優しくしてもらって，ドキドキしたよ ・くまさん，ありがとう （反省） ・今まで意地悪をしちゃって悪かったな ・これから優しくしよう （疑問） ・なんでくまさんは，ぼくに優しくしてくれたのかな ◎うさぎを後ろへそっと下ろしたおおかみは，どんなことを思っていたでしょう （相手のこと） ・うさぎさんはどう思うだろう ・うさぎさんは怖がらないかな （自分のこと） ・優しいことをすると，心が温かくなるな ・親切にするって気持ちがいいな ・くまさん，教えてくれてありがとう	・中心発問につなげるために，役割演技を通してくまの優しさを体験させ，おおかみの心に生まれた感動と反省の気持ちを，子どもの言葉で語らせていく ・疑問については，出ないことが予想されるが，意見が深まり，さらに考えが広げられるような話し合いになった場合は，「くまはなぜおおかみに優しくすることができたか」を補助発問して考えさせる ・自分の考えの変化を感じ取らせるために，意見を交流させる前にワークシートに今の自分の考えを書かせておく ☆評価 身近にいる人に温かい心で接することのよさに気づくことができたか
終末		◆今までに相手の気持ちを考えて親切にしてよかったことはあるかな ・バスの中でおばあちゃんに席を譲ってあげたよ。喜んでくれてすごく嬉しかったよ	・自分のこととして親切にすることを考えることができるように，終末の時間は10分以上確保する

9．板書計画

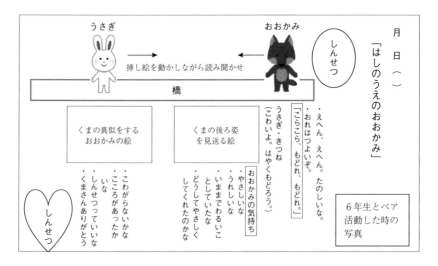

10．ワークシート

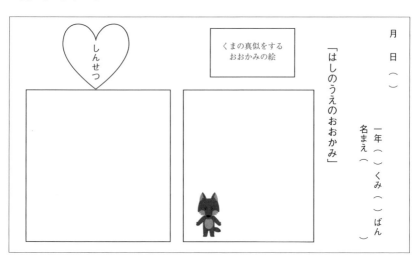

3　指導案の作成（中学年）

次に，中学年の学習指導案を以下に示す。

道徳科指導案（中学年）

〇〇市立〇〇小学校
指導者　〇〇　〇〇

1．日　時　平成〇年〇月〇日（〇）　　第〇校時

2．場　所　第3学年〇組　〇名（男子〇名・女子〇名）

3．主題名　いつだって友達　「B－(9)　友情・信頼」
　　作品名　「ないた　赤おに」（出典：『わたしたちの道徳』）

4．主題設定の理由

　　学校生活が1日の多くの部分を占めている子どもにとって，友達関係は最も重要な人間関係のひとつであり，友達関係の状態によって学校生活が充実するか否かが方向づけられることも少なくない。Bの内容項目は「主として人との関わりに関すること」であるが，これはCの「主として集団や社会との関わりに関すること」と強く結びつき，とくに今回の「友情・信頼」は，「よりよい学校生活，集団生活の充実」の基盤となるものである。

　　中学年では「互いに理解」することや「信頼し，助け合う」ことの大切さに気づくことが，「友情・信頼」の価値を深く理解するためには必要な視点である。そのために本時では，教材を通して，赤おにと青おにの両方の立場から，相手の幸せを願い行動したことで生まれた心情を考えさせる。そのなかで，友達の多様な考え方や感じ方に接することができる場を設定することで，自分の経験やその時の心情を思い出しながら，さまざまな側面から「友情・信頼」の価値について考察できる力を育みたい。

　　互いに影響し合って構築されていく友情は，生きていくうえでの安心感となる。豊かに生きるうえで友達から自分自身が「いつだって大切な存在」として位置づけられていくことの喜びを，これからの生活の中で見つけていくことができるよう，その基盤となる道徳的心情を育むことを目指す。

〈小学校から中学校への学びのつながり〉

1・2年	B 友情・信頼	(9)	友達と仲よくし，助け合うこと
3・4年	B 友情・信頼	(9)	友達と互いに理解し，信頼し，助け合うこと
5・6年	B 友情・信頼	(10)	友達と互いに信頼し，学び合って友情を深め，異性についても理解しながら，人間関係を築いていくこと
中学校	B 友情・信頼	(8)	友情の尊さを理解して心から信頼できる友達をもち，互いに励まし合い，高め合うとともに，異性についての理解を深め，悩みや葛藤も経験しながら人間関係を深めていくこと

5．児童の実態

　本校では協働的に学ぶことを通して，お互いを理解し仲間とともに高め合う心情を育むため，話し合い活動を授業の中に取り入れている。中学年になり，活動範囲が広がったり仲間を意識したりするようになった子どもたちは，お互いの様子を理解しながら学習を進めようとする気持ちがみられるようになった。話すことが苦手な友達には質問することで意見を引き出したり，頷きながら話を聞くことで相手を思いやる気持ちを伝えたりする姿がみられる。しかし授業以外の場になると，自分の利害にこだわることで友達とトラブルを引き起こすことも少なくない。また，困っている友達がいても助けてあげられなかったり，助けを求めることをためらったりする子どももみられた。

　このような実態から，2学期は行事や体験活動，学級での係活動や当番活動で意図的に多くの仲間と触れ合うことができる機会をつくり，日常生活の中でのよりよい友達との関係づくりを考えられるようにしてきた。その経験をもとに，友達の気持ちを考えることや，信頼し合い助け合っていこうとする心情を育むため，「いつだって友達」という主題で授業を構想した。

6．資料について

　本資料は，人間と仲良くなりたい赤おにが，自分を犠牲にしてまで相手の気持ちを考えて手助けしてくれた青おにの思いに気づき涙する話である。

　青おにの行動とその意味に気づいたときの赤おにの気持ちを考えることは，いまのクラスの実態にとって必要であり，育みたい心情に気づかせることができる資料であると考える。そのため，中心発問を青おにからの手紙を読んで泣いた赤おにの気持ちを考えさせる場面に設定し，その後，子どもたちが赤おにになって，青おに

に対して手紙を書く活動を取り入れることによって，自分の気持ちと向き合いながら友情について深く考えさせ，信頼し助け合っていこうとする心情を育んでいく。本学習を通して，いかに子どもが自分の経験と結びつけながら教材と向き合い，信頼という価値について考えることができるかに重点をおいて指導にあたりたい。

7．本時のねらい

　青おにからの手紙を読み，深い友情に気づいて泣いている赤おにの姿を通して，お互いに信頼し合い，助け合っていこうとする道徳的心情を育む。

8．指導のながれ

（◆ 発問，○ 補助発問，◎ 中心発問，☆ 評価）

段階	学習活動	発問と予想される児童の反応	指導上の留意点
導入	自分にとって「友達」とはどんな存在かを考える	◆友達アンケートの結果を紹介します 「友達ってどんな存在？」 ① 大切 ② 優しい ③ おもしろい ④ 頼りになる ⑤ いつも一緒 ・ぼくは「一緒にいてくれる」が一番だよ	・友達の存在についてさまざまな側面から考察することができるように，アンケート結果を提示する
展開①	「ないた 赤おに」の話を聞き，登場人物の関係と場面の状況について理解する 人間の友達ができた赤おにの気持ちを考える	◆登場人物はどんなことをしましたか ・赤おには人間と友達になりたかったけれど1回目は失敗した ・そんな赤おにを見て，青おにが協力してくれた ・人間は赤おにを優しいおにだと思って，遊びに行くようになった ・そんな赤おにを見て，一緒にいると悪いと思って，手紙を書いて青おには旅に出た ◆人間の友達ができたときの赤おにはどんな気持ちだったでしょう （喜び） ・人間と友達になれて嬉しい	・相手の立場を理解することの意味を考えさせるために，赤おにの行動と共に青おにの行動も含めておさえていく ・青おにの行動について意見が出てきた場合は，手紙を書くときに役立てられるように板書しておく ・自分の幸せばかりを考えていた赤おにの行動と気持ちに気づかせていくために，この場面での赤おにの気持ちを確認していく ・心配や反省の気持ちがなかったわけではないことに

		・友達になれるって幸せだな （感謝） ・青おにのおかげだな。ありがとう ・青おにに相談してよかったな （心配・反省） ・青おにをぽかぽか殴ってしまったのは，悪かったなぁ。大丈夫かな	気づかせるために，青おにが「もっとぽかぽか殴るのさ」と言ったときの赤おにの「もういい，早く逃げたまえ」という言葉に着目させる
展開②	青おにからの手紙を読んで泣いている赤おにの気持ちを考える ①自分の考えをノートに書く ②グループで交流する ③全体で交流する	◎青おにからの手紙を読み，泣いている赤おには，どんな気持ちでしょう （感謝・友情への気づき） ・ぼくのためにこんなことまでしてくれて，本当にありがとう ・こんなことまで考えてくれていたんだね （悲しみ・反省） ・今まで人間とばかり楽しい思いをしていたぼくは，どうしたらいいんだろう ・戻ってきてほしいよ。本当の友達は青おにだよ ・ぼくは，なんで青おににこんなことを頼んでしまったのだろう	・青おにの深い友情に気づくことができるようにするために，赤おにが泣いた理由を考えさせていく ・友達の考えを聞いて新たに発見できる心情によって考えが深まっていくようにするために，まず自分の考えをノートにまとめてからグループや全体で話し合うようにする ・ノートへの記入の内容や様子を見て，一人ひとりが自分の意見をしっかりと伝えようとする意欲が高い場合は，グループではなく，全体での話し合いにすぐ入るようにして，全体交流の時間を多くする
	赤おにになって，青おにに手紙を書く	○赤おにになって，青おにに手紙を書くとしたら，どんな手紙を書きますか 青おにくんへ ぼくのために本当にありがとう。 君から手紙をもらって気づいたよ。ぼくにとって一番の友達は青おにだよ。君からしてもらったこと，ずっとずっと忘れない。 　　いつまでも君の友達　赤おに	☆評価 赤おにの姿を通して深い友情に気づき，お互いに信頼し合い，助け合っていこうとする気持ちが手紙に表れている

終末	写真を見ながら学校生活の中での友達との関係について考え自分にとっての「友情」について考える	・やっぱり友達っていいな ・転校しちゃった友達も離れているけれど、今でも大切に思っているよ ・相手のことも自分のことも、こうやって考えることって大切だな	・心に響かせるためにBGMを流しながら活動写真をスライドショーで見せる ・思ったことは素直に言葉に言えるような雰囲気をつくる

9．板書計画

4　指導案の作成（高学年）

　学習指導要領の改訂によって、これまで領域として位置づけられてきた「道徳の時間」が、「特別の教科　道徳」（以降、「道徳科」と言う）として再出発する。この改定への動きにはいくつかの要因があるが、そのひとつが、道徳の時間の学習の形骸化の問題であった。これは、「道徳の時間において、読み物の登場人物の心情理解のみに偏った形式的な指導が行われる例があること」や、「発達の段階などを十分に踏まえず、児童生徒にわかりきったことをいわせたり書かせたりする授業になっている」という状況を指している。

さらにいえば，この道徳の時間の学習の形骸化は，とくに小学校高学年からが顕著であるといえる。道徳の副読本の資料を活用し，提示された場面の登場人物の気持ちを問うことで共感的に道徳的価値の理解を深めさせようとする授業づくりは，とくに低学年における道徳の時間の学習を構想する方法として効果的である。しかし，これがすべての学年で同じように通用するはずがない。小学校1年生から6年生，そして中学校まで，発達段階や学級の児童の受けとめを考慮せず，ただ気持ちを問い続けるだけの授業を一律に実践されてきたことが，道徳の時間の学習の形骸化に拍車をかけた感は否めない。
　そこで本項では，小学校高学年の指導案作成の概要を説明することを通して，「考え，議論する道徳」をどのように実現するかについて論じたい。

(1) ねらいの設定

　道徳科の学習におけるねらいは，「道徳的諸価値についての理解」「自己を見つめる」「物事を多面的・多角的に考える」「自己の生き方についての考えを深める」という諸様相をベースとして，「道徳性の育成のために，どのような学習を通して，どのような児童の姿を求めたいのか」を明らかにしたものである。
　高学年におけるねらいの設定も，低・中学年のそれと大きくは変わらない。
　まず，内容項目について，学習指導要領解説を熟読し理解を深める。ここで気をつけたいのは，同じ内容項目の低・中学年の解説もしっかりと読むことである。高学年の場合は，同じ内容項目でも，低・中学年での学習を踏まえて，さらに発展的な内容となっている。これまでの学習の内容を系統立てて見る力が，高学年のねらいの作成では不可欠なのである。
　そのうえで，内容項目と教材から学ばせたいと願う内容とが合致しているかを確認する。ねらいを考えるうえでは，道徳科の学習に用いる教材で，ねらいがどのように達成されるのかをイメージできることが大切である。
　最後に，道徳的諸価値についての自らの生き方を振り返ることによって，本時の学習で道徳的判断力，心情，実践意欲と態度の何を育てるのかを明確にする。以上のステップを踏まえれば，高学年におけるねらいが設定できる。

もうひとつ，高学年でねらいを設定する際に気をつけたいのは，教材自体に複数の内容項目や道徳的諸価値が関連して構成されている人物教材や現代的な諸課題を扱う教材の場合である。こういった教材では，複数の内容項目を関連づけて扱う指導によって，児童の多様な考え方を引き出す授業を構想することができるのだが，内容項目や道徳的諸価値の関連を注意深く分析しないと，「何について考え，議論しているのか」があやふやになってしまう。とくにねらいを設定する際には，複数の道徳的諸価値を関連づけて，中心となる価値とそれを支える諸価値とを，明確にすることが求められる。そして，ねらいには，中心となる価値の理解を，他の諸価値の側面からどのようにして深めていくかについて記述したい。複数の価値についての発言が予想されるからといって，諸価値の関連を考えずに，ねらいとする価値を羅列することは避けるべきである。

（2）主題設定とねらいの書き方

　道徳科の学習における主題とは，「本時の学習内容を，内容項目，教材，ねらいの関連から概観し，端的に表したもの」である。間違えてはならないのが，「個性の伸長」や「規則の尊重」のように，内容項目ごとに付記された言葉がそのまま道徳科の学習における主題とはならないということである。
　高学年では，1つの内容項目に複数の道徳的諸価値が含まれていることが多い。本時の学習において，内容項目に含まれるどんな道徳的諸価値について追求する教材なのかということがわかるような文言を，主題として設定したい。
　たとえば，『手品師』という教材で，中心とする内容項目をA-2「正直，誠実」とするなら，主題名は「自分に誠実に生きる」といった表現の主題を設定するのである。
　次に，ねらいの書き方である。従来の道徳科におけるねらいの表現について，「『〜を通して』という表現は，一定の場面での価値把握に留まるので望ましくない。ねらいには，価値に関する内容を簡潔に記すべきである」といわれることがあった。しかし，教科としての道徳科においては，「児童の学習状況の把握を基に評価を行う」ことが明示されている。学習指導過程における指導と評

価を一体的に捉えるためには，学習指導過程で期待する児童の学習活動を具体的な姿で表しておくことが必要となる。よって，ねらいにおいても，本時の学習について具体的に表しながら，育てたい道徳性（道徳的判断力，心情，実践意欲と態度のいずれか）を明確に表現したほうがよい。

（3）発問の構想法

道徳科の学習指導過程は，どのような指導法であったとしても，一般的には教師の発問によって進められる。導入から展開，終末へと授業が進むなかで，その要所で発問が設定されるが，その役割によって次のように類別できる。

> (A) 基本発問
> 　　本時の学習の話し合いを進めるうえで必要な問いとして設定する発問
> (B) 中心発問
> 　　基本発問のなかで，本時のねらいに迫るための中心的な発問
> (C) 学習テーマ（テーマ発問）
> 　　学習の最初の段階で，本時の大きな方向性を示す発問
> (D) 補助発問
> 　　中心発問などでより深く考えるために加えたり切り返したりする発問

これらの発問の類別を踏まえ，次の5つのステップで，1時間の道徳科の学習の発問を構想することができる。

　①内容項目の解説を熟読する
　②本時のねらいと学習テーマを設定する
　③ねらいに沿った中心発問をつくる
　④学習テーマに沿った展開後段の発問をつくる
　⑤ねらいに基づいた導入，基本発問をつくる

中心発問から授業を構想するのは道徳科の学習の常道だが，ねらいから外れていないかどうかを意識することに留意したい。とくに高学年では，道徳的諸価値の関連が複雑，多岐にわたる場合もある。ねらいとの関連を常に意識することで，発問の構成にぶれが生じないようにしたい。

第7章　学習指導案の作成——小学校

（4）指導案例
次に，高学年の学習指導案を以下に示す。

道徳科指導案（高学年）

○○市立○○小学校
指導者　○○　○○

1．日　　時　平成○年○月○日（○）　第○校時
2．場　　所　第5学年○組　○名（男子○名・女子○名）
3．主題名　世界の人々のために
　　内容項目「C-18 国際理解，国際親善」
　　教材名「ブータンに日本の農業を」（出典：「はばたこう明日へ6年」教育出版）
4．主題設定の理由
　　国際理解を深め，国際親善に努めようとする態度を育てるためには，さまざまな文化やそれに関わる事柄を互いに関連づけて考えることが重要である。その際，他国の人々が，わが国と同じようにそれぞれの国の伝統と文化に愛着や誇りをもって生きていることについて理解し，尊重しようとする態度をもつことを大切にしたい。そのうえで日本人としての自覚や誇り，わが国の伝統と文化を理解し，他国の人々とつながり，交流活動を進めることで，互いの国の生活をより豊かなものにしていこうとする国際親善の態度を養う必要がある。
5．児童の実態
　　この段階においては，とくに社会的認識能力が発達し，日常生活において新聞などのマスメディアに接することや社会科，外国語活動等で学習することによって，他国の国旗や国歌，独自の伝統的な生活様式など，他国への関心や理解がいっそう高まる。また，さまざまな学習において，他国の芸術や文化，他国の人々と接する機会もでてくる。これらのことをもとに，他国の人々がそれぞれの国の伝統や文化に対して誇りをもっていることを理解するとともに，それらを尊重しようとする態度を育成することが大切である。
6．資料について
　　ブータンの農業の発展に大きく貢献し，「ブータン農業の父」といわれた西岡京治さんの功績を取り上げる。西岡京治さんは，1933年に生まれ，海外技術協力事業団に所属して活動した日本人農業指導者である。その功績により，ブータン国王か

ら「最高に優れた人」を意味する「ダショー」の称号を贈られ，"ダショー・ニシオカ"とも呼ばれるほど，ブータンの国民から今なお尊敬を集め続けている日本人である。

本教材は，ブータンに日本の農業を根付かせようと一身をささげた西岡京治さんの生涯をまとめた話である。彼の生き方で大切にしたいのは，先進的な日本の農業を一方的に伝えようとしたのではなく，まずブータンの農業の内実を理解しようと努めたことである。そのうえで，日本のやり方を率先垂範し，徐々にブータンの農業を発展させていった。相手の国のことを学び，互いの良さを伸ばしていこうとする彼の姿勢こそ，この教材の核心である。

7．本時のねらい

西岡京治さんの生き方を支えた思いについて話し合うことで，他国の人々や文化を理解し，日本人としての自覚をもって国際親善に努めようとする心情を育てる。

8．指導のながれ

（◇ 発問，◎ 中心発問，☆ 評価）

段階時間	発問と予想される児童の反応	指導上の留意点と評価の観点
導入（5分）	◇「国際親善」という言葉から思い浮かべることは，どんなことですか ・外国と協力すること ・外国に行って交流すること	・国際親善についての大切さと困難さについて意見を出し合うことで，価値への導入を図る
展開（35分）	◇野菜や果物の生産も増え，農家が豊かになってきたとき，西岡さんはどのような気持ちだったでしょう ・これで，ブータンの人々の生活が少しでも楽になる ・ブータンの人々にも，日本の農業のよさをわかってもらえるだろう ◎西岡さんがブータンの農業に力を注いだ理由をみんなで話し合ってみましょう ・これまでの自分の経験を生かすことが，ブータンでならできると思ったから ・ブータンの人々のために，少しでも楽に，収穫も増える農業の方法を教えたかったから ◇ブータンの人たちは，西岡さんのことをどのように思っているでしょう ・西岡さんのおかげで，くらしが楽になったことに感謝したい ・日本の農業のよさをブータンに伝えてくれたおかげで，幸せになることができた	・ブータンの農業の発展に尽力する西岡さんの思いについて考えることで，彼の国際親善に対する思いについて共感的に理解を深めさせたい ・西岡さんを支えていたものがブータンの農業の発展と人々の幸せのために，自分にできることを精一杯やろうとする意志だったことに迫らせたい ・西岡さんに対して，ブータンの国民がどのように考えていたかについて思いを巡らせることで，国際親善の大切さについて多様に考え，内容項目の理解を深める

	・日本の農業技術をしっかりと根づかせてくれたことに感謝したい	
	◇外国の人たちのために活動している日本人のことをどのように思いますか。自分の考えをまとめて発表してみましょう	☆ワークシートに自分の考えをまとめさせる。学んだこととあわせて，国際親善や国際協力についての自分の思いを具体的に考えることができている
	・自分のもっている力を，外国の国々の発展やそこに住む人たちのために尽していることがすばらしい	
	・決して感謝されることが目的ではなく，その国のことを考えて活動していることに価値がある	
終末	◇青年海外協力隊の活動を紹介し，本時のまとめとする	・国際協力の精神の尊さを実感できるようにする

引用・参考文献

吉田 誠・木原一彰編著（2018）『道徳科はじめての授業づくり――ねらいの8類型による分析と研究』大学教育出版。

学習の課題

本章の指導案作成，とくに資料の分析とねらい，学習指導課程を参考にし，自らで教材を選択して指導案を作成してみよう。

【さらに学びたい人のための図書】

荒木寿友（2017）『ゼロから学べる道徳科授業づくり』明治図書。
　　⇨授業づくりを基礎から学ぶには最適の一冊。
赤堀博行監（2016）『これからの道徳教育と「道徳科」の展望』東洋館出版社。
　　⇨小学校でよく使われる定番資料のポイントや活用法がつかめる。
「道徳教育」編集部編（2018）『新教科書の授業プラン』明治図書。
　　⇨新しい教科書のポイントとその授業プランを具体的に紹介した一冊。

（第1節 藤井基貴，第2・3節 松原祐記子，第4節 木原一彰）

第8章 学習指導案の作成——中学校

この章で学ぶこと

　学習指導案とは，年間指導計画や全体計画に基づいて作成される，1つの単元あるいは1つの授業の計画を示したものである。
　教育が意図的な営みである以上，確かなねらいをもって授業は計画される必要があり，また計画されるからこそ，授業実施後の振り返りも可能になってくる。学習指導案を作成することは，授業そのものをどのように実現していくかという教師の想像力を必要とし，だからこそ，教師の力量形成に大きく寄与するといえよう。
　本章では中学校における「考え，議論する道徳」の授業の実現に向けて，3つのタイプの学習指導案を紹介する。

1　TOKを取り入れた道徳科授業の学習指導案例

(1) TOK「知の理論」とは

　TOK（Theory of Knowledge）と聞き，すぐにイメージできる人はまだまだ少ないだろう。TOKとは，批判的思考（クリティカルシンキング）を重視した知識の形態，分野相互の理解，日常の経験と知識の結びつけなど，知識をクリティカルに捉えるものであり，国際バカロレア・ディプロマプログラム（IBDP）のコア科目として位置づけられている。TOKの目的は次のようにまとめられている。「TOKは，従来の垣根を越え，学際的な観点から知識というものを捉えること，言語・文化・伝統の多様性を認識し国際理解を深めること，論理的思考力と客観的な精神を育成することなどをめざしています」(Bastian et al., 2016, p. 2)。
　TOKでは，「知識」とは一体何なのか，「知っている」とはどういうことなのか，自分が「何かを知っている」というのはどうやってわかるのか，という

かたちで「なぜ？」と自分自身に問いかける授業形態になる場合が多い。実社会にある知識を分析し，概念化した問いをつくることを目的としている科目なのである。

（2）道徳と知の理論の関係性

では，道徳教育とTOKにはどのようなつながりが見出されるであろうか。「知の理論」をひもとくUNPACKING TOKには，次のように述べられている（犬飼他，2017）。

　　　TOKは長い年月をかけて確立された思考のための方法論があります。知識の枠組みも決められています。けれどもTOKは，その方法論を学ぶことが目的ではなく，実社会で当たり前のように存在している知識を正しく疑い，その知識を形作っている枠組みを適切に分析し，『問い』を立てて探究することを求めます。答えのない『問い』を自分で作り出し，向き合うことが目的なのです。

このように，TOKの大きな特徴は「知を問い直す」という点にあるといえよう。

これからの道徳科においては，『学習指導要領 解説』にも書いてあるように，答えが1つではない問いに向かい合うことが求められている。道徳的知識そのものを正しく疑っていく姿勢こそ，道徳科に必要な要素の1つとなるであろう。

知識を批判的に捉えていくために，TOKでは「私は知っている」という「個人的な知識」と，「私たちは知っている」という「共有された知識」の2つに分類し，この2つの境界線がどこに，いかにして存在するのかを探究していく手法がとられている。もちろん，「個人的な知識」と「共有された知識」の不一致を前提としたうえで，私たちが「共有された知識」と捉えていたものが実は単なる「個人的な知識」であることを発見したり，あるいは「個人的な知識」に一般化の可能性があったりするかもしれない。このような相違を認識していくことが道徳科における「多面的・多角的に物事を捉えていくこと」につながってくるのである。

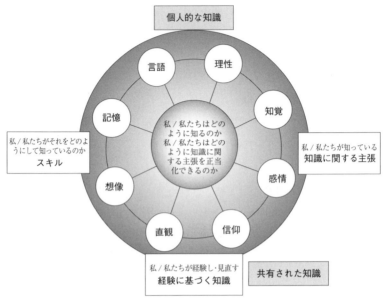

図8-1　知るための方法

出典：犬飼（2017）12頁をもとに筆者作成。

（3）道徳がコア科目に

　たとえば，この TOK の手法を用いて，道徳授業のなかで「思いやり」について考えるならば，「個人的な知識」と「共有された知識」には齟齬が生じる場合があるだろう。なぜ，その認識の違いは生じるのだろうか。TOK における「知るための方法」8つから考えると明確に見えてくる（図8-1参照）。

　自分の「感情」から「思いやり」をみる生徒もいれば，自分の「記憶」から「思いやり」を引き出してくる生徒もいる。当然そこには違いが生じてくる。そこから，自分の考えと周囲の考えの相違が明確になってくる。そこまでの過程を踏むと，必然的に「これまで認識が違うのか」「思いやりとは，私の認識とは違う何かがあるのか」など，さまざまな角度からの新たな疑問がわいてくる。

　TOK の最も重要な目的は「問いを立てる」ことである。出てきた新たな問

いに対して，また「考え，議論すること」を繰り返していくなかで，自分だけでは知りえない知識や価値観にたどり着く。この思考のプロセスは，道徳だけでなく，どの教科においても重要な意味をもつものとなる。

（4）実践例（対象学年：中学2年生）

1．主題名（授業テーマ）：
「笑いはこの世の中に必要か。～あなたは何を笑いますか～」

2．授業のねらい：
　人によっての捉え方の違う「笑い」についての認識を深める活動を通して，相手の意見を取り入れつつ自分の考えを深めようとする道徳的な判断力や思考力を育てる（道徳科の目標では，一般的に道徳的判断力や心情，実践意欲と態度を育てると表記するが，本授業は道徳的判断力に限定されないより広い意味での思考力の育成も図っている）。

3．解　説：
　生活の中に溢れている「笑い」は，ともすれば差別やいじめと隣り合わせで成り立っている場合がある。こうした差別やいじめの「笑い」と感動・癒しの「笑い」を区別せず，単に楽しがっていると，教室に差別やいじめが内在化してしまう。その「笑い」を見つめ直し，そもそも「笑い」が必要なのか。もし，必要であるならば，なぜ必要なのかを考えさせる。その点について深まったうえで，「笑えること」と「笑えないこと」の境界線を互いに議論する。そして，自分が，自分たちが考える「笑い」が一般的に理解されている「笑い」なのかを考える。「個人的な知識」——自分の主張がどこまでの人に共有されるものなのか，「共有された知識」——そのうえで自分の主張を疑うことでより深く考え，本当の温かい人間愛の精神に基づいた望ましい人間関係がつくれるように努力させる。

4．指導のながれ

段階 時間	学習活動	発問と予想される反応	指導上の留意点
導入 （前日）	・動画を見て，ワークシート1・2・3の個人の主張をつくる 〈ファーストアンサー作成〉	〈中心発問〉 1 普段何を笑っていますか。という本時の中心発問 2 "笑えることと笑えないことの境界線"を考えてみよう。と発問	・生徒の考えを尊重するため，深くアプローチしない
導入 （5分）	・動画を見ながら付箋に意見を書き，個人の意見を発表する〈個人活動〉	➡ 個人の意見がまとまらない ➡ 周囲の意見を気にする ➡ 他の生徒の意見から個人の意見を深める	・TOKは2項対立を考えるのではなく，その問の部分を深く考えさせる
展開 （15分）	・グループディスカッション1回目 〈小集団活動〉 ① 自分が笑っている内容について ② 笑えることと笑えないこととの境界線について ・2つの内容を含み，時間内にまとめ，発表する ・グループでの意見発表 3つのグループから発表 〈全体意見共有〉 ・発表を聞いたうえで新たな「問い」を考える	・個人の意見を聞いたうえで〈問返発問〉を入れることで，グループディスカッションを深いものへ ① について ・笑うことは，個人によって違いがあるのか。〈追発問〉 ② について ・笑えることと笑えないことの違いはどこにあるのか。〈追発問〉 ・グループ活動をしながら，発言を引き出し，内容を深めていく。時間が足りず，意見が深まらないことを想定しておく ・"現時点"での結論を出させる ➡ 新たな考え・価値に触れることで，また新たな疑問やモヤモヤ感がうまれる ➡ 受け入れ側と受けとめ側の問題に気づき始め，自分なりの"問い"を考える	・多面的な発言が出やすくなるよう，グループの中の意見を聞きながら，〈問返発問〉を繰り返す ・発言の少ない生徒への問いかけをする ・人の意見を聞き，自分の主張との違いから考えることの大切さを問いかける
（15分）	・グループディスカッション2回目 〈小集団活動〉 ③ 笑えないことは，受け入れ側の心の狭さか。笑っている側の問題なのか ④ 個人の知識なのか。共有されたものなのか ・2つの内容を含み，時間内にまとめ，発表する ・グループでの意見発表	・自分たちの主張がどの視点のものなのか ・自分が受け入れ側だったらどうなのか 笑っている側だったらどうなのか ・これまで考えてきたことをさらに深く考えるよう発問する ➡ 思考の枠が狭かったことに気づき，思考することを自分の中で広げようとする ➡ 想像力を働かせながら，自分なりの主張をつくることの面白さと難しさを感じる	・個人の知識と共有された知識についての理解を深める問いかけをする

	〈全体意見共有〉	〈中心発問〉	・自分の中での
（10分）	・個人での主張をつくる〈ファイナルアンサー作成〉・ワークシートを書く・個人発表をする	・「あなたはこれから何を笑いますか」➡ これまでの「笑う」ということとは，違った価値観について深く考える。〈問返発問〉から新たな「問い」がでる・ファーストアンサーとファイナルアンサーの違いに気づかせる	「笑い」についての考えを深める
終末（5分）	・本時の振り返りとまとめ・〈問返発問〉	➡ 自分なりの主張と問いができたことに気づく・日常の「笑い」について深く考え，自分の行動に生かすよう促す〈問返発問〉「これから何を笑いますか。」	

（5）授業をするうえでの留意点

「考え，議論する道徳」を実践していくなかにおいて，重要なことは3つある。まず1つ目は，個人で深く考える時間を確保し，課題と向き合い，自分の意見をつくり上げることが重要である。2つ目は，グループで議論する際のルールを明確に提示することだ。グループの中には，話すことが苦手な生徒もいるため，全員が発言すること，発言は最後まで聞くこと，積極的傾聴を行うことなどの工夫を行う必要がある。最も重要なのは，生徒が考えた意見を否定せずに，教師側から出た意見に対して問い返し発問をして思考をどんどん深いところにファシリテートしていくことである。

2 哲学対話を取り入れた道徳科授業の学習指導案例

（1）哲学対話とは

哲学対話とは，アメリカのコロンビア大学の哲学教授であったマシュー・リップマン（1922～2010）が1970年代に開発した「子どものための哲学」（Philosophy for Children：P4C）をベースとする対話型授業のことである。現在，日本国内では，「子どもの哲学」「こども哲学」「てつがく」「p4c」といった名前でも取り組まれている。元々は対話を取り入れた思考力の教育（クリティカルシンキングの教育）として始まったが，現在では学校や地域の課題に合わせて，道

徳教育やシティズンシップ教育，異文化理解教育などにも応用されている。海外では50から60の国や地域で普及・実践されており，近年では日本国内の公立・私立の小中学校でも道徳の授業の中での取り組みが広がっている（Pritchard, 2013）。

　哲学対話で行う対話とは「考えるための対話」である。哲学対話の一番の目的は，子どもたちに自分の頭を使って粘り強くじっくり考える体験を提供することである。クラスメイトの多様な意見・価値観に触れながら考えることを通して，子どもの思考のスキルを養っていくことが，哲学対話のねらいである。したがって，哲学対話の授業で最も大切なことは「話す」ことではなく，相手の話を「聞いて，考える」ことである。それ以外にも，哲学対話で行う対話は，他の対話型・議論型の教育とは異なる次のような特徴を備えている。

［哲学対話で行う対話の特徴］

- 真剣に考えたことであれば，他の人を傷つける発言でない限り，どんなことでも自由に話してよい。
- 無理に発言しなくてもよい。他の人の話をよく聞いて考えているのであれば，聞いているだけも対話に参加したことになる。
- 沈黙があってもよい。
- 全員の意見を調整したり，結論をひとつにまとめたりする必要はない。
- 自分の意見を言うこと以上に，相手の話をよく聞かなければならない。
- 相手の意見がわからなかったり賛同できなかったりしたときには，積極的に質問や反論をしたほうがよい。しかし，それはあくまでも考えを深めることが目的であるため，相手を攻撃したりやっつけたりすることを目的として質問したり反論したりしてはならない。
- 多くの人の考えとは異なる意見や，常識的な見解と異なる意見が出てきても，無視したり，茶化したり，馬鹿にしたりしてはならない。

　一般的な哲学対話の授業では，教員が子どもたちに哲学的なテーマを示して，子どもたちがそこから対話の「問い（議題）」をつくる。対話のテーマを準備するのは教員だが，対話する問いを考えて決めるのは，あくまでも子ども自身である。子どもが自ら感じる「不思議」「疑問」「違和感」を出発点にすること

で，子どもの内発的な知的好奇心を刺激し，子どもが対話や思考に主体的に取り組めるようにする。また，自分自身で「問いをつくる」練習を繰り返し行うことで，日常のなかで当たり前に受け入れていることの根拠を「問い直す」哲学的な思考の中核に子どもたちを誘うこともねらいとされている。

　哲学的なテーマを示すときにしばしば用いられるのは，絵本や映像作品などである。とくに絵本には，哲学的・倫理学的なアイデアが散りばめられている作品が多いため，そうした作品の読み聞かせから授業を始めることも多い。映像作品で比較的よく用いられるのは，科学技術の急激な進歩などに伴うさまざまな応用倫理学的問題が扱われているSF映画である。最近では，哲学をテーマにした小学生向けのテレビ番組「Q～こどものための哲学」をNHK・Eテレが制作しており，哲学対話のやり方や思考を深めるヒントも映像で紹介されていることから，この番組を教材にして哲学対話を行う授業プランも構想することもできる（NHK for Schoolのウェブサイトを参照）。それ以外にも，絵や写真といった美術作品，音楽（歌），童話，小説（の一部），詩など，哲学的なテーマが含まれているものであればどのようなものでも教材として使用することができる。子どもたちが哲学対話に慣れてきたら，教材を使用せずに，教員が示したテーマに対して子どもたちが直接問いを立てて対話を始めることもできる。

　テーマが示され，そこから対話する問いを子どもたちが決めたら，教室の中に椅子だけでサークルをつくって哲学対話を行う。クラスの全員で大きなサークルをつくり，お互いに全員の顔が見えるようにして，教員も子どもとともにサークルの中で対話する形式が一般的である。しかし，もちろん，教室の大きさやクラスの状況に応じて，小グループで対話したり，いわゆる"fish bowl"（フィッシュボウル）形式で対話を行ったりしてもよい。また，クラスの中でワークシートを（記名ないし匿名で）回し合うことにより，紙上で対話を行う形式が採用されることもある。クラス全員が大きなサークルの中で対話するときには，「コミュニティボール」と呼ばれる毛糸球を使用して，「ボールを持っている人が話をする」というルールで哲学対話を行うことが多いが，必ずしも常に使用しなければならないわけではない（p4c-japanのウェブサイトを参照）。対

話の形式は，状況に応じて臨機応変に変えてよい。大切なのはむしろ，先に述べた哲学対話の特徴が失われないように対話を進行させることである。そのような対話の場を維持することが，哲学対話における教員の最大の役割である。

（2）哲学対話を取り入れた道徳科授業の学習指導案例
1．主題名：「初代アンパンマンを通して，正義と自己犠牲について考える」
　　内容項目：C-11公正，公平，社会正義・D-19生命の尊さ・D-22よりよく生きる喜び
2．授業のねらい：
　　自分の命を犠牲にして人を助ける初代アンパンマンの生き方をめぐってクラス全員で対話することで，正義を貫くことの価値と自分自身を大切にすることの重要性について多角的に考えを深め，そのことを通して，一度きりの人生を自己と他者のためによりよく生きる判断力を身につける。
3．教材名：
　・やなせたかし『十二の真珠』復刊ドットコム，2012年。
　・やなせたかし『あんぱんまん』フレーベル館，1976年。
　・やなせたかし作詞・三木たかし作曲「アンパンマンのマーチ」1988年。
4．板書例と授業の様子：

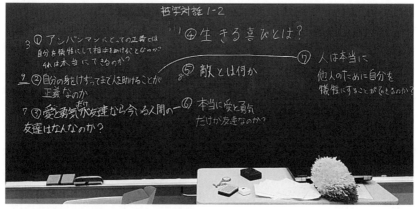

板書例

第8章　学習指導案の作成——中学校

授業の様子

5．指導のながれ
［1時］

段階時間	学習内容	発問と予想される反応	教員の指導および留意点
導入（5分）	初代アンパンマンのイラストを提示する	〈発問〉「このイラストの人物は誰だかわかりますか？」 〈予想される反応〉 「何かのマンガのヒーロー？」 「でもあんまりかっこよくない」 「顔が丸いからアンパンマン？」	・初代アンパンマンは人間であり，太った中年のおじさんであることを説明する
展開①（10分）	『十二の真珠』に収録されている短編童話「アンパンマン」を読み聞かせる		・初代アンパンマンは「みんなから嫌われ，バカにされているのに，人を助けようとしている」「最終的には自分の命を犠牲にして，見知らぬ子どもを助けている」という話のポイントをしっかりおさえられるように読み聞かせる
展開②（3分）	『あんぱんまん』の巻末に収録されている，著者やなせたかし氏自身による解説「あんぱんまんについて」を読み聞かせる		・「本当の正義はかっこいいものではなく，自分も深く傷つくものだが，そういう献身の心なくして正義は行えない」とやなせたかし氏が考えていたことを強調する
展開③（5分）	「アンパンマンマーチ」の歌を聞く		・フルコーラスを最初から最初まで通して聞かせる

133

段階時間	学習内容	発問と予想される反応	教員の指導および留意点
展開④(15分)	班ごとに分かれて話し合い，哲学対話の問いをつくる	発問「ここまでのお話を聞き，歌を聞いたうえで，みんなで対話しながら考えてみたい哲学対話の問いはありませんか？」 〈中学1〜2年生が実際につくった哲学対話の問い〉 ○正義とはそもそも何なのか ○悪者がいないとそもそも正義は正義といえるのか ○人のために自分の人生をささげるべきか	・班ごとに司会と書記を決める ・班で話し合ってもなかなか意見交換ができないクラスでは，班活動を行う前にワークシートを配布して，感想と対話して考えてみたい問いを個人ごとに記入させ，それを使って班で話し合わせる ・各班を巡回して，問いのつくり方を十分に理解していない班を見つけたら指導する
展開⑤(10分)	各班の問いをシェアする	○自分の身を削ってまで人を助けることは，本当に正義なのか ○他者のために生きることは「生きている」といえるのか ○他人のために生まれて他人のために生きるのは，本当に自分の人生なのか ○ヒーローとはどのような生き方をする人のことなのか ○生きる喜びとは何か ○本当に生きることは嬉しいことなのか ○幸せとは何か	・問いをつくることができた班には，黒板に問いを書くよう書記に指示する(「4．板書例」の写真を参照)
終末(2分)	次回の内容を予告する		・司会に自分の班の問いを読み上げるように指示し，なぜその問いに決まったのかについて簡単に説明するよう促す ・この問いの中から1つ選んで哲学対話することを伝える

[2時]

段階時間	学習内容	発問と予想される反応	教員の指導および留意点
導入(5分)	前回の内容を復習する	発問「前回の授業でどのような哲学対話の問いが出てきたか覚えていますか」	・班ごとにつくった哲学対話の問いを黒板に板書して，前回の授業内容を思い出させる
	出てきた問いを整理する	発問「黒板に書かれた問いの中で，意味を確認したい問いはありますか」	・内容が不明瞭で，意味の確認を行いたい問いがあれば，積極的に質問するように促す

展開①(5分)		発問「似ている問いや，ほとんど同じ内容の問いはありますか」	・多数決で票が分散しないようにするために，似ている問いや同じ内容の問いは結びつけて1つの問いにする。ただし，そのときには，問いを出した班のメンバーに必ず確認して，その班のメンバーの意向を尊重する
展開②(3分)	哲学対話を行う問いを決める	発問「本日の授業の中で考えを深めてみたい問いはどれですか」 ＊「対話したい問い」ではなく，「考えを深めたい問い」はどれですかと投げかけるようにする	・授業時間の関係上，基本的には多数決で本日対話する問いを決める。ただし，どの問いで対話したいかもクラス全員の対話を通して決めることができたら，もちろんそちらのほうが望ましい
展開③(2分)	大きなサークルをつくって座る		・椅子だけでサークルをつくって座らせる。机を片側に寄せるのではなく，前後左右に均等に寄せることで，教室が正方形に近くなり，真円に近い形のサークルをつくることができる（「4．授業の様子」の写真を参照）
展開④(30分)	教員がファシリテーターとなって，選ばれた問いについて哲学対話を行う		・教員は無理に発言を促すのではなく，参加者全員が問いをめぐって落ち着いてゆっくり考えられる環境をつくることに心を配って対話を進行する ・（1）で述べた「哲学対話で行う対話の特徴」を心に留めて，子どもたちがそのような対話を行うことができるように心がける ・教員自身も1人の対話の参加者として考えることを楽しみ，そのことが子どもたちに伝わるようにする
終末(5分)	振り返りシートを記入して，哲学対話を振り返る		・振り返りシートには，以下の3点を記入させる ① 本日の対話の内容のまとめ ② 対話を通して新たに生じた問い・疑問 ③ 対話を通して考えたことや，自分の最終的な意見

3　定番教材を用いた道徳科授業の学習指導案

（1）中学生の特質

　中学生は，私たち大人が想像するよりかなり奥深いことを考えている。生徒の発言の予測を立てて道徳授業に臨んではいるが，毎回，よい意味でその予測はあっさり裏切られ，生徒に教えられることも多い。そのため筆者自身，道徳授業を通して"何かを教えよう"という気持ちはまったくなく"この主題について，今の中学生はどんなことを考えているの？　教えてほしい"という思いで教壇に立つようにしている。そういうスタンスで授業構想をしないと，教師の軽薄な思いなどは簡単に見破られてしまう。

　かつて，生徒に学習アンケートを取ったことがある。生徒は私たち大人が思う以上に思考・議論したい欲求が高く，クラスの友達がどんなことを考えているか聞いてみたい，自分の考えを聞いてほしいという願いをもっていることがわかった。「考え，議論する道徳」の土壌は，もうすでに生徒の内に存在しているといえよう。

　道徳授業における私たちの仕事は，何かを教えることではなく「考え，議論するに足る問いを提示する」「考え議論する場と時間を授業の中で保証する」そして「評価する」ことであろう。道徳授業づくりの要のひとつになるのが，ねらう内容項目について学習指導要領と教材を熟読し，どのような中心発問を設定すれば本時のねらいに迫ることができるのか吟味することである。

　「考え，議論する道徳」の実現には「道徳授業と教科授業が両輪」と考える必要がある。教科担任制の中学校では，担任学級の生徒たちと授業時間を共有できるのは，

　　教科時数＋道徳科＋学級活動＋総合的な学習の時間＝6～7時間程度/週

である。実技教科が担当教科である場合，自分が担任する学級での授業時間の共有はさらに限られる。週にたった1時間しかない道徳授業を「考え，議論す

る」1時間として成立させるためには，教科授業でも「考え，議論する」時間と場の確保が重要になる。

中学生という発達段階を考えると，人前で挙手して自分の意見を積極的に発言する，ということに抵抗を感じる生徒が多い。抵抗感を軽減するために少人数で話し合う場と時間を確保したい。少人数での話し合い，というと，班を単位とした話し合いというイメージが強いだろう。しかし，生活班での話し合いは本当に有効なのか疑問がある。多くの教科授業で生活班を単位とした話し合い活動が行われているが，一日に何度も同じメンバーで話し合え…と言われたら，気が重くないだろうか。

筆者の授業では，自由に立ち歩き，聞きたい相手に意見を聞きに行く場と時間を保証するようにしている。自由に立ち歩き意見を交換する授業を繰り返し経験するなかで「話し合いの場面」と「全体で意見を共有する場面」を，生徒たちは実にスムーズに切り替えられる力をつけてくる。道徳授業において多くの級友と意見を交換するなかで自分とは違う見方や考え方に気づき，多面的・多角的に教材や内容項目を捉えようとする姿勢が育ってくる。

自由に立ち歩き意見交換をしているなかで，全体で共有したい意見や投げかけについて，都度，生徒自身が板書をして意見を表出させる「生徒自身による板書を通した意見発表」も効果的だ。板書の間も生徒たちの話し合いは継続され，板書に触発され新たな議論が巻き起こることもあり，クラス全体にとっても意義のある発表方法となる。

（2）授業実践事例

1．教材名：「ロレンゾの友達」
   主題名：「友達のためについてもいい嘘はあるのか」
   内容項目：B-8友情・信頼，　A-1自主，自立，自由と責任
2．授業のねらい：
   「友達のためについてもいい嘘はあるのか」について話し合うことを通して，よりよい友達関係をつくるために大切なことに気づき，相手のためを考

えて行動しようとする態度を養う。

中学校における「友情・信頼」の内容項目で大切なのは「お互いを高め合える友情・信頼」について考えることと捉えた。前時の「裏庭でのできごと」（文部科学省）の学習の終末で「正直に話すことが大切ってみんなは言うけど，友達を守るためについてもいい嘘ってあるんじゃないか」という意見が出た。そこで，指導計画を組み替え「ロレンゾの友達」を教材として友情と信頼についてさらに深く考える時間を設定した経緯もあり「友達なら正直に言うべきなのか，それとも友達のためについてもいい嘘はあるのか」をテーマに設定した。

(3)「ロレンゾの友達」の概要

20年ぶりに友達のロレンゾと再会することになったアンドレ，サバイユ，ニコライの3人。約束の日の前日，ロレンゾが犯罪者として警察に追われていることを知る。そして約束の日，待ち合わせ場所のカシの木の下で，もしロレンゾが現れたらどうするかを話し合う3人。結局ロレンゾは現れず，後日，警察による誤認であったことが判明するが，3人はカシの木の下で話し合った件についてはロレンゾに話すことはなかった。

3．指導のながれ：

指導上の留意点については，その学習活動を実施する意図が伝わるように記述する。

例「〜を通して〜できるようにする」

段階時間	学習活動・実際の生徒の発言	指導上の留意点
導入（7分）	○「本当の友達ならなんでも正直に言うべきか」「友達のためについてもいい嘘はあるのか」について話し合う	・これまでの学習で，正直に言うことの大切さや，ついてもいい嘘について話したことがある場合は，以前のワークシートの記述を取り上げることで学習につながりをもたせることができる
	○「アンドレ（赤）」「サバイユ（黄）」「ニコライ（青）」のうち，自分の考えに最も近い人物を選び，その理由を支持する人物の色の付箋に記入する	・板書の色と付箋の色を合わせることで，生徒の思考を整理しやすくする ・付箋を色別にすることで，友達がどんな立場で考えているのかを理解したうえで話合

展開 (33分)	○記入した付箋をもとに，自由に立ち歩き，友達と考えを交流する ○座席に戻り，学級全体で考えを共有する 〈友達だから逃がしてあげたいアンドレを支持…1人〉 ・友達だからお金を持たせて逃がしてやりたい 〈自首を勧めるが本人が嫌がるなら逃がしたいサバイユを支持…7人〉 ・大切な友達だから自首してほしいけれど，本人が嫌がるかもしれない。最後は本人に決めさせるべき 〈自首を勧めたうえで従わない場合は警察に言うというニコライを支持…21人〉 ・友達であっても，悪いことをした人を逃がすのはその人のためにならないし，本当の友情じゃない ・友達，という立場からだと逃がしたほうがいいかと思うけれど，ルールを守るという点からいくと自首したほうがよくて，どうしたらいいか迷う ・悪いことをしたときに黙っているのが友達じゃなくて，本当のことを言おうと話し合うのが本当の友達 ○カシの木の下での話を，3人がロレンゾに正直に話さなかったのはなぜか。どんな思いからだったのか ・皆，ロレンゾが犯罪者ということを前提にして，信じ切れていなかったことを友人として恥じていたのではないか ・私は，カシの木の下での話をしたほうがいいと思う。疑ったことも含めて，木の下での話はすべて，ロレンゾを思っての考えだったから	いがもてるようにする ・話し合いのなかで新たな考えが生まれたら，赤ペンで追記するよう指導する ・同じ立場を選んだとしても理由はさまざまであることに気づかせたい ・ワークシートに自分の考えを書き，書き終えた生徒から話をしてみたい友達と意見を交換する。従前の話し合いで，意見交換をしなかった友達と話すように促し，多様な考えに触れることができるようにする ※中学校では専門の教科教育での研究が中心になり，他教科の研究授業で授業そのものについて議論することは難しい。一方で，道徳科授業の話題は中学校全教員の共通言語になりうると考える。先輩教員に道徳授業の悩みを積極的に相談し，よりよい道徳授業のあり方について指導者自身が考え議論し，問い続けていく姿を大切にしたい
終末 (10分)	○今日の授業を通して学んだこと，これから自分にできそうなことについてワークシートにまとめる	・本時の学びを自分事として捉え直すことができるようにする

4．板書例：

生徒自身の記入を生かした板書

5．まとめ：

今日の授業を通して学んだこと

- 友人として信じることは大切だけど，もう一方で，もしそう（友達が罪を犯した）なら自分はどうすべきかを考えたい。
- やっぱり友達を傷つけないための「ウソ」や善い意味で友達を助けてあげる「ウソ」もあるんじゃないかなぁと思った。
- 3人の意見が違うのは，一人ひとりロレンゾに対する思いが強いからだと思った。
- 自分の友達がそうだったら，本当に言えたかわからないなと思った。友達を信じるというのは難しいとも思った。
- 3人はロレンゾのためだと思って話し合ったけれど，ロレンゾからしてみれば疑われていたと逆に傷つく。今日はたくさんのことを学べた。
- 人が言っていたことをすぐに信じるのではなく，自分の目で見たりして判断したほうがよい。
- 友達を信じるのは大切だけど，それは意外と難しいと思った。

本時を通して「いろいろな意見が出たけれど，結局最後は，みんな，相手のことを思いやっての言葉と行動を選んでいた」と生徒たちは気づいた。この気づきを生かして，次時には「相手に気を遣わせない思いやり」について考える

道徳授業を実施した。「考え議論する道徳は，問い続ける道徳」と荒木（2017）はいう。本時のように授業の中で生徒から生まれた問いを次の授業につなげていく，柔軟な指導計画の組み換えも時には必要であろう。

注
† 「コミュニティボール」については以下のウェブサイトも参照されたい。p4c-japan「対話を手助けするツール1：コミュニティボール」http://p4c-japan.com/about_tool_ball/（2017年12月21日）

引用・参考文献
荒木寿友（2017）『ゼロから学べる道徳科授業づくり』明治図書。
NHK for School「Q～こどものための哲学」http://www.nhk.or.jp/sougou/q/（2017年12月21日）
キャロル・犬飼・ディクソン，森岡明美，井上志音，田原 誠，山口えりか（2017）『「知の理論」をひもとく UNPACKING TOK』伊藤印刷出版部。
河野哲也（2014）『「こども哲学」で対話力と思考力を育てる』河出書房新社。
p4cみやぎ・出版企画委員会（2017）『子どもたちの未来を拓く探究の対話「p4c」』東京書籍。
Pritchard, M. (2013) Philosophy for Children. Zalta, E., Ed. in *Stanford Encyclopedia of Philosophy*.
S. Bastian・J. Kitching・R. Sims著，大山智子訳，後藤健夫編（2016）『Theory of Knowledge——世界が認めた「知の理論」』ピアソン・ジャパン，2頁。

（学習の課題）
本章の指導案作成，とくに資料の分析とねらい，学習指導課程を参考にし，自らで教材を選択して指導案を作成してみよう。

【さらに学びたい人のための図書】
S. Bastian・J. Kitching・R. Sims著，大山智子訳，後藤健夫編（2016）『Theory of Knowledge——世界が認めた「知の理論」』ピアソン・ジャパン。
⇨TOKについて詳細に書かれている書籍。知の理論やIB教育について関心をもたれたなら一読されたい。
河野哲也・土屋陽介・村瀬智之・神戸和佳子（2015）『子どもの哲学——考えることをはじめた君へ』毎日新聞出版。

⇨毎日小学生新聞で週刊連載中の「てつがくカフェ」のコーナーをまとめて書籍化したもの。実際に子どもたちから送られてきた問いをめぐって連載者が紙上で哲学対話を行っているので，哲学対話が具体的にどのように進んでいくのかを理解するうえで参考になる。

河野哲也（2018）『じぶんで考えじぶんで話せる――こどもを育てる哲学レッスン』河出書房新社。

⇨哲学対話を学びたい人がまず手にとるべき一冊。哲学対話の歴史や教育理論，国内外の動向，実際に授業の中に取り入れるための方法などがバランスよくまとめられている入門書。

平野朝久（1994）『はじめに子どもありき』学芸図書〔（2017）東洋館出版〕。

⇨教育活動に関わる人には必読の書。初任者でもベテランでも，どの時期に読んでもその都度新しい発見がある。教育について，子どもについて，最も大切な「大前提」を教えてくれる一冊。

M. リップマン著，河野哲也・土屋陽介・村瀬智之監訳（2014）『探求の共同体――考えるための教室』玉川大学出版部。

⇨子どもたちの思考力を伸ばすための理論的背景や方略が示されているだけでなく，共同体形成という視点からも述べられているところが興味深い。

　　　　　　　　　　（第1節 西田　透，第2節 土屋陽介，第3節 星　美由紀）

第9章　道徳科における評価

この章で学ぶこと

「特別の教科　道徳」は，2018年度（中学校では2019年度）からの実施に向けて，最大の関心事である「評価をどうするか」という課題に直面している。とくに，新教育課程により初めて「特別の教科　道徳」欄が設けられたことと，「記述式」という評価方法も示された。そこで本章では，「特別の教科　道徳」の実施に向けて，道徳科の評価に関する動向，具体的な評価方法とその実施可能性，通知表・指導要録の課題，評価の意義という，4つの観点から検討していく。

1　道徳科の実施に向けて

　「特別の教科　道徳」（以降，道徳科と言う）の改訂は，2020年に向けた学習指導要領の改訂よりも先んじて行われており，2018年度からの実施に向けて現在は，各自治体で教科書の採択が行われているところである。しかし，道徳の時間が道徳科へと変わる経緯のなかで，現職教員や教科化反対派からとくに懸念されていることは，教科書・教材の問題，および評価をどうするかという点である。道徳の時間を教科として，新たな位置づけが目指されているなか，学校教育の全体を通してそれをどのように実現していくのかは，悩ましいところである。とくに，道徳科における評価は，児童生徒にとっての学習の促進，充実，改善，かつ自己評価を促す教育評価として，より積極的な意味を踏まえて行われることが大切であることはいうまでもない。

　道徳科の時間は，1958（昭和33）年の学習指導要領において小・中学校に各学年に週1単位時間が設置されていたものの，他教科より時間数が少ないこと

もあり，どのように取り組んでいいのかわからない教師が大部分であった。しかし，道徳の時間は，教科教育の理論と方法では実現することが困難な，まさに「道徳性を養う」という点において児童生徒の成長を促すものであり，学校教育において欠くことができない役割（たとえば「いじめの防止」効果など）を担ってきたことは確かである。

新しく教科となる「特別の教科 道徳」の小学校の目標は，「よりよく生きるための基盤となる道徳性を養うため，道徳的諸価値についての理解を基に，自己を見つめ，物事を多面的・多角的に考え，自己の生き方（中学校：人間としての生き方）についての考えを深める学習」で統一された（表9-1）。

表9-1をみると，道徳科の目標は，道徳性を養うため，さまざまな道徳的諸価値について理解していくこと，物事を多面的・多角的に考え，道徳的な判断力，心情，実践意欲と態度を育てていくこと，教育活動全体を通じてよりよく生きるための基盤となる道徳性を養うことなどが強調されている。つまり，児童生徒の認知，情意，行動的側面などを総合的に育成することが求められているのである。はたして，こうした目標が具体的に達成されるために，どのような実践が想定されているのであろうか。

柳沼（2015）は，従来の道徳教育について「我が国の道徳教育は，道徳性の情緒的側面ばかり重視して，認知的側面や行動的側面を軽視する傾向があった。道徳教育において『生きる力』を育成する場合でも，現行の『学習指導要領解説 道徳編』では，『豊かな人間性』だけ重視して，『問題を解決する能力（確かな学力）』や『健やかな体』を軽視する向きがあった」と批判している。確かに，管見の限りで道徳教育に関するさまざまな言説・議論などを確認すると，従来の目標の書き方がわかりにくい場合が多く，学校教育のなかで行う道徳科の目標そのものをどのように理解すればよいのか，明確にされてきていないのは事実である。その点，道徳の時間を道徳科として位置づけることにより，教育目標が明確かつ理解しやすいものに改善されようとしていることは肯定的に捉えることができる。

また，2016（平成28）年7月の「『特別の教科 道徳』の指導方法・評価等に

表9-1 「特別の教科 道徳」の小学校の目標

第3章　特別の教科道徳
第1　道徳教育の目標
- 第1章総則の第1の2に示す道徳教育の目標に基づき，よりよく生きるための基盤となる道徳性を養うため，道徳的諸価値についての理解を基に，自己を見つめ，物事を多面的・多角的に考え，自己の生き方についての考えを深める学習を通して，道徳的な判断力，心情，実践意欲と態度を育てる。
- 道徳科が目指すものは，学校の教育活動全体を通じて行う道徳教育の目標と同様によりよく生きるための基盤となる道徳性を養うことである。その中で，道徳科が学校の教育活動全体を通じて行う道徳教育の要としての役割を果たすことができるよう，計画的，発展的な指導を行うことが重要である。
- 特に，各教科，外国語活動，総合的な学習の時間及び特別活動における道徳教育としては取り扱う機会が十分でない道徳的価値に関わる指導を補うことや，児童や学校の実態等を踏まえて指導をより一層深めること，相互の関連を捉え直したり発展させたりすることに留意して指導することが求められる。

出典：文部科学省（2015）を一部改変。

ついて（報告）」の中で示された「道徳科における評価の基本的な考え方」においては，「目標に基づいて教育実践を行い，指導のねらいや内容に照らして児童生徒の学習状況を把握するとともに，その結果を踏まえて，学校としての取り組みや教師自らの指導について改善を行う PDCA サイクルが重要」であるとしている（柳沼，2015）。つまり道徳においては，なじみがないことでもあるが，「目標に準拠した評価」(criterion referenced assessment)[1] という目標準拠型を定めて道徳科の理解と評価を行うスタンスを求めているのである。

ここで，新教育課程で明らかにしている評価観点を確認しておこう。これについては，現行の「観点別学習状況の評価」の4観点（「関心・意欲・態度」「思考・判断・表現」「技能」「知識・理解」）から，「知識及び技能」「思考力，判断力，表現力等」「学びに向かう力，人間性等」の3観点へと再整理を行っている。この3観点は，育成すべき資質・能力の三つの柱として前面に出されている。文部科学省が示している内容を確認すると，「知識及び技能」では「何を知っているか，何ができるか」が焦点で各教科に固有の知識や個別スキル等の重要

性を強調している。「思考力，判断力，表現力等」では，「知っていること・できることをどう使うか」を問うが，教師側の指導の方法や形態にも言及し，各教科の本質に根ざした問題解決能力，学び方やものの考え方など，児童生徒の理解の質を高めさせようとしているところに意義をもたらしている。「学びに向かう力，人間性等」は，「どのように社会・世界と関わりより良い人生を送るか」というところに視座があり，各教科を通じて育まれる情意，態度などに至るまで，総合的に育んでいくことが目論まれている。平たくいうと，新教育課程で求められている学力は，内容ベース（「何を教えるか」）からコンピテンシー・ベース（「何ができるようになるか」）のカリキュラムへと内実化を図っているということである。

　道徳科では，この三つの柱に基づいて，とくに「学びに向かう力，人間性等」を重視する観点別評価学習状況の評価と，道徳的判断力，道徳的心情，道徳的実践意欲および態度の内面的資質を高め，道徳性の向上につなげる個人内評価を双方から考えていく必要がある。次節からは，道徳科における評価方法とその可能性について検討していく。

2　道徳科における評価方法と可能性

　これまでの「道徳の時間」の評価に関しては，指導要録上の「行動の記録」や「総合所見及び指導上参考となる諸事項」などで行ってきた。しかしながら，新教育課程では，児童生徒の学習状況や道徳性に係る成長の様子を継続的・積極的に把握し，学習・指導の改善に生かすよう努めることが強調されている。ただし，「数値などによる評価」は今後も行わないとし，指導のねらいや内容に照らして記述式で評価を行うこととしている（文部科学省，2016）。道徳科の評価の具体的なあり方については，2016（平成28）年7月「『特別の教科　道徳』の指導方法・評価等について（報告）」において表9-2のように示された。

　表9-2からわかるように道徳科に関する評価は，「道徳性に係る成長の様子を記述式で評価」していくことが重要であり，教師側には，児童生徒一人ひと

表9-2　道徳科に関する評価

- 数値による評価ではなく，記述式であること。
- 個々の内容項目ごとではなく，大くくりなまとまりを踏まえた評価を行うこと。
- 他の児童との比較による評価ではなく，児童生徒がいかに成長したかを積極的に受け止め，励ます個人内評価として行うこと。
- 他の児童生徒と比較して優劣を決めるような評価はなじまないことに留意する必要があること。
- 学習活動において児童生徒がより多面的・多角的な見方へと発展しているか，道徳的価値の理解を自分自身との関わりの中で深めているかという点を重視すること。
- 発達障害等のある児童生徒が抱えている学習上の困難さの状況等を踏まえた指導及び評価上の配慮を行うこと。
- 調査書に記載せず，入学者選抜の合否判定に活用することのないようにすること。

出典：文部科学省（2016b）をもとに筆者作成。

りの「道徳科の時間における児童の学習状況の把握」が求められている。ここでの道徳性とは，「人間としてよりよく生きようとする傾向性であり，道徳的判断力，道徳的心情，道徳的実践意欲及び態度の内面的資質である。このような道徳性が養われたか否かは，周知のとおり，容易に判断できることではない」と『学習指導要領 解説』に記されている。

　しかし，児童生徒が自分の学習を振り返って道徳的な成長を実感するとともに，自らの学習意欲を高めて道徳性の向上につなげるために教育評価の工夫をすることは可能である。児童生徒の学習状況の把握のためには，評価する側（教師側）が，教育評価のための資料を積極的，継続的，系統的に蓄積し，児童生徒自らの学習のあり方について自己評価することを促すとともに，教師も児童生徒の学習活動と，自らの教育活動を評価・改善するアプローチが必要になる。たとえば，学びのプロセスで生み出されるノートやワークシート，作文，作品，教師によるコメント，自己評価などの記録をポートフォリオ形式で蓄積し，道徳科の時間における児童生徒の学習状況を把握する一助にする方法も考えられる。また，児童生徒が道徳性を発達させていく過程で捉えられた授業時間の発言や記述などを，児童生徒自身のエピソード（挿話）のかたちで集積する工夫も意義がある。

表9-3 道徳科における評価方法

2008(平成20)年 「学習指導要領」	2016(平成28)年 「論点メモ(道徳科における評価について)」
(1) 観察や会話による方法 (2) 作文やノートなどの記述による方法 (3) 質問紙などによる方法 (4) 面接による方法 (5) その他の方法(各種のテストを用いる方法)	(1) ワークシートやノートに振り返りや感想を記しておき,その成果をファイリングして評価の材料とするポートフォリオ評価 (2) 問題解決的な学習を導入した際に,問題場面をパフォーマンス課題と設定して評価するパフォーマンス評価 (3) 児童生徒の自己評価を活用した評価 (4) 様々な場面における見取りの蓄積によるエピソード評価

出典:文部科学省(2016a)をもとに筆者作成。

　ここで,従来から道徳教育の評価において実践されてきた評価である評価方法(2008年「学習指導要領」)と,新教育課程において新しく文部科学省が提案している評価方法(2016年「論点メモ(道徳科における評価について)」)(文部科学省,2016a)の比較・整理を通して,学校教育においての具体的な評価方法を検討する。

　表9-3は,学校教育において実践されてきた道徳時間の評価と,2016年に新しく提案された道徳科における評価方法を比較したものである。新しい評価方法として登場している評価方法は,ポートフォリオ評価,パフォーマンス評価,自己評価を活用した評価,エピソード評価である。このような評価方法は,一人ひとりの児童生徒に注目して,個人の中でどれだけ道徳的成長があったかを観察・判断するところに大きな意義がある。したがって,測定や評定(レベル分け)などとは区別して考える必要がある。

　ただし,パフォーマンス評価を行うことになると,別途パフォーマンス課題やルーブリック(rubric)作成が必要となる。パフォーマンス評価は,児童生徒が真正性の高い状況や文脈のなかで多様な課題・状況を把握・分析し,より賢明に問題解決や課題の達成に至ることを評価の目的としている。そのため,道徳科の中で設定されることは望ましいが,週の1時間ごとに実践・評価・改善までを試みることは現実的とはいえない。

しかしながら，授業に問題解決学習や体験的な学習等を取り入れ，児童生徒の学習活動における表現や学習意欲などを観察し，評価につなげるパフォーマンス課題の活用方法は，これからも積極的に考案していく意義がある。なぜなら，多くの評価方法がただ目前の課題に対する知識を獲得することだけを学習の目標としてきたが，パフォーマンス課題では，児童生徒が連想的（associative）知識を使う段階に至るように，テキストや授業から得た知識を実際状況に転換していくパフォーマンスの過程をみていくのであり，他の評価法では得られない成果が期待できるからである。このようなパフォーマンス課題は，児童生徒が「考え，議論する道徳」を実現していくうえで大きな貢献を果たすことができると考えられる。

さて，本章においては以下で，学校教育の状況や道徳科における評価を念頭に，ポートフォリオ評価とエピソード評価に焦点を当ててその活用方法を検討していきたい。この2つの評価は，児童生徒のさまざまな学習の姿を継続的・長期的に認知（cognition）かつ観察（observation）し，自己評価を促すことが可能な教育評価である。

（1）ポートフォリオ評価

まず，ポートフォリオとポートフォリオ評価（portfolio assessment）は，区別しておく必要がある。ポートフォリオとは，児童生徒の一人ひとりのスキルやアイデア，作品や自己評価の記録，教師の指導と評価の記録などを系統的に蓄積していくもので，実物を用いる。これに対し，ポートフォリオ評価とは，ポートフォリオ作成を通して，児童生徒が自らの学習のあり方について自己評価することを促すとともに，教師も児童生徒の学習活動と自らの教育活動を評価するという学びのアプローチである。ポートフォリオ評価の最大の利点は，児童生徒の自己評価を促すところにある。ポートフォリオ作成が教育実践において本来の意義をもたらすためには，表9-4で示している6原則に留意すべきである。

表9-4　ポートフォリオ評価の6原則

- ポートフォリオ作りは，子どもと教師の共同作業
- 具体的な作品（work）を蓄積する
- 蓄積された作品を整理する（取捨選択する）～情報を集約する
  例：ワーキング・ポートフォリオからパーマネント・ポートフォリオへ
- ポートフォリオ検討会（portfolio conference）を行う
- 定期的にポートフォリオ検討会を行う
- 長期にわたる（継続性）

出典：西岡（2003）53頁。

　ポートフォリオ評価は，児童生徒と教師の共同作業により成り立っている。また，教師が児童生徒のさまざまな学習の姿を継続的・長期的に認知かつ観察し，その過程や結果を評価するところに主な特徴がある。そして，作品を日頃から蓄積しておく作業であるワーキング・ポートフォリオ（ポートフォリオに入れるものの可能性はほぼ無限である）から，作品をもう一度並び替えたり，分析したり，長期の視点に立って作品を選び取り，別のファイルに再蓄積していくパーマネント・ポートフォリオ作成の作業まで取り組むことが欠かせない。なぜなら，児童生徒自身が自らの学習を振り返り（どの作品が，なぜ含まれなければならないのかを思考深く判断する過程となる），情報を集約し，次の学習に生かしていくことは，ポートフォリオ評価の中核になるものでもあるからである。

　さらに，定期的にポートフォリオ検討会を行い，長期にわたる児童生徒の成長を構築化していくことは，はっきりとしたイメージのなかで児童生徒・教師・保護者が意思疎通をする際の道具ともなる。

　以上のポートフォリオ評価を活用した評価では，多様な道徳観や探究能力（思考力，判断力，表現力との連関）に係る児童生徒の理解をポートフォリオ形式で確認し，努力や成長を励ますところに前提をおかねばならない。従来の道徳授業においても指摘されてきたことであるが，児童生徒が教師による評価を先取りし，そこで求められている目標に合わせるかたちで思考力，判断力，表現力等を調整するようでは本末顛倒である。児童生徒の思考力，判断力，表現力等の自由が奪われかねない評価になってはいけない。また，児童生徒による自

己評価の時間であるポートフォリオ検討会においても，教師が自身の考えを一方的に押しつけるのではなく，まずは児童生徒自身が「どう考えているのか」を語らせ，評価情報として活用すべきである。

（2）エピソード評価

エピソード評価とは，児童生徒が道徳性を発達させていく過程で発言したことや記述したものを，教師がエピソード（挿話）のかたちで累積し，評価する方法である。児童生徒一人ひとりがもつエピソードに注目し，学習の姿を継続的・長期的に観察していくことは，非常に手間がかかることであり，授業中・授業前後において個々の児童生徒の姿を実際に取り上げることは，とくに道徳科においてはなじみがないことでもある。エピソードについて林と渡邉（2017，380頁）は，「児童生徒一人ひとりが人生において成長する物語の中で，その子のよさを示すエピソードを取り上げるといったイメージである」と述べている。また，エピソード評価を「学習活動における評価」と「日常場面で道徳性が発揮された行為に対する評価」に分けて児童生徒の生活の事実によってその子のよさが意味づけられ，物語られることに注目している。実際の評価は，ほかの児童との比較ではなく，児童自身の考え方の変化を捉えることがポイントになる。戦前の絶対評価（認定評価）のように教師の主観で左右される評価になってはいけない。

エピソード評価の意義は，指導の前後や途中に，児童の実態や反応を捉えて評価できることである。この過程が存在しないと，そもそも指導過程が見直せない場合が多い。

以上の自己評価を中核にしているポートフォリオ評価やエピソード評価の方法は1つに限定するのではなく，相互補完的に取り入れることが望ましい。また，これらの評価方法は，一人ひとりの児童生徒の状況によっても違っており，児童生徒に合わせ，その発達や成長，頑張りをみようとするところに大きな意義がある「個人内評価」であるため，それぞれ違うものの評価になる。

3 通知表・指導要録の課題

「学籍簿」は，戦後の1949年には「指導要録」と呼称された。指導要録は，簡単にまとめると，指導の過程や結果の要約を記録したものである。戦後最初の指導要録の「小学校学籍簿の趣旨」（1948年11月）をみると，「1. 個々の児童について，全体的に，継続的に，その発達の経緯を記録し，その指導上必要な原簿となるものである。2. 記録事項は，新しい教育の精神からみて，とくに重要と思われるものを選定してある。3. 出来るだけ客観的に，しかも簡単に，かつ容易に記録されるように作られてある」とされ，教師が重要と思われる指導内容を中心に記録し，展開してきた。

その後，1955, 61, 71, 80, 91, 2001, 2010年の改訂まで指導要録の基本方針・特徴の記述を若干変えながら，児童の学習，行動，健康面での測定・評価の結果を累積的に記録し，指導の参考にすることを意図して現在まで続いている。とくに，2010年度版指導要録（図9-1）は，「小学校，中学校，高等学校及び特別支援学校等における児童生徒の学習評価及び指導要録の改善等について（通知）」によって知らされることになった（文部科学省，2010）。その特徴は，「評定」欄においてこれまで50年も根強く行われてきた相対評価ではなく，「目標に準拠した評価」をもとにし，児童生徒の可能性や成長・発達を大事にする「個人内評価」を実施することになっている。

さらに，新教育課程では図9-1のように初めて指導要録に道徳科の欄が設けられ，「記述式」という評価方法まで示されている。現在，多くの学校の通知表には，学校の教育活動全体で行われる道徳教育を評価する「行動の記録」がある。これとは切り離し，これからは，道徳科の授業内での「学習状況」や「道徳性に係る成長の様子」を記述し，評価することになる。その際，指導要録や通知表に何をどのようにして記述すればよいのかという課題が残る。

参考までに，隣国である韓国の事例を紹介しておく。韓国では，「3次教育課程（1973〜1981年）」から現在の「2015改訂教育課程（2017〜2020年）」まで道

第 9 章　道徳科における評価

様式2　(指導に関する記録)　　　　　　　　　　　　　　　　　　　別紙3

児童氏名	学校名	区分＼学年	1	2	3	4	5	6
		学級						
		整理番号						

各教科の学習の記録／特別の教科　道徳

I　視点別学習状況

教科	観点＼学年	1	2	3	4	5	6
国語	国語への関心・意欲・態度						
	話す・聞く能力						
	書く能力						
	読む能力						
	言語についての知識・理解・技能						
社会	社会的事象への関心・意欲・態度						
	社会的な思考・判断・表現						
	観察・資料活用の技能						
	社会的事象についての知識・理解						
算数	算数への関心・意欲・態度						
	数学的な考え方						
	数量や図形についての技能						
	数量や図形についての知識・理解						
理科	自然事象への関心・意欲・態度						
	科学的な思考・表現						
	観察・実験の技能						
	自然事象についての知識・理解						
生活	生活への関心・意欲・態度						
	活動や体験についての思考・表現						
	身近な環境や自分についての気付き						
音楽	音楽への関心・意欲・態度						
	音楽表現の創意工夫						
	音楽表現の技能						
	鑑賞の能力						
図画工作	造形への関心・意欲・態度						
	発想や構想の能力						
	創造的な技能						
	鑑賞の能力						
家庭	家庭生活への関心・意欲・態度						
	生活を創意工夫する能力						
	生活の技能						
	家庭生活についての知識・理解						
体育	運動や健康・安全への関心・意欲・態度						
	運動や健康・安全についての思考・判断						
	運動の技能						
	健康・安全についての知識・理解						

II　評定

学年＼教科	国語	社会	算数	理科	音楽	図画工作	家庭	体育
3								
4								
5								
6								

特別の教科　道徳

学年	学習状況及び道徳性に係る成長の様子
1	
2	
3	
4	
5	
6	

外国語活動の記録

観点＼学年	5	6
コミュニケーションへの関心・意欲・態度		
外国語への慣れ親しみ		
言語や文化に関する気付き		

総合的な学習の時間の記録

学年	学習活動	観点	評価
3			
4			
5			
6			

特別活動の記録

内容	観点＼学年	1	2	3	4	5	6
学級活動							
児童会活動							
クラブ活動							
学校行事							

図9-1　小学校児童指導要録（参考様式）（イメージ）

出典：文部科学省（2016a）。

徳科をカリキュラムの中で設定している。そのため，当然ながら「生活通知表」（日本の通知表に相当）の中で道徳科に関する評価も行っている。

　表9-5と表9-6は，ソウルにある初等学校（小学校）の4年生の1年間の生活通知表（2015年）である。道徳の評価をみると，1学期は「教科評価」で，2学期は「教科学習発達評価」として評価を行っている（表9-6）。「教科評価」は，教科領域と評価内容と評価で分けられており，尺度としては「○」と「◎」が用いられている。

　また，「教科学習発達評価」では，児童の道徳的成長を学期末の教師の総合所見として，「論述式」でまとめている。評価は，児童の学習の様子を記録し，その意欲や可能性をより多く引き出したり，生活の中で実践しようとする努力とその結果を記述している場合が多い。表9-6はその一部である。

表9-5　1学期の「教科評価」

교과 教科	영역 領域	평가내용 評価内容	평가 評価
도덕 道徳	도덕적 주체로서의 나 道徳主体としての私	성실한 삶의 실천 목표를 세우고 생활 속에서 실천하기 誠実な人生の実践目標を立てて生活の中で実践する	◎
	우리・타인・사회와의 관계 私たち・他人・社会との関係	갈등 상황을 해결하는 대화법 알기 葛藤状況を解決しようとするコミュニケーションを知る	◎
	국가・민족・지구공동체와의 관계 国家・民族・地球共同体との関係	북한에서 온 사람들과 더불어 살아가기 위한 올바른 자세 알기 北朝鮮から来た人々と一緒に生きるための正しい姿勢を知る	◎

注：下欄の日本語は筆者による翻訳。

表9-6　2学期の「教科学習発達評価」

도덕	우리에게 필요한 법과 규칙을 스스로 만들어 보고 생활 속에서 실천하려고 노력합니다. 통일된 우리나라의 미래 모습에 대해 알아보고 통일 신문을 만듭니다.
道徳	私たちに必要な法や規則を自ら作り，生活の中で実践しようと努力しました。統一した未来の国（南北の統一）について調べて「統一新聞」を作りました。

注：下欄の日本語は筆者による翻訳。

道徳教育の目的は，すべての教育領域と関連しており，総合的な（synoptic）性格をもっている。教育の成果も他の教科より長期を経て現れる場合が多い。児童生徒の道徳的な人格を培うことは，もともと1つや2つの学期や学年にわたって完成される性格のものではない。結果的に，評価の記述の仕方，評価のためのデータ・資料収集のあり方などは，教師の専門性に依拠して実践されることになる。前述したポートフォリオ評価やエピソード評価を用いて構築した児童生徒の作品，行動や発言の記録，検討会の記録などは，教師の専門性を高めていくための機軸になると考えられる。

4 道徳科における評価の意義

未だ，「子どもの心を評価すべきではない」という道徳の評価に対する反対論は根強く存在する。しかしながら，これは建設的な意見とはいえない。「特別の教科 道徳」の評価は，根元的に別の次元で考える必要がある。たとえば，道徳科を「知る」「理解する」とは，どのようなことなのか，教科化のなかで道徳性は評価できるものなのか，などといったことである。

松下（2002）は，「道徳の原理を理解するとは，理解する主体がその原理に従うことの結果を価値あるものとして受け入れること」であると述べている。そして，ここでの価値づけは，目的論（それが利益や幸福につながるか否かという点）や義務論（所与の規範・基準に合致するか否かという点）という2つの観点の組み合わせによって分かれることを強調している。また，土戸（2013）は，道徳性の評価について「評価は可能だとする見方」と「評価は不可能だとする見方」の見解を図9-2のように示している。評価は可能だとする見方においては，道徳性の「内面と外面の一致」と「内面と外面の齟齬」が対立し，内面と外面の一致を真に道徳的な行為であると捉えている。また，評価は不可能だとする見方においては，内面と外面は，常に相互浸透しており，分離できないことであり，内面と外面を分離する発想は非教育的であることを示している。

道徳科における評価の教育的価値は一元的に判断できるものではない。児童

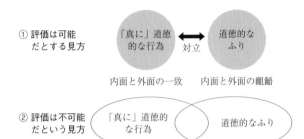

図9-2 「道徳性」は評価できるのか
出典：土戸（2013）60～67頁。

が認知的に知っていることとそれを実際に生かして行動することは，異なる場合も存在する。さらに，教師の意図を先取りして内面と外面が相互浸透する場面が，児童生徒の様子で見て取れる場合もあり得る。

　しかし，道徳科において大切なことは，以上のような望ましくない場合も含めて多様な側面があることを前提とし，より多くの状況の中で現れる児童生徒の様子を多角的・多面的に捉え，観察・記録し，構築していくことである。そして，児童の内面と外面の一致と離齬を問うよりは，児童生徒の行為行動から，その動機や目的など内面の発達がどうであるかを，できるだけ児童生徒の日常生活や行動のなかで具体的に置き換え，評価資料として総合・継続的に重ねていく工夫が重視されるべきであろう。そのためには，児童生徒の多様な道徳的反応に対し，評価する側も多様な道徳的判断や評価方法をもって臨む指導が求められる。

　道徳教育における評価の意義は，児童生徒が，自分自身の道徳的成長を実感し，学習意欲の向上につなげるところにある。教師も児童生徒の学習状況を把握し，評価することを通して，改めて指導課程や教育方法について検討し，今後の指導計画や授業改善に生かすことができる教育評価を行うことが肝要になる。道徳科における評価は，児童生徒の道徳的な良さを認め，励まし，それらを伸ばすためにある。これは，道徳性が生涯にわたって個人の人格の成長に関わり続け，人としてよりよく生きるための要をなすからにほかならない。

注

(1) ここでのアセスメントとは，真正の評価（authentic assessment）論に代表される教育評価の新しい動きとして用いられている。

(2) 相対評価とは，正規分布曲線に基づいているものであり，集団の中で児童生徒たちの順位や位置を明らかにする形態で評価をするため，「集団に準拠した評価」といわれている。相対評価は，5段階の評定で配分することが多い。

引用・参考文献

土戸敏彦（2013）「道徳は評価できるのか――道徳における『ふり』をめぐって」『教育と医学』724, 60〜67頁。

西岡加名恵（2003）『教科と総合に活かすポートフォリオ評価法――新たな評価基準の創出に向けて』図書文化。

林 泰成・渡邉真魚（2017）「道徳科の評価方法としてのエピソード評価」『上越教育大学研究紀要』第36巻(2), 380頁。

松下良平（2002）『知ることの力』勁草書房, 61頁。

文部科学省（2010）「小学校，中学校，高等学校及び特別支援学校等における児童生徒の学習評価及び指導要録の改善等について（通知）」5月。

文部科学省（2015）『小学校学習指導要領』。

文部科学省（2016a）「論点メモ（道徳科における評価について）」1月。

文部科学省（2016b）「『特別の教科 道徳』の指導方法・評価等について（報告）」7月。

文部科学省（2017）『小学校学習指導要領 解説』。

柳沼良太（2015）「これからの道徳教育の在り方と評価」『指導と評価』61(3), 7〜9頁。

学習の課題

(1) 道徳科における評価の意義を考え，まとめた内容をグループの中で発表してみよう。

(2) 道徳科における評価方法を取り上げ，その実践例を調べてグループの中で紹介してみよう。

【さらに学びたい人のための図書】

松下良平（2002）『知ることの力』勁草書房。
　⇨道徳教育はどのような問題を抱えているのか，「知」と「行為」を結びつける道徳教育論が解説されている。

荒木寿友（2013）『学校における対話とコミュニティの形成——コールバーグのジャスト・コミュニティ実践』三省堂。
　⇨コールバーグのジャスト・コミュニティ実践を基盤としながらよりよい生き方，あり方を協同で探究するシティズンシップ教育論が解説されている。

（趙　卿我）

第10章　道徳教育と子どもの問題

この章で学ぶこと

　学級崩壊やいじめ，不登校といった子どもの問題が注目されるたびに，「規範意識の低下」や「自尊感情の低さ」などが問題視され，その改善のために道徳教育の必要性が叫ばれる。しかし，本当に規範意識の低下や自尊感情の低さがこれらの問題と関係しているのだろうか。また規範意識や自尊感情を上げることが問題の抑止につながるのだろうか。さらに道徳教育に，このような問題の解決を期待することができるのだろうか。そして，できるとすればどのような点に留意する必要があるのか。本章では，規範意識と自尊感情という子どもの問題を考えるなかでしばしば注目される2つの事象に注目し，こうした問題への対応として求められる道徳教育のあり方について考えていく。

1　規範意識の醸成論と道徳の教科化

　学級崩壊やいじめ，不登校など，子どもをめぐって何か問題が起きると，規範意識の低下が問題視され，その対応策として道徳教育の強化が叫ばれる。たとえば，文部科学省（2006）の通知では，「児童生徒の問題行動等の現状をみると，暴力行為，いじめ，不登校等が相当の規模で推移するとともに，社会の耳目を集めるような重大な問題行動もあとを絶たないところです」という現状認識のもとに，「規範意識の醸成を目指して」という副題のついた報告書（国立教育政策研究所生徒指導研究センター，2006）の活用がすすめられている。そして，そのなかで規範意識を醸成する方策として，「学校や社会のきまり・ルールを守ることの意義・重要性について，学級活動・ホームルーム活動や道徳（中略）等における指導の場を積極的に活用しながら，繰り返し指導を行うこ

とにより，児童生徒の規範に対する認識と理解の向上を図ること」が求められている。

こうした流れは教育再生会議や教育再生実行会議にも基本的に受け継がれ，現在の道徳の教科化へとつながっている。たとえば，教育再生実行会議の第一次提言では，「いじめ問題等の対応について」道徳教育の重要性が説かれている（教育再生実行会議，2013，1〜2頁）。

> 　いじめの問題が深刻な事態にある今こそ，制度の改革だけでなく，本質的な問題解決に向かって歩み出さなければなりません。学校は，未熟な存在として生まれる人間が，師に学び，友と交わることを通じて，自ら正しく判断する能力を養い，命の尊さ，自己や他者の理解，規範意識，思いやり，自主性や責任感などの人間性を構築する場です。
> 　しかしながら，現在行われている道徳教育は，指導内容や指導方法に関し，学校や教員によって充実度に差があり，所期の目的が十分に果たされていない状況にあります。
> 　このため，道徳教育の重要性を改めて認識し，その抜本的な充実を図るとともに，新たな枠組みによって教科化し，人間の強さ・弱さを見つめながら，理性によって自らをコントロールし，より良く生きるための基盤となる力を育てることが求められます。

こうした提言を受けて，現在の道徳の教科化に至るわけであるが（文部科学省，2016），そこでは道徳教育を通して規範意識の向上を図り，それによっていじめや学級の荒れといった子どもの問題が解決されることが目指されていると考えられる（住友，2014）。

さらに近年では，規範意識以外にも子どもの問題の予防・対応に資するものとして，自尊感情や自己肯定感を高める道徳教育が注目を集めている。とくに最近では国際比較調査の結果から（内閣府，2014），日本の子どもたちの自尊感情や自己肯定感が低いことが問題視されており（古荘，2009），国をあげて，その向上を目指しさまざまな取り組みがなされている（教育再生実行会議，2017）。

以上のことから，道徳教育と子どもの問題の関係をまとめると「道徳教育により子どもの規範意識や自尊感情を高め，さまざまな問題を解決すること」が

意図されているといえるだろう。しかし，規範意識や自尊感情について研究を行ってきた立場からすると，事はそう単純ではない。というのも，これまでの研究から，個人の規範意識や自尊感情を高めることが，必ずしも問題行動を抑制することにつながるとは限らないからである。たとえば，道徳性に関する研究では，高い規範意識を有していることが，必ずしも道徳的な行動をとることにはつながらないという指摘がなされている (Krebs & Denton, 2005)。

また自尊感情についてもさまざまな批判があり (中間, 2016)，系統的なレビュー (Baumeister et al., 2003) によると，自尊感情は主観的幸福感や抑うつ，過食といった摂食障害との間に関連性はみられるものの，学業成績，攻撃性や非行，薬物使用といった反社会的行動との間には因果的な関係（自尊感情が高いことが学業成績を上げたり，非行を抑止するといった関係）は見出されないとしている。また思春期には自尊感情が低下することが知られており，発達心理学的には，むしろ低下することこそが正常な発達だという見方もある (Harter, 1998)。

したがって，子どものさまざまな問題に対処する道徳教育を展開していくためには，単に規範意識や自尊感情の向上を目指すのではなく，そもそも規範意識や自尊感情がどのように子どもの問題と関係しているのか，また発達的な視点を含め，それらの低下をどのように捉える必要があるのかを検討する必要がある。

本章では，規範意識と自尊感情という現在の道徳教育がその向上を狙いとしている2つの心理学的な概念に注目し，それらを批判的に検討することを通して，これからの道徳教育として，どのようなあり方が求められるのかを模索する。

2 規範意識と道徳教育

(1) 学級の荒れは規範意識の低下が原因か

授業や行事といった通常の活動が困難になる「学級の荒れ」は，教育現場では学級崩壊などと呼ばれ，常に教師を悩ます問題である。こうした問題が生じると，しばしば子どもの規範意識の低下が問題視されるが，最近の研究では「荒れている学級」（困難学級）と「通常の学級」（通常学級）で児童生徒の規範

意識に違いはないということが指摘されている（加藤・太田，2016a；2016b）。

　図10-1は，「先生に反抗する」「授業中に勝手に教室の中を歩きまわる」「先生の言うことをバカにする」「授業中に寝る」などの学級が荒れた状態になったときにしばしばみられる9項目の問題行動について，「あなたはこのようなことを生徒がすることについてどう思いますか」という質問のもと，「してもよい（1点）〜絶対にしてはダメ（4点）」の4件法で回答を求め，1項目あたりの平均値を示したものである。つまり，得点が低いほど規範意識が低いということを示しているが，困難学級と通常学級でこの得点に統計的に意味のある差はみられなかった（n.s.）。また上記の得点は4件法の1項目あたりの平均値を示している。したがって，3点以上あれば，どちらかというと「してはダメ」と思っているということを意味している。つまり，問題行動について，善悪の判断がついているということになる。その視点でみても，小学校・中学校，困難学級・通常学級を問わず平均値は3点以上であり，いずれの児童生徒も，基本的にこれらの問題行動を「悪いことだ」と認識していることがわかる。したがって，学級の荒れといった現象が，単純に児童生徒の規範意識の低下によって引き起こされるわけではないことがわかる。

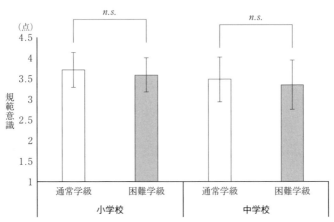

図10-1　困難学級と通常学級の児童生徒の規範意識の比較
出典：加藤・太田（2016a；2016b）。

（2）他者の規範意識の認知と学級の荒れ

　では困難学級と通常学級では何が異なるのだろうか。実は先に取り上げた加藤・太田（2016a；2016b）から，個々の児童生徒がもつ規範意識には違いがないが，「他者の規範意識の認知」に違いがあることがわかっている。つまり「他の生徒がどの程度の規範意識を有しているか」という点においては，困難学級と通常学級で違いがあり，困難学級の児童生徒のほうが自分のクラスの他の児童生徒の規範意識を低く見積もっているということである。具体的には，この調査では，先ほど規範意識のところで示した「先生に反抗する」「授業中に勝手に教室の中を歩きまわる」といった同じ質問に対して，「あなたのクラスのあなた以外の生徒は，このようなことを生徒がすることについてどう思っていると思いますか」という質問のもと，他の児童生徒が規範意識についてどう思っていると思うかという「他者の規範意識の認知」をたずねている。そしてそれを比較したところ，図10-2のような結果が得られた。

　統計的に検討した結果，小学校・中学校いずれも，通常学級に比べ，困難学級の児童生徒の他の生徒の規範意識に対する認知のほうが，有意に低いことがわかった。つまり，困難学級と通常学級では，児童生徒自身の規範意識には違

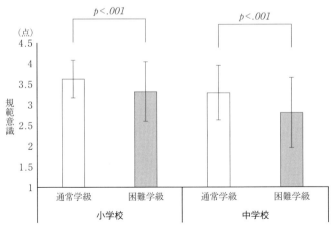

図10-2　他の児童生徒の規範意識の認知の比較

出典：加藤・太田（2016a；2016b）。

いがないのだが，他の児童生徒の規範意識の認知に違いがあるということである。簡単にいえば，困難学級の児童生徒は「自分自身は問題を起こすことは悪いことだと思っているが，自分以外の他の生徒はそれほどダメとは思っていないだろう」と考えているということである。

とくにこのほかの生徒の規範意識を低く見積もる傾向は，問題行動をする生徒（問題生徒）でより顕著にみられた。さらに興味深いことに，中学生においては，他者の規範意識の認知について，上述した「あなたのクラスのあなた以外の生徒は……」という学級全体条件と「あなたのクラスのあなたの仲の良い友だちの多くは……」という仲間条件の2つをたずねているが，違いがみられたのは学級全体条件のみであった（加藤・太田，2016a）。

つまり，困難学級の問題生徒からすると，自分が問題行動をしても「仲間以外の生徒は，それほど悪いことと思っていないだろう」とより強く考えていることがわかる。そして，このことが困難学級で，問題生徒が問題行動を繰り返すことに関係しているのだろうと考えられる。

また併せて，一般生徒も同様に，他の生徒の規範意識が低いと思えば，積極的にこれらの問題に仲裁に入ることを控えることになるだろう。そして誰も仲裁に入らないでいると，さらに問題生徒がもつ他の生徒の規範意識に関する認知が強化され，問題行動がエスカレートしていく可能性も考えられる。

このように考えると，学級が荒れることには，個々の児童生徒の規範意識の低下ではなく，他者の規範意識を実際よりも低く見積もるといった誤った認知が関係しているといえる。それではこのことを踏まえ，学級や学校の荒れに対応するため，何が必要だろうか。

（3）「空気」を読み合う関係から互いを知り合う関係へ

これまで道徳教育的な観点から，学級の荒れといった問題への対応としては，「規範意識の醸成」ということがしばしばいわれてきた（国立教育政策研究所生徒指導研究センター，2006；文部科学省，2007）。しかし，困難学級の児童生徒の規範意識は，通常学級の生徒に比べ低くはない。したがって，児童生徒の規範

意識を醸成することでは，学級の荒れを解決することにはつながらないと考えられる。むしろ重要なのは，実際には規範意識に差がないにもかかわらず，困難学級の児童生徒のほうが他の児童生徒の規範意識をより低く認知する傾向にあるということである。そしてこうした他者の規範意識に対する無知が，一方で問題生徒の問題行動を促進させ，他方で一般生徒の仲裁行動を抑制し，学級の荒れをさらに悪化させていく可能性が考えられる。したがって，学級の荒れを解決していくためには，個々人の規範意識を高めることよりも，他の生徒の規範意識が，実は自分が思っているほど低くないということを知ることが重要であると思われる。つまり，学級の荒れに対して，より求められるのは規範意識の醸成よりも，他者の規範意識を知るためのコミュニケーションの活性化であり，本当は誰もいまの状況をよいとは思っていないということを知り合うことである。具体的には，学級が荒れた状況のなかで，問題状況について触れることを避けるのではなく，互いがこの状況をどう思っているかを知り合う機会をつくることが重要であると考えられる。もし積極的に議論することが難しいなら，規範意識に関するアンケートなどをとり，その結果を学級全体に開示することもひとつの手だろう。いずれにしても互いの考えていることをただ推測し合う関係──「空気」を読み合う関係──から，道徳の時間を有効に用いることで，互いの考えをきちんと示し，知り合う関係へとコミュニケーションを促す必要があると思われる。

3　自尊感情と道徳教育

(1) 自尊感情の発達的変化

　先にみてきたように，近年，いくつかの調査から，わが国の子どもの自尊感情の低さが問題視され，その向上を目指し，国をあげて取り組む必要性が指摘されている（教育再生実行会議, 2016)。そのなかで道徳教育もさまざまな取り組みが模索されている。しかし発達心理学的な観点からみた場合，こうした取り組みを行う際に留意しておかなければならない点がある。それは「思春期・

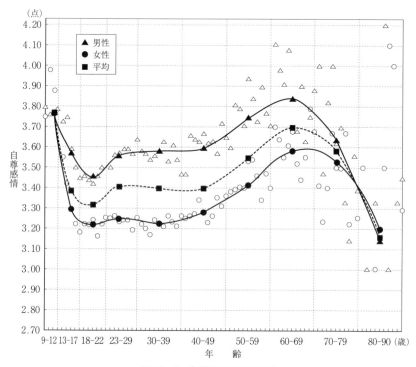

図 10-3　自尊感情の生涯発達

注：得点が高いほど、自尊感情が高いことを意味している。
出典：Robins & Trzesniewski（2005）。

青年期には自尊感情は低下する」ということである。

　たとえば、図10-3は、9〜90歳までの自尊感情の変化を示したものであるが、思春期・青年期にあたる9歳〜20歳頃は男女ともに一貫して、自尊感情が低下するという結果が得られており、これはわが国でも同様である（都筑, 2005；小塩他, 2015）。したがって、発達心理学的にみると、現在、教育現場で行われているいわゆる「自尊感情・自己肯定感の向上を目指した取組み」というのは、相当に困難なプロジェクトであるといわざるを得ない。

　さらにこうした事情を考慮するなら、取り組みの効果を評価する視点の多様性が重要になる。すなわち、何か自尊感情に対する取り組みを行った結果、た

とえその後，自尊感情が向上しなかったとしても，低下することを常態と考えるなら，変化しなかったことも，またたとえ低下したとしても，その程度が緩やかになったり，過度な低下がみられなければ，それも積極的に評価されるべきであると考えられる。つまり，自尊感情との関連で行われる道徳教育に関しては，単に向上だけが評価されるべきではなく，多様な視点での評価が可能だということである。

（2）なぜ思春期に自尊感情が下がるのか

それではなぜ思春期に自尊感情が下がるのだろうか。これまで第二次性徴といった身体的要因や学校移行といった環境的要因など，さまざまな要因が指摘されているが（Hater, 1998），そのなかでもしばしば指摘されるのが，思考の発達といった認知的な要因である（Piaget & Inhelder, 1969）。

思春期は具体的操作期から形式的操作期へと移行する時期と位置づけられ，抽象的な思考が発達する時期である。よく出される事例として，「ゾウよりイヌが大きく」「イヌよりもアリが大きい」という前提を与えられたとき，「ゾウよりもアリが大きいといえるか」という結論を正しいものとして受け入れられるかというものがある。現実的には「ゾウよりもアリが大きい」ということはあり得ないが，前提から考えていくと，この結論は論理的に正しいことになる。このように現実的から離れ，論理的に正しければ，それを正しいものとして，受け入れられるようになるのが，思春期に生じる思考の発達の特徴だと考えられている。

そして，このことからわかることは何かというと，1つは反省的思考の発生である。「考えることを考えられるようになる」といわれるように，実際にゾウより大きいアリがいるかどうかということが問題ではなく，自分の考え方，つまり推論の仕方が正しいかどうかが判断材料になるということである。

2つ目は，いま，ここの世界だけでなく，可能世界を考えられることである。したがって，このような思考が可能になることで，いまの現実に合わせることがすべてではなくなり，現実から解放されるということになる。それまではた

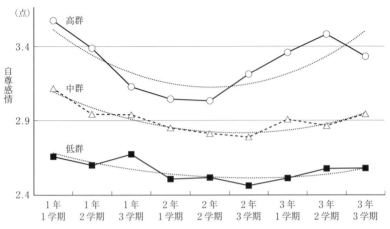

図10-4　中学生の批判的思考態度の発達と自尊感情の推移

注：得点が高いほど，自尊感情が高いことを意味している。
出典：加藤（2016）。

だ現実に適応していくことが課題だったのが，これ以降は，与えられた現実だけがすべてではなくて，別のあり方もあり得るかもしれないという視点から，捉え直すことができる。したがって，現実は適応の対象から，批判，変革の対象へと変化することになる（Piaget & Inhelder, 1969）。そして，こうした力が，親や教師に向かえば第二次反抗期を形成し，自分自身に向かうと自尊感情の低下として現れると考えられる。

　実際，加藤ら（2018）が中学生を対象に行った縦断調査でも，中学1年生の入学時に形式的操作と関連が深いとされる批判的思考態度が高かった生徒（高群）は，その後，大きく自尊感情が低下するのに対し，低かった生徒（低群）は，ほとんど変化しないということが示されている（図10-4）。つまり，中学1年生の時点での思考の深まりが，その後の自尊感情の低下を引き起こす可能性が示唆されているということである。

（3）非日常的なプログラムから日常の授業への視点の転換

　それでは自尊感情の低下を防ぐために，思考の発達を抑制すればいいのだろ

うか。もちろん，そんなことはない。子どもの思考の発達を促すことは，学校教育の使命であるが，道徳教育との関連で重要なことは，以下の点に留意することであると思われる。1つは，視点の転換である。この時期の自尊感情の低下は，必ずしも悪いことではなく，思考の発達を示唆しているという意味で，肯定的な側面をもつ現象でもあると捉え直す必要性である。

　それとあわせて2つ目は，自尊感情を評価する際の視点の時間幅を拡張する必要性である。図10-4からも明らかな通り，思考の発達が進んでいる高群では，自尊感情の低下が著しいものの，もう少し長いタイムスパンでみると，最も自尊感情が低下する時点（2年生2学期）でも，他の群よりも高いところで下げ止まっており，その後の上昇への転換も速やかに果たしていることがわかる。つまり，思考の発達は，短期的には自尊感情の低下を招くかもしれないが，中長期的には，その過度な低下を防ぎ，その後の向上を促す可能性が高いということである。このことが実践的に意味していることは，自尊感情に働きかけることを目指し，思考の発達を促す取り組みをした場合，その効果をみるためには，ある程度の時間幅をもって評価する必要があるということである。教育現場で何らかのプログラム等が行われると，プレ・ポストといった短期的なスパンで効果が評価されることが多い。しかし，思考の発達が関係していると考えられる思春期の自尊感情に関しては，中長期的な視野で捉え，一時的な低下も含め，その取り組みの意義を検討する必要があると考えられる。

　最後に，最も重要なことは，自尊感情の低下およびその後の上昇と関係していると思われる思考の発達というものは，何か特別なプログラムといった非日常的な取り組みではなく，授業といった日常的な取り組みのなかで育まれるものだということである。先の調査（加藤他，2018）で自尊感情との関連性が検討されていたのは批判的思考態度であり，具体的には「複雑な問題を順序立てて考えることが得意だ」や「自分とはちがう考えの人に興味をもつ」といった「論理的思考への自覚」や「多様性の許容」である。こうした力というのは，粘り強く根拠づけて考え，自分の意見を述べることを推奨・支持されたり，多様な意見が尊重されたりする普段の授業環境によって育まれるものだろう。

(4) 知り合うことの重要性

　以上のことを児童生徒の側から捉えた場合，思春期の自尊感情を支える取り組みとして重要なことは，直ちにその向上を目指すのではなく，発達的にみて「自分に満足できない，自信が持てない」時期もあるということを知ることである。また主観的には苦しいかもしれないが，その背景には思考が発達していること，つまり，自らの成長が関係していることを知ることも重要だろう。というのも，加藤（2016）は，自尊感情に関する縦断調査を行う一方で，調査協力者である中学生自身に，そのデータを開示し，思春期の自尊感情の変化について考え，話し合う授業を実践している。そのなかで思春期に自尊感情が低下することを知り，授業後に「悩んでいるのは自分だけではなかった」という感想がしばしば聞かれることを指摘している。たとえば，その授業を実施した中学校の養護教諭である三井（2016）は，授業後の生徒の様子について以下のような報告を寄せている。

　　また，（授業後に）保健室においても，調査結果について生徒と共有できたことで，自尊心が低いと自覚している女子生徒と，自分だけではなかった安心感と今後上っていくであろう未来への自尊心への期待などといったプラス面に目を向けた話ができて有意義でした。

〔三井（2016）66頁。文中（　）内は引用者〕

　こうした状況を鑑みると，自尊感情に関しても，規範意識同様，その醸成や向上よりも，まずは「悩んでいるのは自分だけではない」ということを知ること，共有することが重要であると思われる。

4　「醸成・向上」を目指す道徳教育から「共有」を目指す道徳教育へ

　以上のように本章では，規範意識と自尊感情について，心理学の研究知見に基づき，道徳教育のあり方を検討してきた。

　学級の荒れと規範意識との関係では，個々の児童生徒の規範意識を醸成・向

上させるよりも，互いに規範意識が低くないことを知り合う機会こそが重要であることを指摘した。また自尊感情に関しては，発達的にみた場合，直ちにその向上を目指すというよりも，下がってしまう時期があるということを知ること，またその背景に思考の発達というポジティブな側面が関係しているということを知ることが重要であると指摘した。

　こうした知見から求められる子どもの問題の解決に資する道徳教育とは，何かを醸成したり，向上させたりするものではなく，単純に「知ること」「知り合うこと」を支えることではないかと考えられる。つまり，教育と考えると，私たちはつい子どもたちに何か力をつけてやろう，あるいは子どもたちの力を伸ばしてやろうと考えがちである。しかし，実際には子どもたちはすでにそういう力を有しているのであるが，その力を有効に使用できる環境が整っていない場合も多いと考えられる。繰り返しになるが，たとえば，学級の荒れの場合は，みんな現在の状況をよいものとは思っていないにもかかわらず，みんながそう思っているということを知る機会がない。それゆえに，高い規範意識を有していても状況の改善につながらず，傍観といったかたちで現状を追認し維持してしまうと考えられる。また自尊感情の低下については，思春期・青年期に自分に自信がもてなくなることは，きわめて一般的なことであるにもかかわらず，それを知らない・知る機会がないゆえに，悩んでいるのは自分だけだと思い込み（いわば悩んでいることに悩み），周りに打ち明けることもなく，さらに問題を深めていく，といった具合である。

　このように考えるなら，学校において今後求められる道徳教育とは，「醸成」や「向上」を目指すものだけでなく，互い（の考え）を知り合うような環境を積極的に構成していくもの，いわば「共有」を目指す道徳教育であるといえる。

引用・参考文献

　加藤弘通（2016）「自尊心の過度な低下を抑止する授業の提案」加藤弘通代表『思春期の自尊心低下の要因とそれを抑止する授業づくりの検討』基盤研究(c)研究成果報告書，48～56頁。

　加藤弘通・太田正義（2016a）「学級の荒れと規範意識および他者の規範意識の認知の

関係──規範意識の醸成から規範意識をめぐるコミュニケーションへ」『教育心理学研究』64(2)，147〜155頁．

加藤弘通・太田正義（2016b）「小学生の規範意識と学級の荒れ──『規範意識の醸成』で学級の荒れに対処できるのか？」『心理科学』37，31〜39頁．

加藤弘通・太田正義・松下真実・三井由里（2018）「思春期になぜ自尊感情が下がるのか──批判的思考態度との関係から」『青年心理学研究』30(1)，25〜40頁．

教育再生実行会議（2013）「いじめ問題等への対応について（第一次提言）」．

教育再生実行会議（2017）「自己肯定感を高め，自らの手で未来を切り拓く子供を育む教育の実現に向けた，学校，家庭，地域の教育力の向上（第十次提言）」．

国立政策研究所生徒指導研究センター（2006）「生徒指導体制の在り方についての調査研究報告書（規範意識の醸成を目指して）」．

小塩真司・岡田 涼・茂垣まどか・並川 努・脇田貴文（2015）「自尊感情平均値に及ぼす年齢と調査年の影響」『教育心理学研究』62(4)，273〜282頁．

都筑 学（2005）「小学校から中学校にかけての子どもの『自己』の形成」『心理科学』25(2)，1〜10頁．

中間玲子編著（2016）『自尊感情の心理学』金子書房．

三井由里（2016）「自尊心の調査を通して養護教諭として感じたこと」加藤弘通代表『思春期の自尊心低下の要因とそれを抑止する授業づくりの検討』基盤研究(c)研究成果報告書，62〜66頁．

文部科学省（2006）「児童生徒の規範意識の醸成に向けた生徒指導の充実について（通知）」．

文部科学省（2016）「考える道徳への転換に向けたワーキンググループ 資料4」教育課程部会．

Baumeister, R. F., Campbell, J. D., Krueger, J. I. & Vohs, K. D. (2003) Does high self-esteem cause better performance, interpersonal success, happiness, or healthier lifestyles? *Psychological Science in the Public Interest*, 4, 1-44.

Harter, S. (1998) The development of self-representations. In Damon, W. & Eisenberg, N. (Eds.), *Handbook of child psychology*, Wiley, pp. 553-617.

Krebs, D. L. & Denton, K. (2005) Toward a more pragmatic approach to morality: A critical evaluation of Kohlberg's model. *Psychological Review*, 112, 629-649.

Piaget, J. & Inhelder, B. (1966) *La psychologie de l'enfant*, Press Universitaires de France.〔日本語訳版：J. ピアジェ＆ B. イネルデ著，波多野完治・須賀哲夫・周郷博訳（1969）『新しい児童心理学』白水社〕

Robins, R. W. & Trzesniewski, K. H. (2005) Self-Esteem development across the life-span. *Current Directions in Psychological Science*, 14, 158-162.

Trzesniewski, K. H., Donnellan, M. B., Moffitt, T. E., Robins, R. W., Poulton, R. & Caspi, A. (2006) Low self-esteem during adolescence predicts poor health, criminal behavior, and limited economic prospects during adulthood. *Developmental Psychology*, 42(2), 381-390.

> ─学習の課題─
> (1) 規範意識という視点から，いじめ問題についての調査データに基づいた実証研究を調べ，いじめを防止するために求められる道徳教育のあり方について論じなさい。
> (2) 戦後の少年非行・少年犯罪の変化・動向を調べ，現代少年の規範意識・道徳性について論じなさい。

【さらに学びたい人のための図書】

大久保智生・牧 郁子編著（2011）『実践をふりかえるための教育心理学』ナカニシヤ出版。
　⇨規範意識や社会性の低下など，現在，教育現場で当たり前のようにいわれているさまざまな言説について再検討し，違う視点を提示してくれる。

中間玲子編著（2016）『自尊感情の心理学』金子書房。
　⇨本章でも取り上げた自尊感情を批判的に検討し，この概念をめぐる問題点や留意すべき点がコンパクトにまとめられた一冊。

A. M. スレーター・P. C. クイン著，加藤弘通・川田 学・伊藤崇達監訳（2017）『発達心理学・再入門』新曜社。
　⇨コールバーグの道徳性研究など発達心理学における古典といわれる14の研究のレビューがなされており，発達心理学の基礎知識を手軽に得られる良書。

（加藤弘通）

第11章 シティズンシップ教育と道徳教育

この章で学ぶこと

道徳的個人が増えれば，社会の不正義は解消されるだろうか。不正義を生み出す社会構造に関心をもたずに，過去から現在に続いている社会を保持／継承する教育のみを進めれば，問題の温存に加担してしまうことなる。そこで，批判的知性から問題を設定／解決して社会変革に挑んでいく「市民」を育むシティズンシップ教育の観点が要請される。本章では，シティズンシップ教育の定義や世界的に注目が高まっている背景を確認した後，シティズンシップ教育の諸実践を概観する。そのうえでシティズンシップ教育と道徳教育の結びつきをどのように見出していくのかを明らかにしていく。

1 「市民である」とはどういうことか

(1) 住民から「市民」へ

あなたは「市民」なのかと問われれば，居住地域名をあげて「私は〇〇市民だ」というのではないだろうか。それでは「住民」と「市民」の違いは何だろうか。栗原 (2012, 552頁) は，市民について，「社会のメンバーとして，社会に必要，または望ましい，または善きことと思われることを自律的に行う志向性を持つ人々。自治に参加する志向性を持つ人々。社会的に排除されていて，自らの存在それ自体で生存と共生の方への呼びかけを行い，政治の責任と判断力の次元を開示する人々を含む」と定義する。この定義に基づけば，受動的に社会生活を送っているだけでは市民とはいえず，市民であるには自らが属する共同体における意思決定や社会創造への能動的で自律的な関与が求められる。こうした市民像は責任遂行能力の高い「強い個人」が想定されやすいが，栗原

の定義では，社会構造によって脆弱化させられている「痛み」の情報公開を通じて，今の社会の不正義を露わにする市民像も含まれている。そうした市民によって人々の共感が喚起され社会参加へと導かれていくからでもある。

　たとえ選挙制度等で示される社会運営の形式がいかに民主的であっても，必ずしも一人ひとりが大切とされる民主的な社会になるとは限らない。したがって，住民であるだけではなく市民であることが理念としても求められるのである。社会に住む人々が対話を通じて不断に共同生活上の問題を包括的に発見／理解し，そして，合理的な問題解決への努力を進めていく「生活形式の民主主義」が実現されなければ，非民主的な社会を招来しかねない（コック，2004，20頁）。

　シティズンシップ教育は民主主義社会を実現していくために，人々が「市民であること」とはどういうことなのかを学び，社会を変革していく権利を有しているという認識のうえに，その実践主体としての成長を支援するものである。たとえば，イギリスでは1970年代に興隆した政治的リテラシー教育運動や開発教育等の広がりといった前史をもちつつ（北山，2014，44〜50頁），1998年にシティズンシップ教育諮問委員会による政策文書『シティズンシップのための教育と学校における民主主義教育』（クリック・レポート）が発表され，2002年からは中等教育段階において必修教科化された。クリック・レポートでは「社会的道徳的責任」「コミュニティへの関与」「政治的リテラシー」がシティズンシップ教育の柱とされている。

（2）改めてシティズンシップとは何か

　そもそもシティズンシップとはどのような概念であろうか。マーシャル（1993，37頁）は，政治共同体の構成員として受け入れられるための成員資格（メンバーシップ）とその地位身分が認められた個人の平等を達成するために等しく保障されるべき諸権利を指す概念であると定義した。そして，イギリスにおける権利拡大の歴史から，18世紀に権力からの自由のために必要とされる市民的権利が，19世紀には政治権力の行使に参加する政治的権利が，20世紀には福祉国家の誕生とともに標準的な文明生活を送るために生活保障される社会的

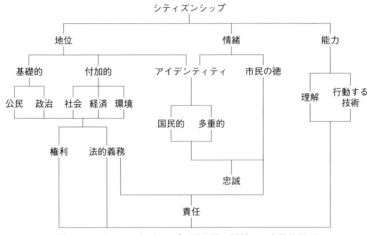

図11-1 シティズンシップの要素間の関係の二次元的整理
出典：ヒーター（2002）298頁。

権利が保障される諸権利に含まれていったことを示した。

　この地位としてのシティズンシップ概念では市民が権利を受け取っているだけの受動的存在に位置づけられており，形式的側面でしか市民の態様を捉えられていないことをデランティ（2004, 38～39頁）は批判する。そこで，権利行使を通じた能動的参加による実践とそのための資質・能力，実践を通じたアイデンティティ構築や帰属感覚がシティズンシップの実質的側面として加えられていくこととなる。そして，シティズンシップを「権利・責任・参加・アイデンティティ」の4つの要素の組み合わせと優先づけの観点から検討し，リベラリズムは「権利・責任」，コミュニタリアニズムや市民的共和主義は「参加・アイデンティティ」として定式化したと整理している。ヒーター（2002, 298頁）は，市民が国民国家のみならず，さまざまな共同体に多重的に属していることなどの現実を踏まえ，より精緻なシティズンシップ概念の整理として各種要素の複雑な関係を図11-1のように図式化している。

（3）「市民ではないこと」をどう受けとめるか
　シティズンシップの実質的側面の重要性認識の広がりとシティズンシップ教

育への関心の高まりは関連しているが，注意すべきことはシティズンシップ教育が社会参加しない人々を「非市民」として指弾する方向性に向かってはならないということである。権利の行使としての参加であり，参加/不参加は当然ながら個人の自由意志によるものである。不参加によって自らのニーズが共同体の意思決定時に顧慮されなかったり，また，いいとこ取りをするだけのフリーライダー増加から共同体の空洞化が起こって負の影響を受けてしまったりするリスク認知を共有する必要はあるが，自己決定の判断は尊重されるべきである。市民の社会参加は，国家に要請/指導される「上からのリーダーシップ」による参加でなく，市民の発意による「下からのイニシアティブ」で展開される参加を基調としなければならない（久野，1998，187頁）。

　そもそも自らの社会に帰属感をもてずに参加する気になれない背景や参加したくても実践できない背景には，既存社会のなかで排除されている可能性が含まれている。市民とは，今の社会を維持するための秩序やそれを成り立たせている規則や慣習，規範を無前提に肯定して帰属していく存在ではない。既存社会を時空間の幅広い視点から相対化して問い直し，新たな社会を創造していく主体である（河野，2011，136頁）。だからこそ，社会的な背景を捉えることなく，不参加の人々を教化対象とはしないのである。

　また，市民としての資質や能力を論じていくうえでわきまえておくべきことは，ひとりで何でもできる「完全な市民」などいないということである。一人ひとりは不完全な存在であるという「弱さ」の自覚によって他者への連帯に導かれて，私たちは共同体を形成し，支え合って生きている。シティズンシップ教育が志向するのは「それなりに良い市民」（good enough citizen）（篠原，2004，197頁）としての成長である。

2　なぜシティズンシップ教育なのか

（1）「公共空間の空洞化」への対抗

　イギリスのみならず，現在は世界各国でシティズンシップ教育の必要性が指

摘され，その実践が展開されている。その背景のひとつとして示されるのが，「個人的悩みと公的問題の出会いと対話の場」としての公共空間の空洞化である（バウマン，2001，51～53頁）。近代化によって人々は伝統的な共同体から解放されていき「個人化」が進んだが，現代は原子化と呼ばれるほどに徹底されている。この原子化により，個々人が暮らしの中で直面している悩みを吐露／共有しながら，生きづらさの正体としての社会構造をともに見出していく場が成り立ちにくくなっている。また，不自由なく日常を過ごしている人々からすれば，共同体を同じくする人々の生きづらさとの出会いがなく，社会問題は遠景化していき，私生活の充実に勤しむこととなる。こうして公共空間は空洞化していく。そこで，空洞化した公共空間の再建に取り組む市民が求められてくるのである。

　ここで批判されているのは，私たちの社会が伝統的共同体に代わって参入する新たな共同体を成立させられなかったことであり，個人主義そのものではないことに留意したい。民主主義の根本精神は「すべての人間を個人として尊厳な価値をもつものとして取り扱う」個人主義にある（文部省，1995，1頁）。自分も他者も等しく尊重されることが基盤にあるから，意思決定における民主的対話が求められるのである。

（2）「若者の疎外」からの回復

　若者の社会参加意識の低調さも背景のひとつに示される。たとえば，内閣府「平成25年度 我が国と諸外国の若者の意識に関する調査」（2014年6月）では，「自国のために役立つと思うようなことをしたい」という設問に対して肯定的回答をしているのが54.5％であるものの，「社会をよりよくするため，私は社会における問題に関与したい」では44.4％，「あなたはボランティア活動に興味がありますか？」では35.1％，「将来の国や地域の担い手として積極的に政策決定に参加したい」では35.4％に肯定的回答が止まり，いずれも比較7カ国で最も低い結果となっている。ただし，一定の社会貢献意欲はあることから，若者が社会参加に無関心であるとは必ずしもいえない。同調査での「私の参加

により，変えてほしい社会現象が少し変えられるかもしれない」という設問への肯定的回答は30.2％に過ぎず，効力感の獲得が十分になされていないことが見てとれる。関心と行動との肉離れの一因には，こうした「どうせ参加しても意味がないのではないか」という無力感があると考えられよう。

　効力感の不十分な獲得は，成人期への移行の長期化が影響している。移行期にある若者は十全な社会参加が先送りされやすく，市民としての権利と責任を果たす機会が奪われやすい。参加による影響力を実感できなければ，その意味が見出せないのは当然のことである。参加機会がなければ，実践につながる資質・能力を磨くことも難しく，効力感は押し下げられてしまう。また，たとえ十全な権利と参加機会が提供されたとしても，若者の間で階層化が進んでおり，下位の階層では参加機会へのアクセスのハードルが高くなり，権利行使につながらないという影響もみられる（ジョーンズ＆ウォーレス，2002）。

　シティズンシップの実質化にあたっては，こうした若者を社会参加から遠ざけてしまう「若者の疎外」と呼ばれる問題群への対応も求められる。その方向としては階層化の影響を抑制する社会サービスを充実させると同時に，学習と参加を分離するのではなく統合していくこと，つまり，子ども・若者を「教育指導する対象」としてではなく「共に活動する主体」として位置づけ，模擬的ではなく真正的な関与機会を増やしていくことが必要となる。

（3）福祉国家「再編」への参与

　シティズンシップ教育への要請は，福祉国家の揺らぎも影響している。市場が成熟化して高い経済成長が望めないなかで，少子高齢化やポスト工業社会化による雇用の不安定化に伴って社会保障費は増加しており，従来の福祉国家は危機に瀕している。そこで「小さな国家」に適合する「強いられた共助」を引き受ける市民を育てるためにシティズンシップ教育が位置づけられている向きもある（仁平，2009，183～186頁）。福祉ニーズが膨らんでいるなかで，福祉国家を単純に縮小化させれば，困窮時に支えてくれる資源を有する人々とそうではない人々での格差は広がり，荒涼とした社会を招来させてしまう。だからこ

そ，限られた財源を最適化させていく福祉国家の再編が求められる。

　シティズンシップ教育が福祉国家を否定するのではなく，社会権の保障をめぐる問題や不当な扱いと向き合って社会保障のあり方を問いなおし，つくり変えていく流れをもたなければならない（仁平，2009，196〜197頁）。クリック（2011，138〜139，161〜162頁）も，現在の社会の維持のために取り組む品行方正な人々を育てるのではなく，社会正義の実現を阻んでいる不当な法があれば，それを変えようと異議申し立てし，社会変革のための政治的行動や地域運動に取り組む「能動的な市民」（active citizen）が育つ教育であらねばならないと提起している。

（4）グローバル化による多様化

　グローバル化の進展による国民国家の揺らぎもシティズンシップ教育への関心の高まりと関係している。経済のグローバル化に伴って人の移動は激しくなり，さまざまなルーツをもつ人々がともに暮らすことが自然な状態となっている。このなかで「市民＝国民」の等式が崩れており，「誰」が共同体の政治に参加する権利を有するのかという問いや，共同体としての連帯意識をどう醸成していくかという問いが浮上してくる。この問いに応答するために，従来のシティズンシップ教育の見直しの必要性が高まっているのである。

　イギリスにおいても2007年には新たな政策報告書『カリキュラム・レビュー：多様性とシティズンシップ』（アジェグボ・リポート）が出され，シティズンシップ教育の4つ目の柱として「アイデンティティと多様性：英国でともに暮らすこと」が加わった。アジェグボ・リポートでは，イギリス市民を法的地位や滞在身分によって定義せず，イギリス社会に暮らすすべての人々が含まれることが明確に示されている。加えて，シティズンシップ教育にあたって政治的アイデンティティの構築だけではなく，文化的アイデンティティの側面にも光が当てられ，その可変性や複合性／複数性が着目されている（北山，2014，62〜73頁）。

　多文化化している状況において，特定集団の文化や伝統的道徳性を学習する

だけでは異質なものへの不寛容を強化しかねず，共生社会の実現に齟齬をきたしてしまう。すでに私たちの生活はグローバルな政治的／経済的／文化的な結びつきを有して成り立っている。そのため，混淆化している現実のなかでは巨視的な観点からの世界市民の一員としてのアイデンティティ構築も求められている。こうした流れは多様性の増大が既存社会を不安定化させているように映るかもしれないが，そうではない。新たな想像力が刺激されることによって固定観念からの閉塞性は揺さぶられて，市民の生活文化を豊かにし，また，少数者への寛容さを強化する可能性を有しているものである。そうした多様性に胚胎するポジティブな力を引き出していく市民が育つ教育を実現できるかどうかが問われているともいえる。

3 シティズンシップ教育はどう実践されているか

(1) シティズンシップ教育の取り組み方向

　市民が社会創造に参加していく方法には，意思決定者との対話や政策形成過程への参画，投票等による意見表明といった政治的関与と，市民が直接的に問題解決に乗り出して市民公益活動やソーシャルビジネスとして具体化していく社会的関与があり，それぞれ個人的実践／集団的実践が示せる（図11 - 2）。

　シティズンシップ教育は，従来の公民教育とは異なり，政治的関与だけではなく社会的関与へも幅を広げつつ，教授による知識獲得だけではなく活動を通じた技能習得／態度形成にも力を注いでいくことが求められている（水山，2010，26～27頁）（表11 - 1）。

　ただし，社会参加する市民としての知識・技能・態度が学修されても，実際に「いざ」という状況で行動に移されなければ意味がない。フレイレ（1979，95～96頁）は，言葉には「省察」と「行動」の２つの次元があるとし，行動なき省察は「空虚な放言」に過ぎず，省察なき行動は社会変革につながらない「行動至上主義」であると退けた。そして，省察と行動が統合された「実践」の必要性を指摘した。フレイレに倣って，市民の思考を「省察の思考」と「行

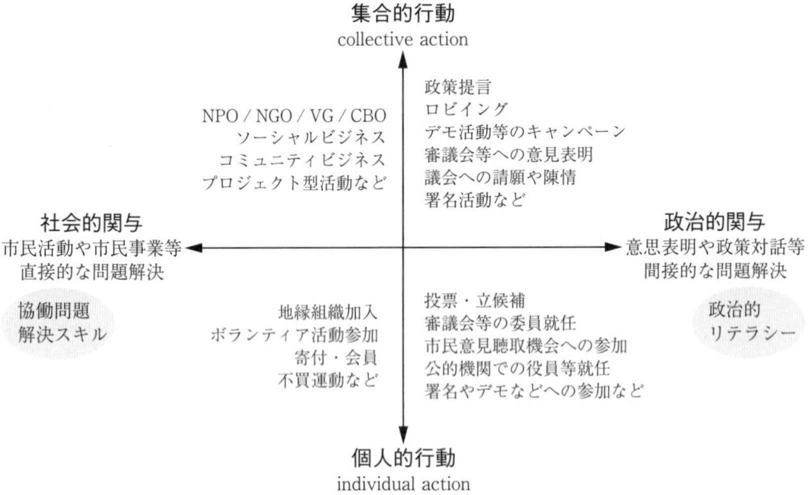

```
                    集合的行動
                    collective action
                         ↑
                         │  政策提言
    NPO / NGO / VG / CBO │  ロビイング
       ソーシャルビジネス │  デモ活動等のキャンペーン
      コミュニティビジネス│  審議会等への意見表明
      プロジェクト型活動など│ 議会への請願や陳情
                         │  署名活動など
   社会的関与            │                    政治的関与
  市民活動や市民事業等 ───┼─── 意思表明や政策対話等
  直接的な問題解決        │    間接的な問題解決
                         │
  ┌──────┐     地縁組織加入  投票・立候補     ┌──────┐
  │協働問題│  ボランティア活動参加 審議会等の委員就任 │政治的│
  │解決スキル│     寄付・会員  市民意見聴取機会への参加│リテラシー│
  └──────┘       不買運動など  公的機関での役員等就任 └──────┘
                         │    署名やデモなどへの参加など
                         ↓
                    個人的行動
                    individual action
```

図11-2 市民の社会創造への参加方法

出典:筆者作成。

表11-1 シティズンシップ教育の「範囲」と「活動」

活動 \ 範囲	狭いシティズンシップ	広いシティズンシップ
	国政や地方政治を支える投票者(有権者)個人としての市民性の育成	コミュニティに変化をもたらすことに能動的に関わろうとする公共人としての市民性の育成
静的シティズンシップ 知ることによって学ぶ 教養的なシティズンシップ	国政や地方政治に関する政治的教養,政治に関する知識理解,日本国憲法の精神,議会制民主主義のしくみ	個人的には解決することのできない社会的な対立状況(国政や地方政治に関する公的な課題のみではなく,グローバルな問題や私人間の争いといった行政府の枠を超えた公共的な課題をも含む)に関する知識・理解,自由や平等の理念やデモクラシー
動的シティズンシップ 為すことによって学ぶ 実践的なシティズンシップ	政治的権利の行使としての選挙・投票,政治的な活動	コミュニティにおける問題解決,コミュニティ活動への参加

出典:水山(2010)27頁。

第11章　シティズンシップ教育と道徳教育

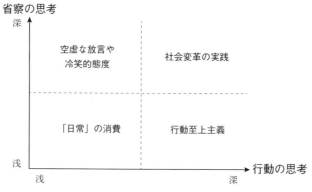

図11-3　市民の思考の成熟
出典：筆者作成。

動の思考」の2軸で示せば，その成熟方向は図11-3のように示せよう。シティズンシップ教育を具体化していくにあたって，私たちの社会の中でどのような問題がどのような構造でひき起こされており，「私」とその問題がどのように結びついているのかを見出す「省察の思考」と，問題解決に向けて「私」がなすべきことを見出し具体化していく「行動の思考」の調和を崩さないように留意せねばならない。

(2) 政治的関与のための学び

政治とは，暴力を用いずに相異なる利害や意見を創造的に調停し，分化した社会を統合する営為である（クリック，1969，151頁；2011，58頁）。政治的問題には唯一の完全な正解が存在しないことから，対立した利害や意見は平行線を辿ってしまう可能性がある。そうした際に非民主的な意思決定を行えば抑圧／摩擦が生じて共同体に分断が生じてしまう。そこで，自他の違いを尊重しながら創造的調停を実現する政治が必要となる。そのため，政治的関与の学びは葛藤や対立を学習資源として争点を見抜きつつ，合意形成過程における統合を推進できる主体としての成長を目指すこととなる。

具体的な手法には，模擬選挙や模擬請願，模擬議会，論争型時事問題学習が

主立ったものとして例示される。こうした国民国家内での政治的権利の行使に基軸をおく教育取組を日本では「主権者教育」と呼んでおり、総務省・文部科学省も2015年に副教材『私たちが拓く日本の未来』を発行している（第12章参照）。国内外で最もポピュラーな手法は模擬選挙であるが、投票行為の前後の学びのデザインが疎かであれば、投票ごっこ体験に止まってしまう。そこで、投票行為の「前」には自分の問題意識から「My 争点」を定めて公約を比較する実践が行われていることが多い。しかし、政治共同体としての意思決定参加である以上は「自己にとっての望ましさ」に加えて、「共同体としての望ましさ」の観点も必要となる。教室内の他者だけではなく、さまざまな境遇に置かれている人々の立場から公約を読み解くステップを加えて考察を深めることが求められる。

　また、投票という権利を行使した／放棄した結果として生じる状況に応答していく責任感を涵養する学びも組み込まれなければ、日常的な政治的関与は導かれない。ベラーら（2000, 285～289頁）は市民が専門家の意見について倫理的意味合いを考量して評価できるようになるだけではなく、多忙な生活であっても散心を避けて継続的に政治に注意を払えるようになることも求めている。投票後の学びとして、政権政党の公約達成の進捗状況や自らが支持した政党や政治家のパフォーマンスについてモニタリングすることを促すことも奨励したい。

　シミュレーションを軸とした学びだけではなく、「身近な政治」への参加を通じた学びもある。具体的には、学級討議等を通じて校則などの学校のルールを民主的につくり変えていくことがあげられる（たとえば、神戸市立御影中学校「きまり検討委員会」の実践など）。学校経営に生徒と保護者、教職員が参画する「三者協議会」設置の実践もある（宮下, 2016）。

　政治的関与は制度化されている手法だけでなされるものではない。議会での討議において民意の多様性が表象されていない場合、市民は政策提言やロビイング、署名やデモ活動など、さまざまな回路で参加していくこととなる。このような直接的な参加の手法は年齢や国籍といった限定性がなく、普遍的な権利として重要なものである。

（3）社会的関与の学び

　社会的関与の学びは，市民による協働問題解決行動への積極性を育むと同時に，その実践が効果的なものとするための力量を形成することが目指される。具体的な手法としては，社会問題の実態把握と原因分析から解決策を立案／実行していくプロジェクト型学習や（たとえば，尼崎市教育委員会「社会力育成事業」など），教科学習とも連関させながら社会問題の現場で活動する市民組織での実習に一定期間参加するサービスラーニングが例示される。

　いずれも取り扱う社会問題の特定が最初に必要となるが，必ずしも教育者が行うとは限らない。一見すると私的だと思われることも含め，学習者が日常生活の中で感じている「困りごと」や「ほっとけないこと」の表現／共有を手掛かりに，切実さを伴う共通の問題意識を小集団や学級全体で明るみにしていく実践もある。この際，「私的状況に生ずる個人的問題と，社会構造の諸問題との相互関係」（ミルズ，1995，244〜246頁）の理解を促すことで，社会と自己の結びつけ方は，社会問題をわが事に引きつける方向だけではなく，わが事を社会問題へと引き上げていく方向も認識されることとなる。こうした認識の広がりが「下からのイニシアティブ」による参加を力強くすることにつながるのである。

　また，プロジェクト活動や実習活動を通じた学習ではリフレクション（省察）がその質を左右する（ジャコビー，2009，56〜57頁）。リフレクションは感じたことや気づいたことを書き綴るだけではなく，ひとつの経験を短絡的に普遍化してしまうことがないよう，批判的な考察を加えて熟慮するものである。たとえば，社会問題に関する学びに向けては，時間的／空間的比較を行いながら，その問題がなぜ／どのように地域で起こり，現在の活動形態になっているのか，より適切な解決方法はないのかを問い，経験の背景にある社会的文脈やマクロな社会環境を見通していくこととなる。学習者自身に関する学びに向けては，活動中にわき起こった思考や感情の前提となっている信念や価値観を問い返しながら，その形成過程をつぶさに見つめ直していくこととなる。この自己の批判的省察過程によって価値観が揺らぐことで，パースペクティブに変化が起こり，意識変容／行動変容へと導かれていくのである（クラントン，1999，204〜210頁）。

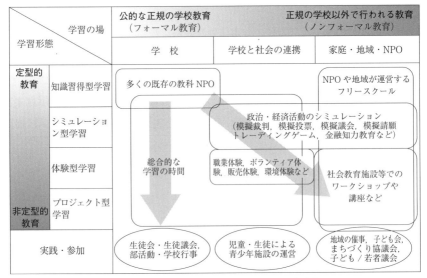

図11-4 シティズンシップ教育の分類と方向性
出典：経済産業省（2006）41頁を筆者が一部加筆。

ほかにもさまざまな手法がシティズンシップ教育では展開されており，その分類と方向性を示せば図11-4のようになる（経済産業省，2006，41頁）。

4 市民に求められる道徳性とは何か

（1）個人的道徳から社会的道徳へ

ここまでみてきたシティズンシップ教育と道徳教育は，いずれも「道徳」への関心を共有している。クリック・レポートにおいても，「道徳的価値や個人の発達に関する指導はシティズンシップ教育に不可欠となる事柄」であると述べられており，その内容として「公平性の概念や法・規則・意思決定・権力・地域の環境・社会的責任などに対する姿勢」の形成があげられている（QCA, 2012, 122頁）。しかし，従来の「道徳教育」とシティズンシップ教育とでは，道徳の「何を」扱うのかという点において違いがある。川口（2017, 191～195頁）はイングランドのシティズンシップ教育のカリキュラム研究を通じて，

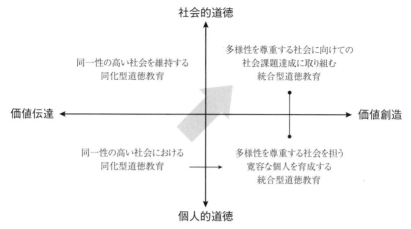

図11-5 シティズンシップ教育が提起する道徳教育の重心移行
出典：筆者作成。

「公的・社会的な活動に関連した道徳性を育成することに焦点を当てており、個人的道徳育成から一歩引いている」ことを明らかにしている。シティズンシップ教育における道徳性を論ずるにあたっては、善良な個人として生きるうえで何が求められるのかという問いからくる「個人的道徳」と、民主主義社会として尊重／擁護していくべき正義は何かという問いからくる「社会的道徳」を峻別することが求められるのである。

加えて、この「社会的道徳」の学びでは、不正義が具体化されている状況に対して、個人として何をなすべきかではなく、社会として何をなすべきかを考えることとなる。この思考の方向性のもとでこそ、政治性が帯びてくるからである。未解決な社会問題と対峙する場合は当然に旧来の社会的道徳の価値伝達では不十分であり、新たな価値創造が求められる。これらの議論を踏まえれば、シティズンシップ教育が提起する道徳教育の方向性は図11-5となる。

（2）「相互理解」から「相互変容」へ

それでは、社会的道徳の価値創造を「どのように」進めていくことが志向されるべきだろうか。デイビスとソープ（2006, 70～74頁）は、市民として考え行

動することを可能にする手続的概念として「説明する / 寛容である / 参加する」の３つの領域を示し，学習者が「社会的・政治的現実についての批判的な認識を基盤とする合理性の概念と結びつけて，自分の見解・理解・議論を説明すること」「多元的民主主義の概念と結びつけて，自分自身とは異なる意見や見解に対して寛容であり，それらを受け入れ，熟成すること」「社会的・政治的責任を受け容れ，自分自身の権利や権限を正しく認識することから，授業におけるこれらの観念をめぐる考察や討論に参加し，その経験や理解を学校外の日常生活において用いること」をできるようになることを具体的な目標に掲げている。

　こうした目標に連なる教育実践として，たとえばお茶の水女子大学附属小学校が人間性や道徳性を育成する新教科「てつがく」を中心に教育課程全体で展開している道徳性と思考力とを関連づける取り組みがあげられる。同小学校は2002年度から「市民」科を設け，2008年度からは教育課程全体でシティズンシップ教育に取り組んでいるが（岡田，2015，42〜43頁），その延長線上に「てつがくすること」は位置づけられており，シティズンシップ教育と道徳教育の接続の一例といえよう。「てつがく」の目標は「自明と思われる価値やことがらと向き合い，理性や感性を働かせて深く考えねばり強く問い続けたり，広く思いを巡らせ多様に考えたりすることを通して，民主的な社会を支える市民の一員として，創造的によりよく生きるために主体的に思考し，前向きに他者とかかわる市民性を育む」とされている（お茶の水女子大学附属小学校，2017，20頁）。

　具体的には，低学年教育では学びに臨む身体性を育むために，自由に思ったことや感じたことを聴き合う「サークル対話」などの学習活動が展開され，その土台の上に中・高学年では対話や記述といった多様な言語活動を取り入れた概念探求や共通了解へと発展させていっている。たとえば，概念探求では「なぜ人は差別をするのか」という問いから，パラリンピックが差別になるのか区別になるのかという具体的な事柄をテーマに対話を進め，差別概念の問い直しが行われたことが報告されている（お茶の水女子大学附属小学校，2017，8頁）。

　ただし，「てつがく」では手続的価値の学習に重心があり，その内容につい

ては社会的道徳のみが扱われているわけではない。それは「社会科」における「てつがくすること」でより明確に扱われている。たとえば，小学校6年生の単元「自然災害と市民の安全」では，川内原子力発電所の再稼動をめぐる価値判断／意思決定について，どこに住む人々にまで意見を聞くことが社会として望ましいかを問う授業がなされている。

　このような対話を通じた学びが，異見の並列を許容することにとどまれば，社会統合につながるものとならないことには注意したい。マンハイム（1971, 344～350頁）は，他者の異なる考えに学んで自己変容に自ら進んで踏み出せる勇気を備えた不一致への寛容を「創造的寛容」と呼んでいるが，この創造的寛容の態度を育み，相互理解から相互浸透に至る促しが教育者には求められる。

（3）排除・支配・不平等への感受性

　社会的道徳は民主主義から導き出される正義と結びついているが，齋藤・田村（2012, vi～vii頁）は民主主義の構成原理として，

- 集合的な意思決定によって大きな影響を被る者はそれに至る過程において自らの意思を表す機会を奪われてはならないという包摂（非排除）の原理
- 他者の意思に従属するのではなく自分自身の意思に従うという自律（自己支配ないし非支配）の原理
- 市民の政治的平等の原理（一部の者が意思形成―決定過程で特別な影響力を行使することを禁ずる）

の3つを示している。このことから民主主義を尊重／擁護する市民には，排除や支配，不平等リスクに晒されやすい少数派に目を注ぎ，構成原理を損ねかねない事態を察知する感受性が求められる。

　つまり，新たな価値を創造していくにあたっては，いきなり多数意見を軸に同意を調達していくのではなく，まず少数意見の表明を歓迎して多様性を明るみにできているかどうかが鍵を握ることとなる。この際，少数派が多数派になびかないよう，ウォルツアー（2003, 119頁）が述べている通り，多数派になっ

た者に対して「異なっているとはどんなことなのか」を教えることよりも，少数派になった者に対して「正しい仕方で異なった存在になるか」を教えることに力点をおかなければならない。

　それでは，とくにどのような少数派に耳を傾けていくべきだろうか。「少なさ」という少数性よりも，「小さくされている」という被抑圧性や周縁性にこそ目を注ぐことが必要だろう。なぜならば，不正義な政治のしわ寄せは，脆弱化させられている人々の生活で最も大きく影響するからである。そうした「しわ寄せ」に表象されている「地べたに転がるポリティクス」（ブレイディ，2017，284～285頁）から導き出される社会的道徳の創造こそ，民主主義を擁護する学びとなる。「小さくされている人々」（本田，1990）のところに出て行って，傍らでその「声」に耳を傾けながら自らの視座を変容させ，その変容したことを開示しながら他者と結合していくこと。そして，ともに社会構造の変革へと働きかけていくこと。このような連帯的実践をもたらす市民的徳性の涵養を目指すところで，シティズンシップ教育と道徳教育の結びつきをつくり出していくべきだろう。

5　道徳的な個人が増えれば，善い社会になるのか

　ウエストハイマーとカーネ（Westheimer & Kahne, 2004, pp. 239-243）は，市民像として社会問題の解決に協力する「個人として責任ある市民」，社会問題解決のために市民組織の運営に関わったり積極的にリーダーシップを発揮したりする「参加する市民」，社会問題の構造的分析から変革に向けた運動を展開する「公正志向の市民」という3つのタイプを示している（表11-2）。社会の不正義を解消していく観点に立てば，「倒れている人や困っている人がいたら助けよう」では対処療法的で「善い行い」として不十分なのである。特定の人々を責め立てるかたちではなく，「なぜその人は倒れているのか，困りごとはどのように生み出されてしまったのか」「倒れるに至った障害の除去や困りごとの解消がいまなお実現していないのはなぜか」と問い，社会構造に働きかけるこ

表11-2　3つの「市民」像

	個人として責任ある市民 (Personally Responsible Citizen)	参加する市民 (Participatory Citizen)	公正志向の市民 (Justice-Oriented Citizen)
説　明	・地域で責任をもって行動する ・働き，税金を支払う ・法に従う ・リサイクルや献血に協力する ・災害時にボランティアに協力する	・地域組織や地域改善の取り組みの積極的な一員になる ・ニーズを持つ人の支援，経済発展，環境美化等の地域の取り組みを組織する ・行政の役割を知る ・協力して課題に取り組む方法を知る	・表面的な原因にとどまらず，社会的／政治的／経済的構造を批判的に分析する ・不公正の領域を見つけ，明らかにする ・民主的な社会運動について知り，組織的な変化に影響を与える方法を知る
行動の例	フードドライブに食料を寄付する	フードドライブを組織する	なぜ人々が飢えているのか考察し根本的な原因を解決するために行動する
中核的な前提	社会的問題を解決し，社会を改善するには，市民は善き徳性を持たなくてはならない。彼らは誠実で，責任をもち，法に従う，コミュニティの一員でなくてはならない	社会的問題を解決し，社会を改善するには，市民は既存の制度やコミュニティの構造の中で，積極的に参加し，リーダーシップを取らなくてはならない	社会的問題を解決し，社会を改善するには，長きにわたり不公正を再生産してきた既存の制度や構造に対し，疑義を唱え，討議し，変革しなくてはならない

出典：Westheimer & Kahne（2004）p.240；古田（2015）56頁。

とで真に「善い行い」となる。

　こうした問題提起は，現在の社会秩序を大きく揺さぶる行動を促すだけに，不穏に映るかもしれない。道徳教育の射程外だと思われるかもしれない。しかし，批判的知性で吟味されていない道徳的行動の称揚は，「過去」からの流れのなかで固定化（時に正当化）されて日常に溶け込んでいる不正義を容認することにつながりかねない（ニーバー，2014，247頁）。対処療法への参加で是とすれば，その社会問題の存在やそれを支えた価値観を前提としているともみえるからである。学校教育は，決して過去から受け継がれてきた価値を継承していく機能だけを有しているのではない。学校は「過去と未来の衝突の場」であり（小玉，2003，159頁），来るべき未来を先取りして新たな価値を創造していく機能も有することを忘れてはならない。

引用・参考文献

M. ウォルツアー著，大川正彦訳（2003）『寛容について』みすず書房。
岡田泰孝（2015）「お茶の水女子大学附属小学校における取組」日本シティズンシップ教育フォーラム編『シティズンシップ教育で創る学校の未来』東洋館出版社，42～49頁。
お茶の水女子大学附属小学校（2017）『平成28年度研究開発実施報告書（第二年次）』お茶の水女子大学附属小学校。
川口広美（2017）『イギリス中等学校のシティズンシップ教育――実践カリキュラム研究の立場から』風間書房。
北山夕華（2014）『英国のシティズンシップ教育――社会的包摂の試み』早稲田大学出版部。
QCA（Qualifications and Curriculum Authority）著，鈴木崇弘・由井一成訳（2012）「シティズンシップのための教育と学校で民主主義を学ぶために」長沼 豊・大久保正弘編『社会を変える教育――英国のシティズンシップ教育とクリック・レポートから』111～210頁。
久野 収，佐高信編（1998）『久野収集Ｖ――時流に抗して』岩波書店。
P. A. クラントン著，入江直子・豊田千代子・三輪建二訳（1999）『おとなの学びを拓く――自己決定と意識変容をめざして』鳳書房。
B. クリック著，前田康博訳（1969）『政治の弁証』岩波書店。
B. クリック著，関口正司監訳（2011）『シティズンシップ教育論――政治哲学と市民』法政大学出版局。
栗原 彬（2012）「市民」大澤真幸・吉見俊哉・鷲田清一編『現代社会学事典』弘文堂，552～554頁。
経済産業省（2006）『シティズンシップ教育と経済社会での人々の活躍についての研究会報告書』経済産業省。
河野哲也（2011）『道徳を問いなおす――リベラリズムと教育のゆくえ』ちくま新書。
小玉重夫（2003）『シティズンシップの教育思想』白澤社。
H. コック著，小池直人訳（2004）『生活形式の民主主義――デンマーク社会の哲学』花伝社。
齋藤純一・田村哲樹（2012）「はしがき；デモクラシーの現在」齋藤純一・田村哲樹編『アクセス デモクラシー論』日本経済評論社，iii～xiii頁。
篠原 一（2004）『市民の政治学――討議デモクラシーとは何か』岩波新書。
B. ジャコビー著，山田一隆訳（2009）「こんにちの高等教育におけるサービスラーニング」桜井政成・津止正敏編『ボランティア教育の新地平――サービスラーニングの原理と実践』ミネルヴァ書房，51～79頁。
J. ジョーンズ・C. ウォーレス著，宮本みち子監訳，鈴木 宏訳（2002）『若者はなぜ大人になれないのか――家族・国家・シティズンシップ（第2版）』新評論。

第11章　シティズンシップ教育と道徳教育

Y. デイビス・T. ソープ著，豊嶌啓司訳（2006）「市民としての思考と行動」C. ロラン－レヴィ・A. ロス編，中里亜夫・竹島博之監訳『欧州統合とシティズンシップ教育——新しい政治学習の試み』明石書店，62～89頁．

G. デランティ著，佐藤康行訳（2004）『グローバル時代のシティズンシップ——新しい社会理論の地平』日本経済評論社．

R. ニーバー著，大木英夫訳（2014）『道徳的人間と非道徳的社会』白水社．

仁平典宏（2009）「〈シティズンシップ／教育〉への欲望を組みかえる」広田照幸編『教育』岩波書店，175～202頁．

日本シティズンシップ教育フォーラム編（2015）『シティズンシップ教育で創る学校の未来』東洋館出版社．

Z. バウマン著，森田典正訳（2001）『リキッド・モダニティ——液状化する社会』大月書店．

D. ヒーター著，田中俊郎・関根政美訳（2002）『市民権とは何か』岩波書店．

古田雄一（2015）「アメリカの貧困地域の子どもに内面化される『市民』像に関する一考察——子どもの日常的経験と学校の隠れたカリキュラムに着目して」『筑波大学教育学系論集』40(1)，55～63頁．

ブレイディみかこ（2017）『子どもたちの階級闘争——ブロークン・ブリテンの無料託児所から』みすず書房．

P. フレイレ著，小沢有作・楠原 彰・柿沼秀雄・伊藤 周訳（1979）『被抑圧者の教育学』亜紀書房．

R.N. ベラー・R. マドセン・W.M. サリヴァン・A. スウィドラー・S.M. ティプトン著，中村圭志訳（2000）『善い社会——道徳的エコロジーの制度論』みすず書房．

本田哲郎（1990）『小さくされた者の側に立つ神』新世社．

T.H. マーシャル著，岩崎信彦・中村健吾訳（1993）「シティズンシップと社会的階級」T.H. マーシャル・T. ボットモア『シティズンシップと社会的階級』法律文化社，3～130頁．

K. マンハイム著，池田秀男訳（1971）『自由・権力・民主的計画』未來社．

水山光春（2010）「日本におけるシティズンシップ教育の動向と課題」『京都教育大学実践研究紀要』第10号，23～33頁．

宮下与兵衛（2016）『高校生の参加と共同による主権者教育——生徒会活動・部活動・地域活動でシティズンシップを』かもがわ出版．

C.W. ミルズ著，鈴木 広訳（1995）『社会学的想像力』紀伊国屋書店．

文部省（1995）『民主主義——文部省著作教科書』径書房．

Westheimer, J. & Kahne, J. (2004) What Kind of Citizen？: The Politics of Educating for Democracy. *American Educational Reserch Journal Summer 2004*, 41(2) 237-269.

> **学習の課題**
> (1) 学校卒業後も自発的に社会参加する市民となるためには，どのような体験がとくに重要であると考えるか。
> (2) 学習者が「小さくされている人々」の苦痛をわが事として捉えられるようにするには，どのようにしていけばよいと考えるか。
> (3) 教育者の能動的シティズンシップの成熟・発揮について，学校教員になる前・なった後，どのように自己促進していけばよいと考えるか。

【さらに学びたい人のための図書】

日本シティズンシップ教育フォーラム編（2015）『シティズンシップ教育で創る学校の未来』東洋館出版社。
　⇨日本でもシティズンシップ教育はすでにさまざまな教科や課外活動で展開されている。本書ではその実践が幅広い校種で紹介されている。
河野哲也（2011）『道徳を問いなおす――リベラリズムと教育のゆくえ』ちくま新書。
　⇨本書では心理主義的な道徳教育が批判され，政治性を基盤に据えた哲学的議論を中心とする新たな道徳教育が提案されている。
吉野源三郎（1982）『君たちはどう生きるか』岩波文庫。
　⇨日常生活の分析から自らを取巻く社会構造を認識したうえで自らの生き方を描く必要性を本書は提起している。

（川中大輔）

第12章 現代的な課題と道徳教育

この章で学ぶこと

　2017年に示された新学習指導要領では「主体的・対話的で深い学び」の実現に向けて，道徳科においても「現代的な課題」を積極的に扱うことが期待されている。現代的な課題の具体例としてあげられているのは，情報モラル，食育，健康教育，消費者教育，防災教育，福祉に関する教育，法教育，社会参画に関する教育，伝統文化教育，国際理解教育，キャリア教育などである。これらは「社会の持続的な発展」とも深く関わる課題として，また答えがひとつに定まることのない教育課題として，「考え，議論する道徳」を推進するための重要テーマと目されている。本章では，学習指導要領における記述内容を整理したうえで，いくつかのテーマについての具体的な取り扱い方，指導上の工夫や留意点について概説する。

1　現代的な課題とは何か

　そもそも教育政策のなかで現代的な課題という言葉が使われ始めたのは，1992年の生涯学習審議会答申「今後の社会の動向に対応した生涯学習の振興方策について」にさかのぼる。同答申は，現代的な課題を「社会の急激な変化に対応し，人間性豊かな生活を営むために，人々が学習する必要のある課題」と定義し，人々が「これに関心を持って適切に対応していくことにより，自己の確立を図るとともに，活力ある社会を築いていく」ことを提言した。「学習する必要のある課題」として具体的に示されたのは「生命，健康，人権，豊かな人間性，家庭・家族，消費者問題，地域の連帯，まちづくり，交通問題，高齢化社会，男女共同参画型社会，科学技術，情報の活用，知的所有権，国際理解，国際貢献・開発援助，人口・食糧，環境，資源・エネルギー等」であり，こう

した課題を社会教育施設における講座等でも積極的に取り上げて，学習する機会を拡充することが目指された（小林，2017，15～30頁）。

　学校教育における現代的な課題への取り組みは，1998年の学習指導要領の改訂をきっかけに加速する。「総合的な学習」の時間の導入にともなって，「国際理解，情報，環境，福祉・健康などの横断的・総合的な課題」といった学習課題例が示されると，これらの課題は「正解や答えが一つに定まっているものではなく，従来の各教科等の枠組みでは必ずしも適切に扱うことができない」として，日本各地で問題解決的な学習や探究的な学習を取り入れた授業研究が推進された。

　2017年に示された新学習指導要領では，道徳科においても「現代的な課題」について明記されている。第3章「特別の教科　道徳」の「内容の指導」をみてみよう（下線は筆者による）。

> 児童の発達の段階や特性等を考慮し，例えば，<u>社会の持続可能な発展などの現代的な課題の取扱いにも留意し</u>，身近な社会的課題を自分との関係において考え，それらの解決に寄与しようとする意欲や態度を育てるよう努めること。なお，<u>多様な見方や考え方のできる事柄</u>について，特定の見方や考え方に偏った指導を行うことのないようにすること。

　新たに加筆された箇所が下線部である。また，「教材」に関しても以下のように示されている。

> 児童の発達の段階や特性，<u>地域の実情等</u>を考慮し，<u>多様な教材</u>の活用に努めること。特に，<u>生命の尊厳</u>，自然，伝統と文化，先人の伝記，スポーツ，<u>情報化への対応</u>等の現代的な課題などを題材とし，<u>児童が問題意識をもって多面的・多角的に考えたり</u>，感動を覚えたりするような充実した教材の開発や活用を行うこと。

　このように，生命の尊厳や情報モラル教育を含む情報化に関する記述が新たに書き加えられており，道徳科においても現代的な課題を扱うことによって指導内容をさらに充実させることが期待されている。『小学校学習指導要領　解説　特別の教科　道徳編』（2017）では，次のように詳しい説明がなされている。

第12章　現代的な課題と道徳教育

> 道徳科の内容で扱う道徳的諸価値は，現代社会の様々な課題に直接関わっている。児童には，発達の段階に応じて現代的な課題を身近な問題と結びつけて，自分との関わりで考えられるようにすることが求められる。現代社会を生きる上での課題を扱う場合には，問題解決的な学習を行ったり話合いを深めたりするなどの指導方法を工夫し，課題を自分との関係で捉え，その解決に向けて考え続けようとする意欲や態度を育てることが大切である。例えば，<u>食育，健康教育，消費者教育，防災教育，福祉に関する教育，法教育，社会参画に関する教育，伝統文化教育，国際理解教育，キャリア教育</u>など，学校の特色を生かして取り組んでいる現代的な教育課題については，各教科，外国語活動，総合的な学習の時間及び特別活動における学習と関連付け，それらの教育課題を主題とした教材を活用するなどして，<u>様々な道徳的価値の視点</u>で学習を深めたり，児童自身がこれらの学習を発展させたりして，人としてよりよく生きる上で大切なものとは何か，自分はどのように生きていくべきかなどについて，考えを深めていくことができるような取り組みが求められる。

　上記の通り，道徳科では教科や他の領域との連携のもとで，「様々な道徳的価値の視点」から現代的な課題を積極的に取り上げることが求められている。以下では，情報モラル，防災教育，主権者教育，生命倫理といった具体的なテーマを取り上げて，その基本的な考え方や授業方法等について紹介してみよう。

2　現代的な課題をどのように扱うか

（1）情報モラル

　『小学校学習指導要領 解説 特別の教科 道徳編』によれば，情報モラルとは「情報社会で適正な活動を行うための基になる考え方と態度」であり，その内容として「情報社会の倫理，法の理解と遵守，安全への知恵，情報セキュリティ，公共的なネットワーク」がある。なかでも道徳科では「情報社会の倫理」と「法の理解と遵守」を中心的に取り上げることとなる。ただし，道徳科の特質は「道徳的価値の理解を基に自己を見つめる時間」であるため，授業者は「情報機器の使い方」「インターネットの操作」「危機回避の方法」といった

ノウハウの指導だけに留まることのないように留意しなければならない。

　このことに関連して，従来の情報モラル教育においては，トラブル事例の紹介や，マナーやルールづくりの徹底を呼びかけるだけの啓発的な指導に終始するケースも少なくなかったという（塩田，2017）。「あれをしてはいけない」「これをしてはいけない」といった他律的で形式的な指導だけでは，児童生徒が課題を自分事として捉え，考え抜く力や主体的に取り組む姿勢へとつなげることは難しい。また，ネットをめぐるトラブルのなかには情報発信者がルールやマナーの逸脱に対して自覚に乏しいケースも少なくない。教師がいくら「SNSでは個人情報を出してはいけない」「ネットに悪口を書いてはいけない」「デマを拡散してはいけない」といった指導をしたところで，児童生徒が「自分には関係のないことだ」と受けとめてしまえば指導上の効果はほとんど見込めない。また，児童生徒が授業で紹介されたトラブル事例と比べて，「自分のしていることはそれほどひどくない」「相手もそんなふうに受けとめてはいないはずだ」といった都合のよい自己解釈や自己理解に陥ってしまえば，問題の潜在化や深刻化を招くおそれもある。

　情報化社会は加速的に発展・進化・変容しており，情報モラル教育に関しては学校から「従来の指導では対応しきれない」「自分たちにはついていけない」といった声も聞かれる。新たな現象に対して最新の情報にアップデートして対処することは必要ではあるが，新たな現象だからこそ児童生徒の実感に即して「考え，議論する」授業を構想することもできる。そもそも現代的な課題を扱う授業において教師に求められているのは「正解」へと導くことではなく，議論を通して児童生徒の思考力，判断力，表現力を養いながら，取り得る「最善解」や「納得解」にいたるための学習をリードすることにある。状況に対する一人ひとりの認識の違いや，もっている関連情報の多寡を踏まえて，児童生徒が主体的に授業に参加し，かつ具体的で身近な課題を扱った実践を生み出すためには，どのような手立てや工夫が必要なのだろうか。

　ここで近年注目されている情報モラル教育の実践例について紹介してみよう。静岡大学教育学部塩田研究室では，児童生徒に問題に対する自覚を促すことを

第12章　現代的な課題と道徳教育

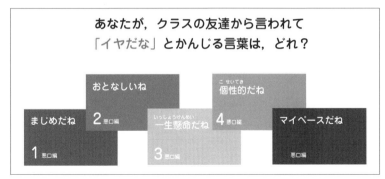

図12-1　「考え，議論する情報モラル」教材
出典：塩田（2017）。

目指して「考え，議論する情報モラル」を掲げた教材開発に取り組んでいる。たとえば，SNSにおける「自分とみんなの嫌な言葉」というワークでは「①まじめだね」「②おとなしいね」「③一生懸命だね」「④個性的だね」「⑤マイペースだね」という5種類の言葉が記されたカードが児童生徒に配布され，自分が一番嫌だと感じる言葉を選んで，その理由についてグループごとに意見交換する授業が行われている（図12-1）。「価値の明確化」の実践でも活用されることのある「カード分類比較法」と呼ばれる手法を用いた教材であり，授業担当者によれば，授業前には「友達の嫌がることはしていない」「友達の悪口は書いたことがない」と考えていた児童生徒が，授業後に「もしかしたら，相手にとって嫌なことをしていたかもしれない」と気づき，自分の行動を反省的に見直すことにもつながっているという（酒井他，2016）。

　情報モラル教育をめぐっては今後も多種多様な事例を取り上げることになるだろう。ただし，事例が新しくなったとしても原因や構成要因までもが新しくなるとは限らない。新たな課題に対しても，いたずらに解決法ばかりを追い求めるのではなく，それが起きた原因や背景，またそこに関わった人の心理面での動きや葛藤にも焦点を当てて議論し，高度情報化社会に生きる児童生徒の心構えをじっくりと育てたい。

(2) 防災教育

　次に東日本大震災以降，社会的な関心が高まっている防災教育と道徳科との連携について検討する。

　2012年7月に出された「東日本大震災を受けた防災教育・防災管理等に関する有識者会議」最終報告は，「現在の学校教育においては，防災を含めた安全教育の時間数は限られており，主体的に行動する態度の育成には不十分であり，各学校において，関連する教科等での指導の時間が確保できるよう検討する必要がある」として，学校教育は防災に関する知識や災害時にとるべき行動を教えるだけなく，児童生徒が当事者意識をもって主体的に判断し，行動できる力を育てるよう求めている。これを受けて，学校では災害時において児童生徒が主体的に判断し，行動できるような資質を育てるための教育プログラムの開発が進められている。

　課題とされているのは，教育活動の全体を通じた体系的・計画的な取り組みの促進である。従来の防災教育は避難訓練の計画・実施にとどまることが多く，児童生徒にとっては単発的で受動的・他律的な訓練となりがちであった。そのため現在では避難訓練の回数の見直しや内容の改善に加えて，教科や領域における学習内容と連動した防災教育が取り組まれている。なかでも，道徳科における防災教育の導入には大きな期待が寄せられている。

　そもそも防災教育として扱う内容は，道徳教育とも重なり合う部分が多く含まれる。新学習指導要領が示す道徳科で扱う内容項目のなかでも「自主，自律，自由と責任」「生命の尊さ」「郷土の伝統と文化の尊重，郷土を愛する態度」といった項目に関する具体的な学習テーマとして「防災」を扱うことは十分に可能である。また，防災教育は学校教育全体で取り組む「生きる力」を育む教育実践としての要を担うこともできる。岩手県では「いきる・かかわる・そなえる」を柱とする「いわて復興教育プログラム」を作成して，その副読本およびカリキュラムの普及を図り，道徳科も含めた教科横断的な防災教育の振興を進めてきた。また，福島県では震災後の社会状況をもとにして教材開発を行い，全3部からなる『ふくしま道徳教育資料集』を作成・公開している。他の地域

でも，和歌山県の郷土資料である「稲むらの火」（津波災害）に代表されるように，過去の自然災害における先人の努力やエピソードを道徳教育の教材として活用する取り組み例もある。静岡県では災害時における人間の葛藤場面を教材化し，判断力や行動力を養うことをねらいとした「防災道徳」と呼ばれる授業の普及が図られている。

「防災道徳」授業は，静岡大学教育学部藤井研究室の学生たちを中心に考案・実践されてきた。同授業は，判断に迷う状況について考えさせる「ジレンマ授業」と，そうしたジレンマをあらかじめ回避するための知恵について考える「ジレンマくだき授業」の２段階で構成されている。授業展開において重視されているのは，防災科学の基本的な知見を児童生徒に「教えること」と，災害時における葛藤場面について話し合いを通して主体的に「考えさせること」である。優れた防災科学の知見も，最善解をとるための判断力も，他律的・伝達的な指導だけでは習得・形成され得ない。困難な現実や想定に向き合ったときに，自分なりに応答を繰り返した経験こそが非常時においても「生きる力」となる（＝自分事化）。授業では，児童生徒の判断に対して「揺さぶり」発問等を投げかけながら，理由づけの深化を図り，最終的に葛藤を克服・回避するために必要となる日常の備えや心構えを伝えるとともに，話し合いを通して合意形成の資質を育てることが目指されている（藤井，2014，21〜40頁）（教材12−1，図12−2）。

学校教育における限られた授業時間数のなかでさまざまな現代的な課題に対応していくためには，既存の教育内容とそれらの課題とをいかに連携・融合させられるかが鍵となる。さらに，「思考力，判断力，表現力等」を養うという視点からテーマや題材の扱いを工夫することも重要であろう。また，これからの防災教育においては，自然災害への不安や恐怖をいたずらにあおるのではなく，児童生徒に災害への備えを自分ごととして捉えさせ，防災や減災の意識や習慣を持続させていくことが求められている。災害時における判断に焦点を当てて道徳科の教材づくりを進めることは，他律的にではなく，自律的かつ持続的に防災意識を高める取り組みにつなげることができるし，避難訓練の事前学習としても効果的な内容となるであろう。

教材 12-1 「大切な人の安否を確認しにいく？避難する？」

　ここは海の近くの小学校です。
　6年生のみやこちゃんは，午後4時，帰りの会を終えて学校を出ました。「みんなまた明日ね。」友達に手を振って通学路を帰っていきます。
　しばらく歩くと，通学路の途中にある公園が見えてきました。公園では，1年生のまなみちゃんが遊んでいます。
　「あ，みやこちゃんだ。バイバーイ。」「バイバーイ。気をつけて帰るんだよ。」みやこちゃんは手を振り返しました。まなみちゃんが遊んでいるのを横目で見ながら，公園を後にしました。
　「お腹すいたなぁ，早く家に帰ろう。」家に向かって少し歩いていると，急に地面から「ゴー」と低い音が響き渡りました。それと同時に，経験したことのないような激しい揺れがおそってきました。電柱や家のかべは倒れ，割れた窓ガラスが一面に降りそそぐ中，助けを求める声や悲鳴が聞こえてきます。
　震度7，東海地震の発生です。
　みやこちゃんは立っていられなくなり，その場にしゃがみこみました。2分後，ようやく揺れが収まったと思ったら，今度は外に設置されたスピーカーから津波警報のサイレンがなりひびきます。「大津波警報が発令されています。直ちに高いところに避難してください。」
　みやこちゃんは，ここにいたら危ないと思い，安全なところへ逃げようとしました。「あっ，公園には1年生のまなみちゃんがいた。助けにいかないと。でも，どうしよう。」
　みやこちゃんは，すぐに津波避難ビルなどへ避難するか，まなみちゃんを助けに行くか迷っています。
　あなたがみやこちゃんなら，どうしますか。

出典：藤井（2014）（2016）。

図 12-2 「防災道徳」授業の板書例

（3）主権者教育（シティズンシップ教育）

　ここまでみてきたように現代的な課題とは，まさに「答えが1つではない」課題であり，道徳的諸価値についての基礎的な理解に基づいて，発展的に扱うことのできるテーマといえる。また指導方法についても『中学校学習指導要領解説 特別の教科 道徳編』では「現代的な課題を道徳科の授業で取り上げる際には，問題解決的な学習を活用することができる」と示されており，話し合い活動に習熟した小学校高学年以降，または中学校や高等学校の段階で扱うことにより適したテーマであろう。そこで現代的な課題のなかでも，近年関心が集まっているテーマのひとつである「主権者教育」を取り上げてみよう（第11章も参照のこと）。

　主権者教育という言葉が世に知られるようになったのは，2016年6月に公職選挙法が改正され，選挙権年齢が20歳以上から18歳以上に引き下げられたことによる。そもそも国民が選挙等のプロセスを通じて国政や地方政治に主体的に関わることは民主主義社会の前提であり，主権者教育はその基盤を担う重要な教育課題といえる。

　主権者教育が扱う領域は，これまでに「シティズンシップ教育（市民性教育）」や「人権教育」として行われてきたことと重なる部分が多くあるし，現代的な課題のなかでは「法教育」や「社会参画に関する教育」とも深く関係している。また，新学習指導要領の道徳科における内容項目一覧「A 主として自分自身に関すること」「B 主として人との関わりに関すること」「C 主として集団や社会との関わりに関すること」「D 主として生命や自然，崇高なものとの関わりに関すること」のなかでは，とりわけ「A 主として自分自身に関すること」のなかの「自主，自律，自由と責任」や「C 主として集団や社会との関わりに関すること」と結びつきが強いといえる。高等学校にあっては地歴・公民科で主権者教育が実施されているケースが多く，学校教育全体で行われる道徳教育の一環を担うテーマとして位置づけることもできる。

　近年では，模擬選挙や新聞を題材とした授業 NIE などを通して，日本各地で主権者意識や政治的リテラシーを高める授業実践が広がりつつある。シティ

ズンシップ教育の専門家である小玉は「政治的リテラシーを道徳教育のかなめのひとつに位置づけることも不可能ではない」と述べており、主権者教育は道徳教育の新たな可能性を拓くテーマのひとつとしても捉えられる（小玉, 2014, 2頁）。

　授業を行う際における課題としてしばしば指摘されることは、選挙や政治に関する知識伝達型の授業から脱却し、いかに生徒が主体的な議論を通して主権者意識や政治について学べる実践を組み立てるかということである。このことはまた、新学習指導要領が目指す「主体的・対話的で深い学び」の方向性とも一致するものであるが、担当する教師は授業を行うにあたって、あらかじめいくつかの留意点をおさえておく必要がある。最初に、教育基本法第14条の「政治教育」に関する記述をみておこう。

> 第14条　良識ある公民として必要な政治的教養は、教育上尊重されなければならない。
> 　2　法律に定める学校は、特定の政党を支持し、又はこれに反対するための政治教育その他政治的活動をしてはならない。

　これまでの学校教育にあっては、第2項の「教育の政治的中立性」を過剰に意識するあまり、正しい知識や理解を伝達することにもっぱら重点がおかれ、意見や考えが対立するようなテーマを積極的に扱ってはこなかった。このような姿勢やあり方を見直すことが、これからの主権者教育の実践において重要となるだろう。しばしば先進的な事例として引き合いに出されるのはドイツの取り組みである。

　ドイツでは政治に関することを教育の場で扱う場合には、基本的に3つの原則に従っている。第1は「生徒への圧倒禁止の原則」、第2は「論争性の原則」、第3は「生徒志向の原則」である。これらの原則は「ボイテルスバッハ・コンセンサス」と呼ばれており、1976年に政治教育の専門家たちによってまとめられた。第1の「生徒への圧倒禁止の原則」は、教育の場において教師が生徒に政治的な意見を押しつけてはならないことを意味する。第2の「論争性の原則」とは、社会や大学において論議が続けられていることは、議論があるもの

として扱うことを示している。たとえば，歴史的に評価が定まっていない過去の出来事や事件についても，授業で扱うのを控えるのではなく，両者の論点や主張の根拠を公平に示し，議論の題材とすることが認められている。第3の「生徒志向の原則」とは，生徒目線に立って教育を行うことを意味する。過去の事例を扱う場合にも，当時と同じような状況が起きたと仮定して，生徒に「あなたならどうするか」と問いかけ，時代を超えて課題に対する視点を共有し，考え続ける姿勢をもつことが目指されている（藤井・寺田，2017，9～18頁）。

　主権者教育を行うにあたっては，学校が主導となることは当然であるが，地域の選挙管理委員会や先駆的な取り組みを行っているNPOなどの関連教育団体と連携・協力することも可能である。題材については，学校の生徒会選挙を取り上げたり，生徒が興味をもっている政策について調べ学習を行ったりすることも導入学習としては実施しやすい。また，2017年に総務省と文部科学省がWeb公開した『私たちが拓く日本の未来――有権者として求められる力を身につけるために』（生徒用副教材及び教師用指導資料）も一読しておきたい。

（4）生命倫理

　次に「生命倫理」に関する道徳科の授業例について考えてみたい。近代以降における科学・技術の発展は私たちの生活に多様な利便性と可能性をもたらした一方で，その恩恵をどこまで享受すべきかをめぐってさまざまな倫理的問いが生じてきた。なかでも生命倫理は「いのち」の尊さや人間の尊厳そのものに対する根源的なテーマを扱うものとして，20世紀後半から広く社会的関心を集めている。

　そもそも「いのち」については捉え方もさまざまある。まず誕生し，終焉を迎えるまでの「生命」としての「いのち」があり，人間が自然や社会のなかで役割を与えられ，過ごす日常の「生活」としての「いのち」があり，そうした日々の積み重ねとしての「人生」もまた「いのち」といえる。

　学校教育においては理科や保健体育の時間に生物の生態や人間の生理現象など「生命」そのものについて詳しく学ぶこともあれば，社会科などで生命の尊

さや人間の社会的役割について「生活」や「人生」の視点から考えることもできる。生命倫理が扱う領域は狭義には医療と科学に関わるものであるが,「いのち」のあり方について問い直すことは,広義には現代に生きる市民としての教養および権利について学ぶことにもつながっている。

倫理に関わる学問的アプローチの二大思潮として,カント的な義務論的倫理学と功利主義に代表される帰結主義的な倫理学とが知られている。前者はあらゆる行為の動機にこそ倫理的価値が認められるという立場であり,後者は行為の結果をもって倫理的価値を判断しようとするものである。両者の対立は長らく倫理学の主要論点となってきたが,生命倫理をめぐってはこうした対立から発展して,「自律」「善行(仁恵)」「非悪行(無危害)」「正義」といった新たな枠組み原則を設けた議論が展開されている。

「自律」とは主に患者の自己決定や自己選択を重視するものであり,「インフォームド・コンセント」などの患者の権利を根拠づけるものである。「善行(仁恵)」とは患者の福祉をかなえる医師の職業倫理を示したものであり,医療従事者はいかなるときも患者の生命を救う努力義務の根拠となっている。ただし,北米では勤務外において善意に基づいてなされた治療行為については過失を問われないという「善きサマリア人法」が施行されている。「非悪行(無危害)」は,医療従事者はいかなる状況でも害をなしてはいけないという原則であり,安楽死や人工妊娠中絶に関する議論を組み立てる際の重要な根拠のひとつとなる。「正義」は緊急時において医療対象者に序列をつける「トリアージ」のように,限られた資源を最善に分配するための行動を支える根拠となる。

生命倫理についての代表的な道徳教材として,しばしば「カレン事件」が取り上げられている(教材12-2)。この事例は尊厳死を望む患者家族の「自律」原則と病院側の生命維持の義務に基づく「善行」原則とが対峙した事例として知られる。カレン事件以降,アメリカでは患者家族の自律原則が優先される傾向が強まっているが,生命倫理をめぐるさまざまな議論は,個別の事例からも大きな影響を受ける傾向がある。また,4つの原則の適用範囲も国や地域によって異なっており,欧州では新たな原則の構築に向けて検討も進められている。

教材 12 - 2 「カレン事件」

　1975年，アメリカのカレン・クインランは友人のパーティーに参加していた。カレンはパーティーでお酒を飲んだ後に，精神安定剤を服用する。その後，カレンは眠ったまま呼吸不全を起こし，脳に深刻な損傷を受ける。搬送された病院の医師には回復はほとんど不可能であると診断され，両親は苦渋の末に生命維持装置を取り外すことを望む。しかしながら，病院は両親の希望を受け入れなかった。両親は「医療を拒否する権利」を訴えて裁判が行われ，両親の訴えが認められる結果となった。

　生命倫理に関わる議論の多くは，答えを一義的に出せるものばかりではないため，教師は軽々に生徒に結論めいた発言を求めるべきではない。このことはまた，新学習指導要領が目指す「多様な価値観の，時に対立がある場合を含めて，誠実にそれらの価値に向き合い，道徳としての問題を考え続ける姿勢こそ道徳教育で養うべき基本的資質である」という姿勢にも通じる。生命倫理をテーマとした授業の実施に向けて，まずは議論を整理するための倫理学の基礎的知識の習得と，複雑困難な課題を粘り強く話し合うための進行技術（ファシリテーション）の向上を目指したい。

3　現代的な課題をめぐる指導方法とカリキュラム・デザイン

　道徳科における指導方法をめぐっては，従来の読み物教材を用いた指導方法に加えて，「モラルジレンマ授業」「構成的グループエンカウンター」「価値の明確化」「モラルスキルトレーニング」「哲学対話」といった多様な指導方法を組み合わせることが可能である（第5章参照）。先に文部科学省から示された「道徳科における質の高い多様な指導方法」（2016）によれば，「読み物教材の登場人物への自我関与が中心の学習」「問題解決的な学習」「道徳的行為に関する体験的な学習」が具体的な指導方法として例示されている。本節ではこれらを便宜的に「質の高い指導方法例 ①」としておこう。道徳科の充実を図るうえでは，まずはこうした指導方法例の実践に学びつつ，他の指導法も"＋α"の要素として柔軟に取り入れることが重要であり，それによって地域や学校の

表12-1　道徳科のカリキュラム構成モデル（年間35授業時間）

段　階	授業時間	教　材	指導方法	学習活動
Stage 1	22時間	教科書	質の高い指導方法例　①	習得・活用型
Stage 2	2～4時間（重点項目）	教科書＋自作教材等	質の高い指導方法例　①＋α	活用・探究型
Stage 3	9～11時間	教科書＋自作教材等	質の高い指導方法例　①＋α	活用・探究型

注：上記の配分は「考え，議論する道徳」授業への習熟度に応じても変更される。

実情に応じた，バランスと調和のとれた指導過程と教育課程編成を実現することが可能となる。

　周知の通り，学習指導要領において道徳科は年間35時間授業が設定されている。加えて，小学校では19から22の内容項目を，中学校では22の内容項目を扱うことになる。また，各学校においては道徳教育の全体計画の柱となる「重点内容項目」として2項目から4項目が選定されることも多い。これに従えば，道徳科のカリキュラム構成を表12-1のようなモデルとして示すこともできる。

　道徳科では教科書だけでなく，地域教材を含めた自作教材も活用されなければならないだろう。仮にStage 1において，児童生徒が教科書を中心にさまざまな道徳的価値について学んだ場合，それを基盤としてStage 2やStage 3においては各学校が定める教育目標や重点内容項目と関連させたり，現代的な課題や他の指導方法を取り入れた学習を行う。また，教科書や教材に関する内容理解を家庭学習として行い，道徳科の授業時間ではもっぱら話し合いや考える時間にあてることも検討されてよい（「反転学習」の導入）。これらの取り組みは，各学校の創意工夫に基づいて「道徳的諸価値についての理解を基に，自己を見つめ，物事を多面的・多角的に考え，自己の生き方についての考えを深める学習」の設計につながり，さらには習得・活用・探究の視点から主題や授業の構造化を図ることでもある。授業内容の改善に加え，指導計画の充実がなされれば「考え，議論する道徳」の実践はいっそう実り多きものとして実現されるであろう。

引用・参考文献

小玉重夫（2014）「道徳とシティズンシップ連携の可能性」『VOTERS』19，2頁。

小林将太（2017）「道徳教育における現代的な課題の取扱い――1990年代以降の教育政策を手がかりに」『道徳教育学論集』第18号，15～30頁。

近藤孝弘（2009）「ドイツにおける若者の政治教育――民主主義社会の教育的基盤」『学術の動向』14(10)，10～21頁。

酒井郷平・塩田真吾・江口清貴（2016）「トラブルにつながる行動の自覚を促す情報モラル授業の開発と評価――中学生のネットワークにおけるコミュニケーションに着目して」『日本教育工学会論文誌』39，89～92頁。

塩田真吾（2017）「道徳における情報モラルの指導法――『トラブル事例の紹介』『危険性の啓発』から『考え，議論する情報モラル』」『小・中学校道徳教育』東京教育研究所。

道徳教育に係る評価等の在り方に関する専門家会議（2016）「『特別の教科 道徳』の指導方法・評価等について（報告）」。

広田照幸（2015）『高校生を主権者に育てる――シティズンシップ教育を核とした主権者教育』学事出版。

藤井基貴（2014）「災害哲学の教育――『防災道徳』授業の実践と哲学教育への可能性」『文化と哲学』31，21～40頁。

藤井基貴（2016）「『いのち』を対象とした授業の展開例（小学校）」貝塚茂樹・関根明伸編『道徳教育を学ぶための重点項目100』教育出版，205頁。

藤井基貴・寺田佳孝（2017）「コンピテンシー概念に基づくドイツの政治教育」『静岡大学教育実践総合センター紀要』No. 26，3月，9～18頁。

村松聡・松島哲久・盛永審一郎編（2016）『教養としての生命倫理』丸善出版。

学習の課題

教育実習先を想定して，現代的な課題「情報モラル，食育，健康教育，消費者教育，防災教育，福祉に関する教育，法教育，社会参画に関する教育，伝統文化教育，国際理解教育，キャリア教育」の中からテーマを1つ選び，道徳科における研究授業の内容構成を考えなさい。

【さらに学びたい人のための図書】

「考え，議論する道徳科」を実現する会（2017）『「考え，議論する道徳」を実現する！』図書文化。
　⇨「考え，議論する道徳」の理念と具体的な実践例が凝縮された一冊。

p4cみやぎ・出版企画委員会（2017）『子どもたちの未来を拓く探究の対話「p4c」』

東京書籍。
　⇨児童生徒の好奇心や問題関心から出発する「探究の対話（p4c）」。その実践例は道徳科で現代的な課題を取り扱う際の大きなヒントになる。

雑誌『道徳教育』明治図書。
　⇨毎月刊行されている道徳教育の専門雑誌。最新の理論や実践が学べる。

（藤井基貴）

第13章 対話への道徳教育

この章で学ぶこと

　新たな道徳の授業づくりの方向性として,「考え,議論する道徳」が提示された。本章ではこの「議論」を単なる授業方法の形態として捉えるのではなく,より積極的な意味をもつもの,すなわち教育活動における対話として考えていく。対話とは,他者の声に応えるという傾聴によって他者の全存在を認めていくことであり,対話をすることによって両者はお互いの存在を認め合う「存在の相互承認」へとたどり着く。さらに,他者によって認められることで,ありのままの自分を認める契機を手に入れることができる。しかしながら,対話によって結ばれたコミュニティは,互いの連帯感を強める一方で,他のコミュニティとの対立や断絶を招く可能性もある。最終的にメタの視点に基づいたコミュニティ間の調和の可能性を提示する。

1　考え議論する道徳へ

○ 議論する道徳

　すでにこれまでの章で明らかになってきているように,小学校では2018年度より,中学校では2019年度より完全実施される道徳科では,「読む道徳」から「考える道徳」「議論する道徳」へと舵が切られることになる。

　「考え,議論する道徳」とは一体何を意味しているのであろうか。それはひとつには,「特定の価値観を押し付けたり,主体性をもたず言われるままに行動するよう指導したりすることは,道徳教育が目指す方向の対極にあるものと言わなければならない」という文言に現れている（中央教育審議会「道徳に係る教育課程の改善等について」答申：2014年）。

これは，従来の道徳教育，あるいは道徳の時間が，児童生徒の主体性を阻害している可能性があるという指摘であり，大人の期待するような「答え」を書いたり言ったりする授業では，児童生徒が自ら道徳的価値と向き合い，自らの人生や未来を切り開いていく資質や能力を育んでいけないという指摘であった。ここにおいて，授業の中で「自分ならどうするのか」「よりよい解決策はないのか」「ほかの解釈の仕方はないのか」といった，より積極的な授業展開のあり方，つまり，アクティブ・ラーニングとしての「考え，議論する道徳」が提唱されたのである。

　では，本章ととくに関わりのある「議論する道徳」の内実はどのように定義されているのであろうか。実は，2017年7月に提出された『学習指導要領 解説 特別の教科 道徳編』や，「道徳教育に係る評価等の在り方に関する専門家会議」の資料等を閲覧する限り，「議論すること」そのものについて明確な定義づけはなされていない。「話し合い」「語り合い」「討論」，あるいは「対話」といった用語で代替されることが多く，道徳の授業においては，一般的な意味合いとして，他者とともに学び合うなかで「議論すること」が望まれていると解釈するのが妥当であろう。

　しかしながら，授業形態のひとつとして「議論する道徳」を捉えてしまうと，単なる話し合いや議論が道徳の授業に含まれていればそれでよしとする活動主義的な道徳授業になってしまうおそれがあり，活動ありきのかたちだけの道徳の授業になってしまうかもしれない。「議論する道徳」のより積極的な一面，つまり，他者と協働的に話し合いをしていく本質や核心は，どこに見出せるのであろうか。

　対話について鋭い考察を行った思想家のボーム（Bohm, D.）によれば，そもそも議論（discussion）とは，パーカッション（percussion）や脳震盪（concussion）と同様，"-cussion" を用いていることから連想できるように，語源的には「叩く」「物事を壊す」という意味がある。ボームは次のように述べる（ボーム，2007，45頁）。

　　　ディスカッションは分析という考え方を重視する。そこには様々な視点

が存在し、誰もが異なった視点を提供している——つまり分析し、解体しているのである。それに価値がないわけではないが、限界があるし、多様な視点が存在する段階からさほど先へは進めないだろう。(中略) 基本となる点は、ゲームに勝つことだ。それがディスカッションで最もよく見られる状況である。

　道徳教育が「他者とともによりよく生きていく基盤となる道徳性を養う」という未来に向けた生き方を探究することを目的とするのであれば、少なくとも「議論」が現状の分析にとどまってしまうのはいささか物足りないし、ましてや他者との関係において勝ち負けが存在するような「議論」を道徳教育の方法として提示するのはあまり好ましくはないであろう。「議論する道徳」は、他者を蹴落とし、自分の主義主張を押し通していくためになされていくわけではないはずだ。

　では、未来志向で、他者との間に勝ち負けが存在しないようなコミュニケーションは存在するのであろうか。それが本章で扱う対話（dialogue）である。対話そのものについては第3節で扱うので、ここからしばらくは対話が成立する前提についてみていこう。

2　関係性のもとに成立する対話

　学校教育であれ、私たちの日常生活であれ、その活動の多くは他者とのコミュニケーションから成立している。そして私たちは、コミュニケーション不全に陥っているチームと、良好なコミュニケーションが築かれているチームとでは、私たちにもたらす成果が大きく異なる（当然後者のほうが、より大きな成果をもたらす）ことも経験的に知っている。

　しかしながら、いざ学校教育において話し合いや他者との協同の学びが展開されるとなると、どのようにしてそういった学びを展開していくのかという指導の手法や教育方法に関心が寄せられ（一時期アクティブ・ラーニング系の書籍が大量に出回ったのがその最たる例であろう）、根本にある「関係性の構築」という

図13-1 対話に基づいた議論
出典：中野・堀（2009）をもとに筆者作成。

ことを忘れてしまう傾向にある。たとえば，ワークショップファシリテーターの中野や堀は，対話や議論の基盤になるのが関係性の構築であると述べている（図13-1）。彼らによれば，価値観や考え方が違う人間がいきなり議論をやってもまとまるはずがなく，関係性を構築するなかでともに活動する意味を見出さないことには，対話や議論も成立しないと指摘する（中野・堀，2009，26頁）。本章では，第1節における「議論」と区別するために，十全な関係性による議論を「対話に基づいた議論」（Dialogue-Based Discussion）と呼ぶ。

さて，この「関係性」への着目からは，2つの意味を読み取ることが可能である。その1つは，文字通り他者との関係性をつくり上げるという意味である。学校教育場面に当てはめて考えるならば，それは教科／教科外の学びを支える学級経営／集団づくりの重要性といえよう。学級における人間関係が豊かであり，すべての子どもにとって安心安全な場として学級が運営されているということが，教科／教科外での学びをより確実なものにしていく。

たとえば，協同学習（cooperative learning／collaborative learning）においても，ジグソーメソッドなどの手法に注目が集まるが，協同学習が大前提としているのは「価値としての協同」すなわち，「互いに助けることそれ自体を達成すべき目標とし，他の人を潜在的な協力者として認め，競争や個別作業の代わりに協同をできうる限り選ぶということを奨励すること」を意味している（ジェイコブズ他，2005，18頁）。協同とは単なる学習方法の1つではなく，「生き方の1つ」であることが繰り返し協同学習の中で強調されていることからも，教室全体で助け合うという相互扶助が共通認識として共有されるからこそ協同学習が意味をもってくるのである。

学級経営における子どもと教師の安心安全な関係性の構築，言い換えれば

「信頼性の構築」があってこそ，対話や議論といった方法が意味をもってくるのであり，信頼性の構築を抜きにした「対話に基づいた議論」は成立しない。

2つ目は，関係性のなかから新しい「意味」が生まれてくるという前提に立っているということである。教育活動において，関係性をその出発点にするということは，完成された自分や他者がいるのではなく，関係性のなかで自分や他者が常に再形成されることを意味し，また何かしらの知識や情報を絶対視するのではなく，常に関係性のなかで練り上げられ，新たな意味が構築されていくことを意味している。いわば社会構成主義的な関係性の捉え方である。そして，このような関係性のなかで意味が形成されることが対話である。では，次節において対話を詳しくみていこう。

3　対話とは何か──対話の基礎理論

対話は，語源的にはギリシャ語の"dialogos"から成立しており，"dia"（between, through：〜の間で，〜を通じた）と，"logos"（word：言語，論理，意味）の生成語である。つまり，言葉や論理，意味をお互いにやりとりするなかで，新しい意味を発見したり，あるいは新たな理解を得ていくことを意味している。つまり，対話とは優れて創造的な営みであることを表している。ところで，"dia"という単語，また対話の「対」という漢字から，しばしば二者におけるやりとりを対話と捉えてしまいがちであるが（ギリシャ語の"di"が数字の2を意味することも関係しているだろう），対話は必ずしも二者で執り行われるものではなく，何名で行うかはまったく関係ない。

かつて宗教学者のブーバー（Buber, M.）は，「我─汝」と「我─それ」という2つの根源語から人間と世界の関係性を探った。「『我─汝』は全存在を持ってのみ語ることができる」（ブーバー，1979，8頁）と，ブーバーが述べるように，「我─汝」で語られる世界は，お互いに独立した唯一無二の存在として我と汝（あなた）が出会い，お互いの全存在を肯定し関係性を構築する世界である。ブーバーにとって対話の出発点は他者への方向づけであり，対話とはまさ

に，全存在としての私の人格とあなたの人格が出会い，互いに応答することなのである。

一方，「我―それ」で語られる世界は，「決して全存在をもって語ることができない」ものであり，対象としての「それ」を「モノ」として捉え，自分の目的を達成するために手段として利用していくということを意味している。

また，ブラジルの教育学者フレイレ（Freire, P.）も対話について非常に優れた論考を残している。彼は，識字教育を通じて，当時の抑圧されていた人々が自分たちの生活や社会を変えていくことを支援したことで有名であるが，彼の根本にあった思想も対話である。フレイレは「真の交流をつくりだすのは，対話だけである」とし，以下の3つの点から対話の特質をまとめている（フレイレ，1982，99頁）。

第1に，対話は「人間Aと人間Bの水平的な関係であること」である。フレイレにとって対話とは，対等な関係にあることが非常に重要な意味をもつ。逆に，垂直的な上下関係に支えられた伝達の方法を「反対話」と厳しく批判する。とりわけフレイレは，教師と子どもの支配―被支配的な関係によって成り立っている教育を「銀行型教育」[1]と批判し，この一方的な関係性は「不断の探究のプロセスとしての教育と認識の性質を根本から否定する」と指摘する（フレイレ，1979，68頁）。「探究のプロセス」としての教育が対話にとっても重要な鍵となる。

フレイレが第2の点としてあげているのが，対話は「批判的探究である」ということである。批判的（critical）とは決して相手を否定することや，あるいは非難することを意味しているのではなく，私たちの考え方や行動を制限する「当たり前」や「常識」を改めて問い直すという意味であり，物事の因果関係を再認識することを意味する。対話とは単に他者と言葉を通じ合わせることではなく，言葉を通じて新たな意味を発見していくという，極めて創造的な営みであることがわかる。

第3に，対話は「愛，謙虚，希望，誠実，信頼を基盤としている」ことである。これは前節で述べた関係性の構築とも密接に関係している。フレイレは，

人間Aと人間Bという両極における「感情移入」を抜きにした関係性は，人間の真の交流を生み出すことができないと述べ，それは一方的な支配関係に陥るとする。批判的探究活動に入っていくためには，お互いの間に肯定的な感情のやりとりが必要とされるのである。

このように，フレイレは上下の垂直的な関係（教える—教えられるの関係）ではなく，お互いが対等な関係，かつお互いが信頼関係で結ばれ，批判的な探究活動を行うことが対話だと定義している。

しかしながら，ブーバーにしろ，フレイレにしろ，両者がともに前提としているのは学校教育ではなく，私たち人間の一般的な生活の場面である。フレイレの場合は教育に携わっているものの，それは成人を対象としたものであるために，いわゆる学校教育を前提とした対話論を展開しているわけではない。つまり，フレイレのいうところの「水平的な関係」が比較的成立しやすい場における対話論なのである。

一方で，学校教育には教師と子どもの間には明確な権力関係が存在する。年長者としての教師と年少者としての子ども，あるいは教育評価をする人間としての教師と評価をされる人間としての子ども，この両者の権力関係の存在は否定しようのない事実として私たちの前に現れてくる。両者の「水平的な関係」が対話の特質であるならば，学校教育において対話は成立しないことになってしまう。

では，学校教育において，教師と子どもが水平的な関係になれないまでも，そこに近づいていくためにどうすればいいのであろうか。その鍵を握るのが「傾聴」である。以降，ブーバーやフレイレによって提示された対話を再構成し，学校教育における対話の可能性を探っていく。

4　対話理論の再構築

（1）傾聴とは何か

傾聴とは，言葉の意味から読み取れば，「話をよく聞くこと」を意味する。

しかし，本論ではここに2つの意味を込めている。それは第一義的には，言葉として現れたものを理解するという意味での「聞く」である。話者である他者がそもそも何を話しているのかわからなければ，対話は成り立たない。いわば，話の内容を言葉として理解するということであり，認知的なレベルで言葉を把握することを指す。

　第二義的には，「積極的傾聴」と呼ばれるもの，すなわち，発言の背後にあるその人の歴史に耳を傾けることである。私たちの口から発せられる言葉は，私たちがこれまでの人生で経験したことが基盤となっている。逆にいえば，見たことも聞いたこともない事柄は，私たちの頭に思い浮かぶことがないだろう。何かしらについて発言するという行為には，発言するに値する経験が含まれているということであり，それはつまり，その人の歴史が発言に隠されていることを意味するのである。

　これだけではない。発言の真意を探るためには，どのような声のトーンで話しているのか，どういう表情で話しているのか，相手は喜んでいるのか，気分を害しているのか，悲しんでいるのか，といったことも総合的に感取していく必要がある。

　このように，積極的傾聴とは言葉の意味を探り，なぜこの人はこういうことを言うのか，発言の背後には何があるのかを推測し，話が行われている状況を総合的に把握することであるといえよう。対話は他者の存在に気づくこと，つまり傾聴から始まるのである。

（2）判断の保留

　しかしながら，私たちは積極的傾聴を水泡に帰す傾向も併せてもっていることに気づく必要がある。それは言葉に対して，とりわけ無意識的に「判断を下す」という性向である。私たちは話者の話の内容について，合っている／間違っている，正しい／正しくない，良い／悪い，好き／嫌いなどあらゆる判断を下してしまっているのではないだろうか（ハイトによれば，この中でも私たちの判断に最も大きな要因を与えるのが「好き嫌い」という感情的な要因であるとする）。

実はこの判断が私たちが積極的傾聴に向かおうとすることを妨げてしまう。とくに，私たちの先入観や思い込みによって無意識になされた判断は，話者の話の内容を歪めてしまい，積極的傾聴の可能性を排してしまうのである。

そこで私たちに必要になってくるのが，意図的に判断を一時的に中断すること，保留することによって，先入観などによる即断即決を防ぐという行為である。現象学の祖フッサール（Husserl, E. G. A.）は，このような「判断の保留」のことを「エポケー」（Epoche）と呼んだが，まさに先入観に凝り固まっていては，他者の話をありのままに「聴く」という行為が不可能になる。いわば，私たちは無意識のうちに価値判断を行い，「自分自身の内なる声」によって相手の声をかき消してしまっているのである（カヘン，2008, 161頁）。この判断を保留した「聴く」という行為に基づきながら相手の歴史に考えを巡らせることが，他者の存在に真に気づくことになり，他者への尊重を含意した積極的傾聴となるのである。

（3）探究活動

このような積極的傾聴に支えられて対話は探究活動へと入っていく。ここでいう探究とは，両者に共有されたある物事や関心事，あるいは問題の本質を見極めていこうとすることであり，両者によって新しい認識，共通了解へとたどり着こうとすることである。つまり，他者の話に耳を傾ける積極的傾聴が対話を意味するのではない。

道徳はそもそも，私たちが共同生活を営んでいくに際して，そこが安心・安全で安定した場であるために，一定の習慣や規範を形成し，それを身につけていくことを意味する（佐野・荒木，1990, 11頁）。つまり，何かしらの道徳的価値を身につけるだけではなく，他者とともに生きていくためにはどうすればいいかということを考え，新たな価値体系をつくり出すことも含まれている。そこで必要になるのが，共通了解へと達するための探究活動であり，とりわけ，これまでの常識から一旦離れて物事を批判的に捉え，お互いに合意できる点を探ってみるという批判的探究の視点である。

先述した通り，批判的な視点とは，さまざまな角度から物事を解釈していくということを意味する。最も重要な点は，自分たちの当たり前や前提を問い直すという作業であり，自分自身や自分たちのものの見方を改めて考え直してみるということである。この作業のためには，「判断の保留」が必要となってくることはいうまでもないであろう。「私たちが他者とともによりよく生きていくためにはどうすればいいのか」という道徳の究極的な目的を達成するために，お互いの主張の調和点（共通了解）はどこにあるのか考え続けることが，批判的な探究活動であるといえる。

（4）対話によってもたらされるもの

　上述の対話の結果として，私たちは運よくお互いに共通了解をつくり上げることができるかもしれない。それは「合意」や「納得解」「最善解」あるいは「最適解」と呼ばれるが，それらはその時の対話活動において見出された「よりよきもの」であり，未来にわたって「よりよきもの」として存在し続けるわけではない。むしろ私たちが大切にしなければならないのは，性急に合意を求めることではなく，私たちが対話に向かって活動していくことそのものであり，常によりよきものを探し出す私たちの生き方やあり方といった態度を共有していくことなのである。

　このような生き方やあり方の共有は，互いの存在を認め合う「存在の相互承認」にも結びついてくる。積極的傾聴がどちらかといえば一方向からの働きかけであるのに対して，「存在の相互承認」は互いの関係が「相互の水平的な関係」に近づくことを意味する。

　あなたと私がここにいることを互いに認めるという存在の相互承認は，ブーバーの示した「我―汝」関係のように，他者をあるがままの存在として認めていくことであり，合意を求めるがゆえに説得の対象として他者の存在を認めること，つまり「我―それ」関係でみることではない。合意を求めることが対話の目的になった瞬間に，私たちは他者を説得の対象とみなし，自己主張を繰り返す存在になってしまうおそれがある。それはもはや対話ではなく，両者の間

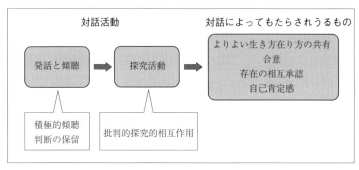

図13-2 対話の図式化

出典：荒木（2016）を一部改変。

で一方的になされる独話（モノローグ）であろう。

さて、他者によって自分の存在を認められ、また自分も他者の存在を認めるという互いの存在を認め合うことによって、私たちは自分が自分の存在を認める契機を手に入れる。あるがままの自分の存在を受け入れていくことを「自己肯定感」と呼ぶが、たとえば、高垣（1999, 89頁）は、自己肯定感を「自分が自分であっても脅かされることがない。安心して自分のままでいられる。自分が自分であることを受け入れ、許されているという感覚」と説明する。これは決して他者から分離した自己ではなく、また「できる／できない」といった評価の対象としての自己でもない。他者との関係性のなかにおいて安心して自分を認めていくことができる自己である。傾聴によってはじまる対話によって、お互いの全存在を認めるという関係性を構築していくのである。

これまで述べてきたことをまとめると、図13-2のようになる。

5　対話への道徳教育

(1) 対話と道徳教育

対話は単なる会話や話し合いといった言葉では代替できない多様で深い意味をもち合わせていることが明らかになった。対話は人間の生き方やあり方そのものであり、私たちが他者と関係性を築いていくために、有史以来発展させて

きたものであるといえよう。このような対話の考え方を学校教育において，どのように位置づけるべきなのであろうか。

　学校教育において，教師と児童生徒の間には明確な権力関係にあることは先に示した通りであるが，まずは教師がその権力性を自覚し，児童生徒への積極的傾聴の態度をもって関わっていくことが，両者の関係を水平的な関係へと近づけていく重要なステップになる。これは決して教師が児童生徒に対してへりくだることを意味しているわけではないし，指導的な要素を捨て去るわけでもない。教師自身の先入観を脇において，判断を保留した状態で児童生徒の「声」に耳を傾けることが何よりも重要であり，こういった教師の態度が「隠れたカリキュラム」として児童生徒に伝わり，傾聴の態度が学校や学級の教育的雰囲気の礎となっていく。

　また，児童生徒間の関係をとりもつファシリテーターとしての教師の役割もあるだろう。子どもたちがどのような歴史のなかで生きているのか，発言の背後にある意図は何か，そういったものを感取する教師の「教育的鑑識眼」によって，子どもたちの関係づくりを促していくことも学校教育では重要な役割りになってくる。教育的鑑識眼は，美術教育の分野で活躍したアイスナー（Eisner, E.W.）の言葉であり，美術作品を見るためにはそのための「眼」が必要なように，児童生徒を見取るためにもそのための「眼」が必要とするものである。

　道徳教育についてはどのように考えればよいだろうか。少なくともいえることは，道徳科というひとつの授業において児童生徒の道徳性を育んでいくための教育手段として対話を用いるのではなく，学校の教育活動全体のなかで道徳教育を行うように，教育活動全体において対話を継続して行っていくことであろう。なぜならば，対話の原初状態である他者とのコミュニケーションという営みは，（それが必ずしも真の対話へと発展していくかはわからないが）人間が他者と関係性を構築していく際には必ず存在するものであり，人間の生活そのものの基盤となっているからである。私たちが生きる生活現実そのものがコミュニケーションによって成立しているのであれば，学校教育全体において対話への道徳教育を進めていくのが妥当であろう。学校や学級という児童生徒が生活す

る場がより安心で安定した場であるために，そして他者や自分の存在を認めていくために，真の対話を目指した道徳教育が展開されるべきである。それこそが「他者とともによりよく生きていく」ということを示すのであり，そこにコミュニティ（共同体）が形成されてくるのである。

このような過程を経て生成するコミュニティについて，ブーバー（1979, 226頁）は次のように述べる。

> 生成しつつある共同体とは，もはや多数の人格の並列的存在ではなく，相互に支え合う存在の共同体である。この多数の個人も共通の1つの目標に向かって動いてゆくが，しかしいたるところで相互に他者と動的に向かい合い〈われ〉から〈なんじ〉への流れを経験する。

真の対話を目指した取組みによって，相互に支え合う相互扶助的なコミュニティが形成されていくのである。

（2）「コミュニティ」が内包する問題

しかしながら，このように形成されるコミュニティには問題がないのであろうか。たとえば荒木（2013）はコールバーグ（Kohlberg, L.）のジャスト・コミュニティ（just community）の研究から，コミュニティの存在形成について以下の問題を指摘している。あるコミュニティが同心円的に拡大し，他のコミュニティを自らのコミュニティに同化していくのであれば，それは自らのコミュニティを絶対視し，他のコミュニティを廃絶するという独裁的なコミュニティになる可能性があり，一方で多数のコミュニティが関係性を築き上げていく場合には，コミュニティ間に生じる問題をどう解決していくのかという点が解決されていないという指摘である。

ガーゲン（Gergen, K. J.）は，別の視点からコミュニティの問題を指摘している。私たちが誰かと同意を生みだし，他者との連帯意識やコミュニティが形成される一方で，そこにはそのコミュニティに属さない他者が存在することになり，対立が生じてしまうことになると述べる（ガーゲン, 2004, 221頁）。つまり，対話を目指した関係に自己と他者が入っていった瞬間に，そこに属さない人々

との間に隔たりや壁が生じてしまうという問題である。

　道徳哲学者および道徳性心理学者のグリーン（Greene, J.）は，これらの問題に対して非常に興味深い指摘をしている（グリーン，2015 上巻，30頁）。

　　生物学的にいって，人間は協力するように設計された。ただし，あ・る・人・々・と・だ・け・。私たちの道徳脳は，集・団・内・で，おそらく個人的な人間関係の文脈の中でだけ協力するように進化した。私たちの道徳脳は，集・団・間・で（少・な・く・と・も・す・べ・て・の・集・団・が・）協力するようには進化しなかった。

　つまり，私たちの道徳は，生き延びていくために，そして子孫を残すために集団内での他者との軋轢を避け，協力体制を生み出していくというかたちで進化してきたが，他の集団との間に良好な関係を形成していくための道徳は進化してこなかった，むしろ集団間の競争で勝ち抜いていく装置として道徳が進化してきた（たとえば集団間の争いに勝つために，集団内での協力関係を高めるなど）というのである。荒木が指摘したコミュニティ間の問題を解決するためには，私たちが生物学的に有している利他性や公平さとは異なる道徳が必要であるとする。

　ではコミュニティ間の問題は解決できないのであろうか。グリーン（同上書，34頁）は功利主義道徳によるメタ道徳の必要性を次のように訴えている。

　　道徳は，集団内の協力問題への自然の解決策であり，競合する利害をもつ個人が，ともに生き，繁栄することを可能にする。では現代社会に生きる私たちが必要とするものは何かといえば，道徳に似たものではあるが一段高いものだ。私たちに必要なのは競・合・す・る・道・徳・を・持・つ・集・団・同・士・が，と・も・に・生・き，繁・栄・す・る・こ・と・を・可・能・に・す・る・思・考・法・だ。言い換えれば，私たちに必要なのはメタ道徳だ。

　それぞれの共同体や集団において共通して存在する道徳的価値が「幸福」と「公平さ」であることを見出したグリーンは，「幸福を公平に最大化する」という功利主義の本質が，異なった道徳観をもつ集団に架け橋になり得るとした。これがメタ道徳である。いわば，すべての集団や共同体の「共通通貨」によって集団間の争いを調停しようとしているのは刮目に値する。

一方，別の観点から異なる他者や集団を理解する手立てを提唱しているのがハイトである。第2章においてハイトによる「道徳基盤理論」が紹介されているが，彼は道徳基盤の異なる他者や集団（ハイトの言葉を借りればリベラルと保守）との分断から逃れる可能性を次のよう示している（ハイト，2014，478頁）。

> あなたがよその集団を理解したいのなら，彼らが神聖視しているものを追うとよい。まずは6つの道徳基盤を考慮し，議論のなかでどの基盤がウエイトを占めているのかを考えてみよう。より多くを学びたいのなら，まず自らの心を開かなければならない。少なくとも一つのものごとに関して交流を持てば，彼らの意見にもっと耳を傾けられるようになり，もしかすると集団間の争点を新たな光のもとで見られるようになるかもしれない。

彼は，異なる集団が大切にしているものに対して「心を開く」ことをすすめている。これは，これまで本章で述べてきた積極的傾聴の態度であることがみて取れるが，ハイトの場合，積極的傾聴の対象が集団となっているところが大きく異なる。

（3）緩やかなつながりを目指した対話へ

　対話によって結ばれることになる私たちのコミュニティは，ややもすれば，他のコミュニティとの分断や対立を促してしまうことにもなりかねない。コミュニティ間の分断や対立を解消する「共通通貨」としてのメタ道徳には大きな可能性を感じるし，ハイトが指摘する通り，ほかのコミュニティに対して心を開いていくことも大切な視点であろう。

　本章では，コミュニティ間の分断や対立を解決する可能性として，「開かれたコミュニティ」を提唱したい（図13-3）。それはグリーンとは異なる「メタ道徳」，つまり，自分たちのコミュニティから他のコミュニティを眺めるのではなく，地球的視野から多くのコミュニティを俯瞰的に眺めるという意味でメタ的であり，自らのコミュニティを絶対視することなく相対的に位置づけ，コミュニティどうしが共存していく緩やかな関係性を探っていく方略である。

　これまで論じてきたように，対話のエッセンスは，積極的傾聴と批判的探究

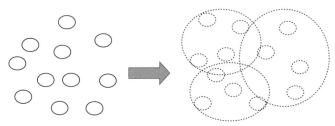

図13-3　分断されたコミュニティから開かれたコミュニティへ
出典：荒木（2017）をもとに筆者改変。

活動，そして存在の相互承認とまとめることができる。このエッセンスに基づいて個人間でなされる対話を，メタ的な視点のもとでコミュニティ間における共存の基底的原理として設定するのが，「開かれたコミュニティ」である。いかにして他のコミュニティとの接点を見出し，それぞれのコミュニティの歴史を感じ取り，それぞれのコミュニティの存在を認めていくか，その鍵を握るのが「開かれたコミュニティ」の概念である。コミュニティ内の凝集性や連帯感がコミュニティ間の分断を生じさせるのであれば，対話は常にあらゆる他者に対して開かれたものであること，そして対話は人間相互の強い結びつきを目的とするものではないということをよりいっそう自覚する必要がある。

　対話への道徳教育とは，本来わかり合えない私たち個々人がいかにして協同しながらよりよく生きていくかを探究する教育のあり方であり，また分断されやすいコミュニティをメタ的な視点で捉え，コミュニティ相互が共存していくにはどうすればいいか探究する教育のあり方でもある。

　ますますグローバル化する世界において，私たちが地球の持続可能な発展を目指すのであれば，学校教育全体において対話に根ざした取り組みを地道に続けていく必要があろう。

注
(1) 銀行型教育とは，教師が預金としての知識を一方的に生徒に与え，生徒はそれをひたすら暗記して蓄えていくことを表している。フレイレは銀行型教育の特徴を以下のようにまとめている（フレイレ，1979）。

第13章　対話への道徳教育

① 教師は教え，生徒は教えられる。
② 教師がすべてを知り，生徒は何も知らない。
③ 教師が考え，生徒は考えられる対象である。
④ 教師が語り，生徒は耳を傾ける―おとなしく。
⑤ 教師がしつけ，生徒はしつけられる。
⑥ 教師が選択し，その選択を押し付け，生徒はそれにしたがう。
⑦ 教師が行動し，生徒は教師の行動をとおして行動したという幻想を抱く。
⑧ 教師が教育内容を選択し，生徒は（相談されることもなく）それに適合する。
⑨ 教師は知識の権威をかれの職業上の権威と混同し，それによって生徒の自由を圧迫する立場に立つ。
⑩ 教師が学習過程の主体であり，一方生徒はたんなる客体にすぎない。

引用・参考文献

荒木寿友（2013）『学校における対話とコミュニティの形成――L. コールバーグのジャスト・コミュニティ実践』三省堂，305〜306頁。
荒木寿友（2016）「道徳教育における対話理論」金光靖樹・佐藤光友編著『やさしく学ぶ道徳教育』ミネルヴァ書房，134頁。
荒木寿友（2017）「道徳教育の教育方法」田中耕治編著『道徳教育』（教職教養講座）第6巻，協同出版。
K. ガーゲン著，東村知子訳（2004）『あなたへの社会構成主義』ナカニシヤ出版。
A. カヘン著，ヒューマンバリュー訳（2008）『手強い問題は，対話で解決する――アパルトヘイトを解決に導いたファシリテーターの物語』ヒューマンバリュー。
J. グリーン著，竹田 円訳（2015）『モラル・トライブズ――共存の道徳哲学へ（上）』岩波書店，30, 34, 269〜271頁。
里見 実（2010）『パウロ・フレイレ「被抑圧者の教育学」を読む』太郎次郎社，106頁。
佐野安仁・荒木紀幸編著（1990）『道徳教育の視点』晃洋書房。
J. ジェイコブズ・M. パワー他著，関田一彦監訳（2005）『先生のためのアイデアブック――協同学習の基本原則とテクニック』日本協同教育学会。
高垣忠一郎（1999）「『自己肯定感』を育む――その意味と意義」八木英二・梅田修編『いま人権教育を問う』大月書店。
中野民夫・堀 公俊（2009）『対話する力――ファシリテーター23の問い』日本経済新聞出版社。
J. ハイト著，高橋 洋訳（2014）『社会はなぜ左と右にわかれるのか――対立を超えるための道徳心理学』紀伊国屋書店。
M. ブーバー著，植田重雄訳（1979）『我と汝・対話』岩波文庫。
P. フレイレ著，小沢有作・楠原 彰・柿沼秀雄・伊藤 周訳（1979）『被抑圧者の教育

学』亜紀書房。
P. フレイレ著，里見 実・楠原 彰・桧垣良子訳（1982）『伝達か対話か——関係変革の教育学』亜紀書房。
D. ボーム著，金井真弓訳（2007）『ダイアローグ——対立から共生へ，議論から対話へ』英治出版。

> **学習の課題**
> (1) 私たちが生きていくうえで対話を阻害するさまざまな要因を具体的な事例を踏まえて考えてみよう。そしてそれを乗り越えていくためにどうすればいいか，本章のアイデアをもとに考えてみよう。
> (2) コミュニティ間の軋轢や分断，衝突はどのような場合に生じるか，日本や世界の事例を調べてみよう。その衝突などを回避したりあるいは共存への道を探った取組みについても調べてみよう。

【さらに学びたい人のための図書】

P. フレイレ著，小沢有作他訳（1979）『被抑圧者の教育学』亜紀書房。
　⇨対話がもつ力について書かれてある古典的名著。人間を支配するために作用している教育を，人間を開放するためにいかに用いるのか，深い示唆を得ることができる。

D. ボーム著，金井真弓訳（2007）『ダイアローグ——対立から共生へ，議論から対話へ』英治出版。
　⇨対話について学ぶのであれば，まずはこの書籍から入るのがいいだろう。対話の本質について記載されており，非常にわかりやすい。

（荒木寿友）

小学校学習指導要領
第3章　特別の教科　道徳

第1　目標
第1章総則の第1の2の(2)に示す道徳教育の目標に基づき、よりよく生きるための基盤となる道徳性を養うため、道徳的諸価値についての理解を基に、自己を見つめ、物事を多面的・多角的に考え、自己の生き方についての考えを深める学習を通して、道徳的な判断力、心情、実践意欲と態度を育てる。

第2　内容
学校の教育活動全体を通じて行う道徳教育の要である道徳科においては、以下に示す項目について扱う。

A　主として自分自身に関すること

[善悪の判断，自律，自由と責任]
〔第1学年及び第2学年〕
よいことと悪いこととの区別をし、よいと思うことを進んで行うこと。
〔第3学年及び第4学年〕
正しいと判断したことは、自信をもって行うこと。
〔第5学年及び第6学年〕
自由を大切にし、自律的に判断し、責任のある行動をすること。

[正直，誠実]
〔第1学年及び第2学年〕
うそをついたりごまかしをしたりしないで、素直に伸び伸びと生活すること。
〔第3学年及び第4学年〕
過ちは素直に改め、正直に明るい心で生活すること。
〔第5学年及び第6学年〕
誠実に、明るい心で生活すること。

[節度，節制]
〔第1学年及び第2学年〕
健康や安全に気を付け、物や金銭を大切にし、身の回りを整え、わがままをしないで、規則正しい生活をすること。
〔第3学年及び第4学年〕
自分でできることは自分でやり、安全に気を付け、よく考えて行動し、節度のある生活をすること。
〔第5学年及び第6学年〕
安全に気を付けることや、生活習慣の大切さについて理解し、自分の生活を見直し、節度を守り節制に心掛けること。

[個性の伸長]
〔第1学年及び第2学年〕
自分の特徴に気付くこと。
〔第3学年及び第4学年〕
自分の特徴に気付き、長所を伸ばすこと。
〔第5学年及び第6学年〕
自分の特徴を知って、短所を改め長所を伸ばすこと。

[希望と勇気，努力と強い意志]
〔第1学年及び第2学年〕
自分のやるべき勉強や仕事をしっかりと行うこと。
〔第3学年及び第4学年〕
自分でやろうと決めた目標に向かって、強い意志をもち、粘り強くやり抜くこと。
〔第5学年及び第6学年〕
より高い目標を立て、希望と勇気をもち、困難があってもくじけずに努力して物事をやり抜くこと。

[真理の探究]
〔第5学年及び第6学年〕
真理を大切にし、物事を探究しようとする心をもつこと。

B　主として人との関わりに関すること

[親切，思いやり]
〔第1学年及び第2学年〕
身近にいる人に温かい心で接し、親切にすること。
〔第3学年及び第4学年〕
相手のことを思いやり、進んで親切にすること。
〔第5学年及び第6学年〕
誰に対しても思いやりの心をもち、相手の立場に立って親切にすること。

[感謝]

〔第1学年及び第2学年〕
　家族など日頃世話になっている人々に感謝すること。
〔第3学年及び第4学年〕
　家族など生活を支えてくれている人々や現在の生活を築いてくれた高齢者に，尊敬と感謝の気持ちをもって接すること。
〔第5学年及び第6学年〕
　日々の生活が家族や過去からの多くの人々の支え合いや助け合いで成り立っていることに感謝し，それに応えること。
［礼儀］
〔第1学年及び第2学年〕
　気持ちのよい挨拶，言葉遣い，動作などに心掛けて，明るく接すること。
〔第3学年及び第4学年〕
　礼儀の大切さを知り，誰に対しても真心をもって接すること。
〔第5学年及び第6学年〕
　時と場をわきまえて，礼儀正しく真心をもって接すること。
［友情，信頼］
〔第1学年及び第2学年〕
　友達と仲よくし，助け合うこと。
〔第3学年及び第4学年〕
　友達と互いに理解し，信頼し，助け合うこと。
〔第5学年及び第6学年〕
　友達と互いに信頼し，学び合って友情を深め，異性についても理解しながら，人間関係を築いていくこと。
［相互理解，寛容］
〔第3学年及び第4学年〕
　自分の考えや意見を相手に伝えるとともに，相手のことを理解し，自分と異なる意見も大切にすること。
〔第5学年及び第6学年〕
　自分の考えや意見を相手に伝えるとともに，謙虚な心をもち，広い心で自分と異なる意見や立場を尊重すること。
C　主として集団や社会との関わりに関すること
［規則の尊重］
〔第1学年及び第2学年〕
　約束やきまりを守り，みんなが使う物を大切にすること。
〔第3学年及び第4学年〕
　約束や社会のきまりの意義を理解し，それらを守ること。
〔第5学年及び第6学年〕
　法やきまりの意義を理解した上で進んでそれらを守り，自他の権利を大切にし，義務を果たすこと。
［公正，公平，社会正義］
〔第1学年及び第2学年〕
　自分の好き嫌いにとらわれないで接すること。
〔第3学年及び第4学年〕
　誰に対しても分け隔てをせず，公正，公平な態度で接すること。
〔第5学年及び第6学年〕
　誰に対しても差別をすることや偏見をもつことなく，公正，公平な態度で接し，正義の実現に努めること。
［勤労，公共の精神］
〔第1学年及び第2学年〕
　働くことのよさを知り，みんなのために働くこと。
〔第3学年及び第4学年〕
　働くことの大切さを知り，進んでみんなのために働くこと。
〔第5学年及び第6学年〕
　働くことや社会に奉仕することの充実感を味わうとともに，その意義を理解し，公共のために役に立つことをすること。
［家族愛，家庭生活の充実］
〔第1学年及び第2学年〕
　父母，祖父母を敬愛し，進んで家の手伝いなどをして，家族の役に立つこと。
〔第3学年及び第4学年〕
　父母，祖父母を敬愛し，家族みんなで協力し合って楽しい家庭をつくること。
〔第5学年及び第6学年〕
　父母，祖父母を敬愛し，家族の幸せを求めて，進んで役に立つことをすること。
［よりよい学校生活，集団生活の充実］

〔第1学年及び第2学年〕
　先生を敬愛し，学校の人々に親しんで，学級や学校の生活を楽しくすること。
〔第3学年及び第4学年〕
　先生や学校の人々を敬愛し，みんなで協力し合って楽しい学級や学校をつくること。
〔第5学年及び第6学年〕
　先生や学校の人々を敬愛し，みんなで協力し合ってよりよい学級や学校をつくるとともに，様々な集団の中での自分の役割を自覚して集団生活の充実に努めること。
［伝統と文化の尊重，国や郷土を愛する態度］
〔第1学年及び第2学年〕
　我が国や郷土の文化と生活に親しみ，愛着をもつこと。
〔第3学年及び第4学年〕
　我が国や郷土の伝統と文化を大切にし，国や郷土を愛する心をもつこと。
〔第5学年及び第6学年〕
　我が国や郷土の伝統と文化を大切にし，先人の努力を知り，国や郷土を愛する心をもつこと。
［国際理解，国際親善］
〔第1学年及び第2学年〕
　他国の人々や文化に親しむこと。
〔第3学年及び第4学年〕
　他国の人々や文化に親しみ，関心をもつこと。
〔第5学年及び第6学年〕
　他国の人々や文化について理解し，日本人としての自覚をもって国際親善に努めること。
D　主として生命や自然，崇高なものとの関わりに関すること
［生命の尊さ］
〔第1学年及び第2学年〕
　生きることのすばらしさを知り，生命を大切にすること。
〔第3学年及び第4学年〕
　生命の尊さを知り，生命あるものを大切にすること。
〔第5学年及び第6学年〕
　生命が多くの生命のつながりの中にあるかけがえのないものであることを理解し，生命を尊重すること。

［自然愛護］
〔第1学年及び第2学年〕
　身近な自然に親しみ，動植物に優しい心で接すること。
〔第3学年及び第4学年〕
　自然のすばらしさや不思議さを感じ取り，自然や動植物を大切にすること。
〔第5学年及び第6学年〕
　自然の偉大さを知り，自然環境を大切にすること。
［感動，畏敬の念］
〔第1学年及び第2学年〕
　美しいものに触れ，すがすがしい心をもつこと。
〔第3学年及び第4学年〕
　美しいものや気高いものに感動する心をもつこと。
〔第5学年及び第6学年〕
　美しいものや気高いものに感動する心や人間の力を超えたものに対する畏敬の念をもつこと。
［よりよく生きる喜び］
〔第5学年及び第6学年〕
　よりよく生きようとする人間の強さや気高さを理解し，人間として生きる喜びを感じること。

第3　指導計画の作成と内容の取扱い

1　各学校においては，道徳教育の全体計画に基づき，各教科，外国語活動，総合的な学習の時間及び特別活動との関連を考慮しながら，道徳科の年間指導計画を作成するものとする。なお，作成に当たっては，第2に示す各学年段階の内容項目について，相当する各学年において全て取り上げることとする。その際，児童や学校の実態に応じ，2学年間を見通した重点的な指導や内容項目間の関連を密にした指導，一つの内容項目を複数の時間で扱う指導を取り入れるなどの工夫を行うものとする。

2　第2の内容の指導に当たっては，次の事項に配慮するものとする。
(1)　校長や教頭などの参加，他の教師との協力的な指導などについて工夫し，道徳教育推進教師を中心とした指導体制を充実すること。

(2) 道徳科が学校の教育活動全体を通じて行う道徳教育の要としての役割を果たすことができるよう，計画的・発展的な指導を行うこと。特に，各教科，外国語活動，総合的な学習の時間及び特別活動における道徳教育としては取り扱う機会が十分でない内容項目に関わる指導を補うことや，児童や学校の実態等を踏まえて指導をより一層深めること，内容項目の相互の関連を捉え直したり発展させたりすることに留意すること。

(3) 児童が自ら道徳性を養う中で，自らを振り返って成長を実感したり，これからの課題や目標を見付けたりすることができるよう工夫すること。その際，道徳性を養うことの意義について，児童自らが考え，理解し，主体的に学習に取り組むことができるようにすること。

(4) 児童が多様な感じ方や考え方に接する中で，考えを深め，判断し，表現する力などを育むことができるよう，自分の考えを基に話し合ったり書いたりするなどの言語活動を充実すること。

(5) 児童の発達の段階や特性等を考慮し，指導のねらいに即して，問題解決的な学習，道徳的行為に関する体験的な学習等を適切に取り入れるなど，指導方法を工夫すること。その際，それらの活動を通じて学んだ内容の意義などについて考えることができるようにすること。また，特別活動等における多様な実践活動や体験活動も道徳科の授業に生かすようにすること。

(6) 児童の発達の段階や特性等を考慮し，第2に示す内容との関連を踏まえつつ，情報モラルに関する指導を充実すること。また，児童の発達の段階や特性等を考慮し，例えば，社会の持続可能な発展などの現代的な課題の取扱いにも留意し，身近な社会的課題を自分との関係において考え，それらの解決に寄与しようとする意欲や態度を育てるよう努めること。なお，多様な見方や考え方のできる事柄について，特定の見方や考え方に偏った指導を行うことのないようにすること。

(7) 道徳科の授業を公開したり，授業の実施や地域教材の開発や活用などに家庭や地域の人々，各分野の専門家等の積極的な参加や協力を得たりするなど，家庭や地域社会との共通理解を深め，相互の連携を図ること。

3 教材については，次の事項に留意するものとする。

(1) 児童の発達の段階や特性，地域の実情等を考慮し，多様な教材の活用に努めること。特に，生命の尊厳，自然，伝統と文化，先人の伝記，スポーツ，情報化への対応等の現代的な課題などを題材とし，児童が問題意識をもって多面的・多角的に考えたり，感動を覚えたりするような充実した教材の開発や活用を行うこと。

(2) 教材については，教育基本法や学校教育法その他の法令に従い，次の観点に照らし適切と判断されるものであること。

ア 児童の発達の段階に即し，ねらいを達成するのにふさわしいものであること。

イ 人間尊重の精神にかなうものであって，悩みや葛藤等の心の揺れ，人間関係の理解等の課題も含め，児童が深く考えることができ，人間としてよりよく生きる喜びや勇気を与えられるものであること。

ウ 多様な見方や考え方のできる事柄を取り扱う場合には，特定の見方や考え方に偏った取扱いがなされていないものであること。

4 児童の学習状況や道徳性に係る成長の様子を継続的に把握し，指導に生かすよう努める必要がある。ただし，数値などによる評価は行わないものとする。

中学校学習指導要領
第3章　特別の教科　道徳

第1　目　標

第1章総則の第1の2の(2)に示す道徳教育の目標に基づき，よりよく生きるための基盤となる道徳性を養うため，道徳的諸価値についての理解を基に，自己を見つめ，物事を広い視野から多面的・多角的に考え，人間としての生き方についての考えを深める学習を通して，道徳的な判断力，心情，実践意欲と態度を育てる。

第2　内　容

学校の教育活動全体を通じて行う道徳教育の要である道徳科においては，以下に示す項目について扱う。

A　主として自分自身に関すること
［自主，自律，自由と責任］
　自律の精神を重んじ，自主的に考え，判断し，誠実に実行してその結果に責任をもつこと。
［節度，節制］
　望ましい生活習慣を身に付け，心身の健康の増進を図り，節度を守り節制に心掛け，安全で調和のある生活をすること。
［向上心，個性の伸長］
　自己を見つめ，自己の向上を図るとともに，個性を伸ばして充実した生き方を追求すること。
［希望と勇気，克己と強い意志］
　より高い目標を設定し，その達成を目指し，希望と勇気をもち，困難や失敗を乗り越えて着実にやり遂げること。
［真理の探究，創造］
　真実を大切にし，真理を探究して新しいものを生み出そうと努めること。

B　主として人との関わりに関すること
［思いやり，感謝］
　思いやりの心をもって人と接するとともに，家族などの支えや多くの人々の善意により日々の生活や現在の自分があることに感謝し，進んでそれに応え，人間愛の精神を深めること。
［礼儀］
　礼儀の意義を理解し，時と場に応じた適切な言動をとること。
［友情，信頼］
　友情の尊さを理解して心から信頼できる友達をもち，互いに励まし合い，高め合うとともに，異性についての理解を深め，悩みや葛藤も経験しながら人間関係を深めていくこと。
［相互理解，寛容］
　自分の考えや意見を相手に伝えるとともに，それぞれの個性や立場を尊重し，いろいろなものの見方や考え方があることを理解し，寛容の心をもって謙虚に他に学び，自らを高めていくこと。

C　主として集団や社会との関わりに関すること
［遵法精神，公徳心］
　法やきまりの意義を理解し，それらを進んで守るとともに，そのよりよい在り方について考え，自他の権利を大切にし，義務を果たして，規律ある安定した社会の実現に努めること。
［公正，公平，社会正義］
　正義と公正さを重んじ，誰に対しても公平に接し，差別や偏見のない社会の実現に努めること。
［社会参画，公共の精神］
　社会参画の意識と社会連帯の自覚を高め，公共の精神をもってよりよい社会の実現に努めること。
［勤労］
　勤労の尊さや意義を理解し，将来の生き方について考えを深め，勤労を通じて社会に貢献すること。
［家族愛，家庭生活の充実］
　父母，祖父母を敬愛し，家族の一員としての自覚をもって充実した家庭生活を築くこと。
［よりよい学校生活，集団生活の充実］
　教師や学校の人々を敬愛し，学級や学校の一員としての自覚をもち，協力し合ってよりよい校風をつくるとともに，様々な集団の意義や集団の中での自分の役割と責任を自覚して集団生活の充実に努めること。
［郷土の伝統と文化の尊重，郷土を愛する態度］

郷土の伝統と文化を大切にし，社会に尽くした先人や高齢者に尊敬の念を深め，地域社会の一員としての自覚をもって郷土を愛し，進んで郷土の発展に努めること。
［我が国の伝統と文化の尊重，国を愛する態度］
優れた伝統の継承と新しい文化の創造に貢献するとともに，日本人としての自覚をもって国を愛し，国家及び社会の形成者として，その発展に努めること。
［国際理解，国際貢献］
世界の中の日本人としての自覚をもち，他国を尊重し，国際的視野に立って，世界の平和と人類の発展に寄与すること。
D　主として生命や自然，崇高なものとの関わりに関すること
［生命の尊さ］
生命の尊さについて，その連続性や有限性なども含めて理解し，かけがえのない生命を尊重すること。
［自然愛護］
自然の崇高さを知り，自然環境を大切にすることの意義を理解し，進んで自然の愛護に努めること。
［感動，畏敬の念］
美しいものや気高いものに感動する心をもち，人間の力を超えたものに対する畏敬の念を深めること。
［よりよく生きる喜び］
人間には自らの弱さや醜さを克服する強さや気高く生きようとする心があることを理解し，人間として生きることに喜びを見いだすこと。

第3　指導計画の作成と内容の取扱い

1　各学校においては，道徳教育の全体計画に基づき，各教科，総合的な学習の時間及び特別活動との関連を考慮しながら，道徳科の年間指導計画を作成するものとする。なお，作成に当たっては，第2に示す内容項目について，各学年において全て取り上げることとする。その際，生徒や学校の実態に応じ，3学年間を見通した重点的な指導や内容項目間の関連を密にした指導，一つの内容項目を複数の時間で扱う指導を取り入れるなどの工夫を行うものとする。

2　第2の内容の指導に当たっては，次の事項に配慮するものとする。

(1)　学級担任の教師が行うことを原則とするが，校長や教頭などの参加，他の教師との協力的な指導などについて工夫し，道徳教育推進教師を中心とした指導体制を充実すること。

(2)　道徳科が学校の教育活動全体を通じて行う道徳教育の要としての役割を果たすことができるよう，計画的・発展的な指導を行うこと。特に，各教科，総合的な学習の時間及び特別活動における道徳教育としては取り扱う機会が十分でない内容項目に関わる指導を補うことや，生徒や学校の実態等を踏まえて指導をより一層深めること，内容項目の相互の関連を捉え直したり発展させたりすることに留意すること。

(3)　生徒が自ら道徳性を養う中で，自らを振り返って成長を実感したり，これからの課題や目標を見付けたりすることができるよう工夫すること。その際，道徳性を養うことの意義について，生徒自らが考え，理解し，主体的に学習に取り組むことができるようにすること。また，発達の段階を考慮し，人間としての弱さを認めながら，それを乗り越えてよりよく生きようとすることのよさについて，教師が生徒と共に考える姿勢を大切にすること。

(4)　生徒が多様な感じ方や考え方に接する中で，考えを深め，判断し，表現する力などを育むことができるよう，自分の考えを基に討論したり書いたりするなどの言語活動を充実すること。その際，様々な価値観について多面的・多角的な視点から振り返って考える機会を設けるとともに，生徒が多様な見方や考え方に接しながら，更に新しい見方や考え方を生み出していくことができるよう留意すること。

(5)　生徒の発達の段階や特性等を考慮し，指導のねらいに即して，問題解決的な学習，道徳的行為に関する体験的な学習等を適切に取り入れるなど，指導方法を工夫すること。その際，それらの活動を通じて学んだ内容の意義などについて考えることができるようにすること。また，

特別活動等における多様な実践活動や体験活動も道徳科の授業に生かすようにすること。

(6) 生徒の発達の段階や特性等を考慮し，第2に示す内容との関連を踏まえつつ，情報モラルに関する指導を充実すること。また，例えば，科学技術の発展と生命倫理との関係や社会の持続可能な発展などの現代的な課題の取扱いにも留意し，身近な社会的課題を自分との関係において考え，その解決に向けて取り組もうとする意欲や態度を育てるよう努めること。なお，多様な見方や考え方のできる事柄について，特定の見方や考え方に偏った指導を行うことのないようにすること。

(7) 道徳科の授業を公開したり，授業の実施や地域教材の開発や活用などに家庭や地域の人々，各分野の専門家等の積極的な参加や協力を得たりするなど，家庭や地域社会との共通理解を深め，相互の連携を図ること。

3 教材については，次の事項に留意するものとする。

(1) 生徒の発達の段階や特性，地域の実情等を考慮し，多様な教材の活用に努めること。特に，生命の尊厳，社会参画，自然，伝統と文化，先人の伝記，スポーツ，情報化への対応等の現代的な課題などを題材とし，生徒が問題意識をもって多面的・多角的に考えたり，感動を覚えたりするような充実した教材の開発や活用を行うこと。

(2) 教材については，教育基本法や学校教育法その他の法令に従い，次の観点に照らし適切と判断されるものであること。

ア 生徒の発達の段階に即し，ねらいを達成するのにふさわしいものであること。

イ 人間尊重の精神にかなうものであって，悩みや葛藤等の心の揺れ，人間関係の理解等の課題も含め，生徒が深く考えることができ，人間としてよりよく生きる喜びや勇気を与えられるものであること。

ウ 多様な見方や考え方のできる事柄を取り扱う場合には，特定の見方や考え方に偏った取扱いがなされていないものであること。

4 生徒の学習状況や道徳性に係る成長の様子を継続的に把握し，指導に生かすよう努める必要がある。ただし，数値などによる評価は行わないものとする。

人名索引

あ 行

アイスナー, E. W. 222
青木孝頼 88
天野貞祐 50
荒木寿友 140
荒木紀幸 72,73
アリストテレス 11
井上治郎 96
内村鑑三 42
小沢牧子 95
小原國芳 42

か 行

ガーゲン, K. J. 223
勝部真長 86,96
金森俊朗 98
川井清一郎 48
カント, I. 3,206
ギリガン, C. 82
グリーン, J. 224
クリック, N. R. 32
コールバーグ, L. 25,72

さ 行

柴田 克 98
セルマン, R. L. 76
ソクラテス 10

た 行

高垣忠一郎 221
千葉命吉 47
チュリエル, E. 29
土戸敏彦 155
デューイ, J. 6
デュルケム, É. 8,9
ドゥ・ヴァール, F. 5,6

トウェイン, M. 19
ドッジ, K. A. 32

な 行

中野民夫 214
ニーチェ, F. W. 4,5
西岡京治 121
ネーゲル, T. 16

は 行

ハーツホーン, H. 101
ハーバマス, J. 63
ハイト, J. 15,225
長谷川孝 95
林 泰成 75
ピアジェ, J. 22
ブーバー, M. 215,223
藤岡信勝 98
フッサール, E. G. A. 219
プラトン 10
フレイレ, P. 216
ヘーゲル, G. W. F. 3
ボーム, D. 212
堀 公俊 214

ま 行

松下良平 10,155
三宅晶子 95
村井 実 7
メイ, M. A. 101
元田永孚 40,41,44
森 有礼 41,44

や・ら 行

柳沼良太 71,144
リップマン, M. 129
リバーマン, R. P. 75

事項索引

あ行

いじめ 55, 159
上からの道 98
内村鑑三不敬事件 42
エピソード評価 148, 151
エポケー 219
エンカウンター 82

か行

開申制 44
改正教育令 40, 43
学業成績 161
学習指導案 104
学習指導要領 49-51
学制 39, 46
学級の荒れ 161
学級崩壊 159
学校移行 167
活用する力 100
可能世界 167
カレン事件 207
川井訓導事件 48
考え，議論する道徳 69, 90, 104, 107, 211, 212
考える道徳 211
慣習領域 29
記述式での評価 146
期待される人間像 51
規範意識の醸成 159
規範意識の低下 159
ギュゲス指輪 14
教育再生会議 160
教育再生実行会議 90, 160
教育勅語（教育ニ関スル勅語）39, 41-44, 50
教育的鑑識眼 222
教育令 40
教学聖旨 40
教科書疑獄 44

教科書で教える 96
教科書を教える 96
修身口授 39, 46
教材解釈 98
教材開発 98
共生社会 181
協同学習 214
議論する道徳 211
銀行型教育 216
具体的操作期 167
グローバル化 180
ケア 82
形式的操作期 167
傾聴 217
現代的な課題 62, 93, 195
検定制 44
攻撃性 161
皇国民 48
構成的グループエンカウンター 82
肯定と否定を繰り返す発達段階 31
行動の記録 146, 152
神戸連続児童殺傷事件 51
国定教科書 45
国定修身教科書 45
国定制 44, 45
国民学校 41, 46, 48
国民学校令 48
心の教育 51, 52
『心のノート』 51, 52, 54, 94
御真影 43
個人化 178
個人主義 178
個人的道徳 186, 187
個人内評価 151, 152
個人領域 29
子どものための哲学 129
コミュニケーション能力 63
コンピテンシー・ベース 146

237

コンピテンス（資質・能力） 90

さ 行

サービスラーニング 185
自我関与 65
自我関与が中心の学習 69
思考 167
自己肯定感 221
自己評価 149
自己評価を活用した評価 148
資質・能力 99,100
思春期 161
自尊感情の生涯発達 166
自尊感情の低さ 159
下からの道 98
実践的三段論法 11
シティズンシップ 175,176,179,180
シティズンシップ教育 174-177,179-181,183,186-188,190,203
指導案 108,113
指導要録 152
市民像 174,190
市民的徳性 190
社会参加 175,177,181
社会的情報処理モデル 32
社会的直観モデル 34
社会的道徳 186,187,189,190
ジャスト・コミュニティ 223
自由教育令 40
修身 39-42,44-50
自由発行・採択 43
主観的幸福感 161
主権者教育 184,203
主体的・対話的で深い学び 100,195,204
小学校教員心得 40
少国民 48
省察の思考 181,183
情報モラル 93,197
新教育運動 47
臣民 41,42,48,49
正義 73
生命倫理 205

積極的傾聴 218
摂食障害 161
全体計画 59
全面主義 56
操行 47
総合所見 146
創造的寛容 189
ソーシャルスキルトレーニング 75,79
存在の相互承認 220

た 行

体験活動 58
体験的な学習 71
大正自由教育 47,48
大正デモクラシー 47
第二次性徴 167
対話 213,215,221
対話に基づいた議論 214,215
他者の規範意識の認知 163
多文化化 180
知徳二元論 46
知の理論 124,125
抽象的な思考 167
哲学対話 129-132,134,135
道徳価値表 87
道徳科における評価方法 148
道徳基盤理論 34,225
道徳教育 159,186-191
道徳教育推進教師 59
道徳教育の充実に関する懇談会 52
道徳「教科化」 52
道徳性発達段階 25
道徳的価値 85
道徳的価値観 95,101
道徳的実践力 88
道徳的心情 110
道徳に係る教育課程の改善等について（答申） 52
道徳の時間 51
『道徳の指導資料』 93
道徳判断インタビュー 26
道徳領域 29

徳育論争　41
特別活動　58
特別の教科 道徳　51, 52, 69, 90

な 行

内面化アプローチ　24
内容項目　85, 92
内容項目を表すキーワード　91
納得解　198
認可制　44
認知発達理論　24
能動的な市民　180

は 行

パーマネント・ポートフォリオ　150
パフォーマンス評価　148
板書計画　112, 117
反省的思考　167
判断の保留　218
非行　161
批判的思考態度　168
評定　152
ファシリテーター　80
福祉国家　179, 180
副読本　93
不登校　159
ペープサート　109
奉安殿　43, 50
防災教育　200
ポートフォリオ検討会　150
ポートフォリオ評価　148, 149

ま 行

民主主義　175, 178, 187-190
メタ道徳　224
模擬選挙　183, 184
目標に準拠した評価　145

モラル・ラック　16
モラルジレンマ　72
モラルジレンマストーリー　26
モラルスキルトレーニング　75
問題解決的な学習　70
問題解決のABC　79
問題行動　162

や 行

薬物使用　161
役割演技　65
U字型発達　31
『幼学綱要』　44
抑うつ　161
読み物資料　93, 94

ら 行

リフレクション（省察）　185
臨時教育会議　48
ルーブリック　148
錬成　48

わ 行

ワーキング・ポートフォリオ　150
ワークシート　112
ワークショップ　80
若者の疎外　178, 179
『私たちの道徳』　52, 95
我―それ　215, 220
我―汝　215, 220

欧 文

DIT　28
p4c　129
TOK　124, 125
VLF　76

監修者

原　清治（佛教大学副学長・教育学部教授）
春日井敏之（立命館大学大学院教職研究科教授）
篠原正典（佛教大学教育学部教授）
森田真樹（立命館大学大学院教職研究科教授）

執筆者紹介（所属，執筆分担，執筆順，＊は編者）

＊荒木寿友（編著者紹介参照：はじめに，第6章，第13章）
＊藤井基貴（編著者紹介参照：はじめに，第7章 第1節，第12章）
生澤繁樹（名古屋大学大学院教育発達科学研究科准教授：第1章）
藤澤文（鎌倉女子大学児童学部准教授：第2章）
山崎雄介（群馬大学大学院教育学研究科教授：第3章）
小林将太（大阪教育大学総合教育系准教授：第4章）
伊藤博美（椙山女学園大学教育学部教授：第5章）
松原祐記子（浜松市立中郡小学校教諭：第7章 第2・3節）
木原一彰（鳥取市立大正小学校教諭：第7章 第4節）
西田透（立命館宇治中学校・高等学校教諭：第8章 第1節）
土屋陽介（開智国際大学教育学部准教授：第8章 第2節）
星美由紀（郡山市立郡山第三中学校教諭：第8章 第3節）
趙卿我（愛知教育大学教育学部准教授：第9章）
加藤弘通（北海道大学大学院教育学研究院准教授：第10章）
川中大輔（龍谷大学社会学部准教授：第11章）

編著者紹介

荒木　寿友（あらき・かずとも）
　1972年　生まれ。
　現　在　立命館大学大学院教職研究科教授。
　主　著　『ゼロから学べる道徳科授業づくり』明治図書，2017年。
　　　　　『新しい教職教育講座　教育の方法と技術』（共著）ミネルヴァ書房，2018年。

藤井　基貴（ふじい・もとき）
　1975年　生まれ。
　現　在　静岡大学教育学部准教授。
　主　著　『道徳教育を学ぶための重要項目100』（共著）教育出版，2016年。
　　　　　『日本カント研究』No. 16（共著）知泉書館，2015年。

新しい教職教育講座　教職教育編⑦
道徳教育

2019年5月30日　初版第1刷発行	〈検印省略〉
2023年11月20日　初版第3刷発行	

定価はカバーに表示しています

監修者	原　清治／春日井敏之 篠原正典／森田真樹
編著者	荒木寿友／藤井基貴
発行者	杉田啓三
印刷者	坂本喜杏

発行所　株式会社　ミネルヴァ書房
607-8494　京都市山科区日ノ岡堤谷町1
電話代表　(075)581-5191
振替口座　01020-0-8076

© 荒木・藤井ほか，2019　冨山房インターナショナル・坂井製本

ISBN 978-4-623-08190-5
Printed in Japan

新しい教職教育講座

原 清治・春日井敏之・篠原正典・森田真樹 監修

全23巻

（A 5 判・並製・各巻平均220頁・各巻2000円（税別））

教職教育編

① 教育原論　　　　　　　　　　　山内清郎・原 清治・春日井敏之 編著
② 教職論　　　　　　　　　　　　久保富三夫・砂田信夫 編著
③ 教育社会学　　　　　　　　　　原 清治・山内乾史 編著
④ 教育心理学　　　　　　　　　　神藤貴昭・橋本憲尚 編著
⑤ 特別支援教育　　　　　　　　　原 幸一・堀家由妃代 編著
⑥ 教育課程・教育評価　　　　　　細尾萌子・田中耕治 編著
⑦ 道徳教育　　　　　　　　　　　荒木寿友・藤井基貴 編著
⑧ 総合的な学習の時間　　　　　　森田真樹・篠原正典 編著
⑨ 特別活動　　　　　　　　　　　中村 豊・原 清治 編著
⑩ 教育の方法と技術　　　　　　　篠原正典・荒木寿友 編著
⑪ 生徒指導・進路指導　　　　　　春日井敏之・山岡雅博 編著
⑫ 教育相談　　　　　　　　　　　春日井敏之・渡邉照美 編著
⑬ 教育実習・学校体験活動　　　　小林 隆・森田真樹 編著

教科教育編

① 初等国語科教育　　　　　　　　井上雅彦・青砥弘幸 編著
② 初等社会科教育　　　　　　　　中西 仁・小林 隆 編著
③ 算数科教育　　　　　　　　　　岡本尚子・二澤善紀・月岡卓也 編著
④ 初等理科教育　　　　　　　　　山下芳樹・平田豊誠 編著
⑤ 生活科教育　　　　　　　　　　鎌倉 博・船越 勝 編著
⑥ 初等音楽科教育　　　　　　　　高見仁志 編著
⑦ 図画工作科教育　　　　　　　　波多野達二・三宅茂夫 編著
⑧ 初等家庭科教育　　　　　　　　三沢徳枝・勝田映子 編著
⑨ 初等体育科教育　　　　　　　　石田智巳・山口孝治 編著
⑩ 初等外国語教育　　　　　　　　湯川笑子 編著

―― ミネルヴァ書房 ――
https://www.minervashobo.co.jp/